H. H. Meier

Druck der Vereinigung wissenschaftlicher Verleger Walter de Gruyter & Co., Berlin W. 10.

H. H. Meier

der Gründer des Norddeutschen Lloyd

Lebensbild eines Bremer Kaufmanns

1809—1898

von

Friedrich Hardegen

fortgeführt und abgeschlossen von

Käthi Smidt

geb. Meier

Mit fünf Tafeln in Lichtdruck

Berlin und Leipzig 1920

Vereinigung wissenschaftlicher Verleger

Walter de Gruyter & Co.

vormals G. J. Göschen'sche Verlagshandlung / J. Guttentag, Verlagsbuchhandlung
Georg Reimer / Karl J. Trübner / Veit & Comp.

Vorwort.

Das vorliegende Buch möchte der Nachwelt das Bild eines echt deutschen Mannes erhalten, dessen Wirken und Schaffen nicht nur mit der Geschichte seiner Vaterstadt Bremen, sondern auch mit dem Wachsen und dem Aufstieg unseres deutschen Vaterlandes eng verknüpft sind.

Wenn das Buch auch zu einer Zeit begonnen wurde, wo Deutschland noch auf seiner Höhe stand und die hier geschilderten Vorgänge in jene Blütezeit hinüber leiteten, so hofft diese Biographie auch jetzt noch das Interesse ihrer Leser zu gewinnen, weil sie zeigt, wie durch den Wagemut und die zielbewußte Tatkraft eines einzelnen aus kleinen Anfängen Großes entstehen kann, und auch in ruhmloser Zeit sich Bausteine für künftige Größe gestalten.

Dr. phil. Friedrich Hardegen konnte sein im Jahre 1911 begonnenes Werk nicht beendigen, da das Vaterland auch ihn zu den Fahnen rief und auch er in Flandern am 26. September 1917 ein Opfer der Kriegsfurie wurde.

Geboren zu Barmen am 13. Oktober 1882, widmete er sich nach beendeter Schulzeit auf den Universitäten von Lausanne, Bonn und Berlin neben der Philologie besonders dem Studium der Geschichte und kam im Frühjahr 1908 als Oberlehrer an das Reformgymnasium nach Bremen. Von Professor Dr. Dietrich Schäfer, zu dessen begabtesten Schülern Hardegen gehörte, aufgefordert die Biographie H. H. Meiers zu schreiben, gab er sich dieser Aufgabe mit innigstem Verständnis hin. Ich konnte nicht genug bewundern, mit welcher Gewissenhaftigkeit, Klugheit und Feinheit er sich in die Wesensart meines Vaters einfühlte, um ein möglichst wahrheitsgetreues Charakterbild von ihm zu geben.

Der Tod meines jungen Freundes, dessen Andenken in diesen Blättern fortleben möge, erschütterte mich tief, zumal sein Werk als Torso zurückblieb. — Als dann wohlmeinende, sachverständige Freunde mich überredeten als Tochter H. H. Meiers die bis zum Jahre 1866 gediehene Arbeit zu vollenden, weil nur ich dazu im Stande sei durch Beherrschung des großen Materials, in dessen Studium ich mich seit Jahren gemeinsam mit Dr. Hardegen vertieft hatte, ging ich mit Zagen an die schwierige Aufgabe. Ich fügte die letzten sechs Abschnitte hinzu, mich möglichst in den Geist des dahin geschiedenen Verfassers der ersten fünf versenkend. Sollte mir dieses in bescheidenem Maße geglückt und auch meiner Kindesliebe und Dankbarkeit gelungen sein, zur Erhaltung des väterlichen Andenkens beigetragen zu haben, so wäre mein höchstes Ziel erreicht.

Bremen, Januar 1920.

Käthi Smidt
geb. Meier

Inhalt.

1. Abschnitt.

Elternhaus und Jugendzeit.

Hermann Henrich Meier wurde am 16. Oktober 1809 zu Bremen geboren. Seit Jahrhunderten standen die Meiers in hohem Ansehen in der alten Hansestadt. Gelehrte und Kaufleute gingen aus ihnen hervor. Unter den Gelehrten überwogen die Juristen; manchen Bürgermeister und Senator Meier hat Bremen an der Spitze des Gemeinwesens gesehen. Durch ihre Heiraten traten die Meiers zu den meisten der anderen Patrizierfamilien der Stadt in nahe Beziehungen; immer wieder sind es Töchter von Bürgermeistern, Senatoren und Elterleuten, mit denen sie die Ehe schließen.

Seit im 16. und 17. Jahrhundert Johann Meier, sein Sohn Gerhard und sein Enkel Arnold Kaufleute gewesen waren, von denen der letztere dem Collegium Seniorum angehörte, jener Körperschaft, die bis 1849 die Interessen der Kaufmannschaft Bremens vertrat, sollten mehr als 100 Jahre vergehen, bis wieder Nachkommen von ihnen sich dem Berufe des Kaufmanns zuwandten. Denn des Eltermanns Arnold Sohn wurde Jurist und Senator, sein Enkel Diederich Bürgermeister, und auch sein Urenkel Christoph war wieder Jurist und bekleidete das Amt eines Obergerichtssekretärs. Dessen 1748 geborener Sohn Diederich stieg ebenfalls zur Bürgermeisterwürde empor, und noch mehr Blut von Ratsmännern kam in die Familie, als er 1771 Amelia Smidt, die Tochter und Enkelin von Bürgermeistern heiratete. Aber zwei Söhne gerade dieser Ehe waren es, die sich wieder dem Kaufmannsberuf zuwandten, der 1774 geborene Caspar und der fünf Jahre jüngere Hermann Henrich, der Vater des Lloydgründers. Dieser Entschluß ist leicht begreiflich, wenn man bedenkt, daß die jungen Leute in einer Zeit heranwuchsen, in der Bremens Handel einer neuen Blütezeit entgegenging und dem Kaufmann ungeahnte Aussichten sich eröffneten.

Die Kriege des 17. und 18. Jahrhunderts hatten dem Handel der Stadt oft schwere Wunden geschlagen, bald durch Lähmung des Verkehrs zu Wasser und zu Lande, bald durch Opfer, die den Bürgern unmittelbar auferlegt wurden. So lagen während des siebenjährigen Krieges fast ständig fremde Truppen in der Stadt, ungeachtet der gutgemeinten Schilder an den Grenzen, die die Neutralität des Territoriums ankündigten. Das schlimmste war und blieb, daß den deutschen Kaufleuten keine politische Macht den Rücken deckte, daß man die den Handel erschwerenden Gesetze fremder Staaten, wie die Navigationsakte Cromwells es vor allem gewesen war, geduldig oder je nach dem Temperament auch zähneknirschend hinnehmen mußte, ohne daß eine deutsche Staatsgewalt den fremden Handel in deutschen Häfen ebenfalls eingeschränkt hätte. So war das Gebiet, auf das sich der Bremer Seehandel erstrecken konnte, nicht eben groß. Frankreichs Häfen waren für ihn die wichtigsten. Der Handel mit dem übrigen West- und Nordeuropa trat dahinter zurück. Ins Mittelmeer oder gar über den offenen Ozean wagte er sich nicht.

Ein völliger Umschwung hierin trat mit dem Unabhängigkeitskrieg ein, den die nordamerikanischen Kolonien gegen das englische Mutterland führten. Mit der neuen Republik trat Bremen in einen immer lebhafter werdenden Handelsverkehr — eine Tatsache von entscheidender Bedeutung in der Geschichte der Stadt. Denn während die Mehrzahl der deutschen Seeplätze sich auch noch fernerhin auf den Handel mit den benachbarten europäischen Ländern beschränkte, nahm Bremen von nun an am transozeanischen Handel teil. Durch den direkten Verkehr nach den Vereinigten Staaten wurde es der wichtigste deutsche Auswandererhafen. Mit Tabak, Baumwolle und anderen Erzeugnissen Amerikas kehrten die Schiffe heim. Die Errichtung eines amerikanischen Konsulats in Bremen

(1794) war das äußere Zeichen für den Umschwung. Das letzte Jahrzehnt des 18. Jahrhunderts war eine Glanzzeit des bremischen, wie übrigens auch des hamburgischen Handels.

Unter solchen Eindrücken erwachte auch in den Söhnen des Bürgermeisters Meier der alte Kaufmannsgeist. Der fast 16jährige Caspar begann seine Lehrzeit im Kontor von Daniel Tideman und beschloß 1796 als 21jähriger nach den Vereinigten Staaten zu gehen. Das war der Anfang der in so ungeahnter Weise sich ausdehnenden Beziehungen des Meierschen Hauses zu Amerika. Schon 1797 beschloß Caspar ein selbständiges Geschäft in New York zu eröffnen, reiste nach Deutschland zurück, um geschäftliche Verbindungen anzuknüpfen, und erreichte 1798 nach einer 135 Tage dauernden stürmischen Reise am Gedenktag der Entdeckung Amerikas auf einer mit deutschen Gütern beladenen Brigg zum zweitenmal den Hafen von New York. So wurde er ein Columbus des deutschen Handels mit den Vereinigten Staaten.

Im nächsten Jahr kam sein 20jähriger Bruder Hermann Henrich nach New York und trat ein Jahr später, am 1. November 1800, als Teilhaber in die aufblühende Firma ein, die nun C. & H. H. Meier hieß.

Während Caspar in New York blieb und 1801 Eliza Kunze, die Tochter des Pfarrers der lutherischen Kirche heiratete, ging Hermann Henrich nach Bremen zurück, um von dort aus zwei Jahre hindurch die geschäftlichen Beziehungen zwischen Bremen und New York zu pflegen.

In dieser Zeit entschloß er sich, dem Beispiel seines Bruders zu folgen und auch für sich die Lebensgefährtin zu wählen. Am 4. April 1802 verlobte er sich mit der fast vier Jahre älteren Lucie Warneken, die die Mutter des Mannes werden sollte, dessen Leben dies Buch schildern möchte. Sie war die Tochter des Eltermanns Johann Daniel Warneken und seiner Frau Adelheid geb. Tideman.

In der Ansgari-Kirche fand am 15. August die Trauung des noch 22jährigen Bräutigams und der soviel älteren Braut statt. Tiefe Liebe verband die beiden, und eine überaus glückliche Ehe haben sie geführt. Nicht Gegensätze hatten sich angezogen, die hätten ausgeglichen werden müssen, sondern vielmehr die Ähnlichkeit der Charaktere muß sie zusammengeführt haben. Vortreffliche Menschen waren sie beide, jeder für das Glück des anderen, beide für das ihrer Kinder lebend, deren Wohlergehen, deren Erziehung zu reinen, edlen, frommen Menschen ihnen unablässig am Herzen lag, die zu ermahnen und zu erfreuen sie nicht müde wurden. Beide verstanden es, die Schönheiten der Natur tief auf sich wirken zu lassen. Den Frühling an der Riviera mit seinen blühenden Mandel-, Pfirsich- und Aprikosenbäumen und den mit Blumen durchwirkten grünen Wiesen schildert später der Vater seinem zehnjährigen Hermann in entzückten Worten. Und wie verständnisvoll betrachtet Mutter Lucie die Seen, Gießbäche und Gletscher der Schweiz! Daneben ist sie eine fleißige Blumenpflegerin, die ihren Garten mit den schönsten blühenden Gewächsen zu zieren sucht. Beide betrachten die Schönheit der Natur als ein Geschenk des allgütigen Gottes, dem sie danken und dessen Allmacht sie preisen — also auch auf religiösem Gebiet volle Harmonie! Man könnte zuweilen denken, ihre Gefühle hätten etwas weichliches und sentimentales. Doch würde dazu wenig die frische Reiselust stimmen, mit der beide ihre Fahrten über den atlantischen Ozean, nach der Schweiz und nach Italien antreten. Und das führt uns zu den energischen, praktischen Eigenschaften dieses Ehepaars Nicht nur Gefühl und Phantasie ist in ihm reich entwickelt, sondern vor allem auch ein klarer Verstand, ohne den Hermann Henrich Meier nicht so viel geschäftliche Erfolge trotz schwerer Zeiten hätte erringen, ohne den Lucie Meier nach dem frühen Tod des Gatten nicht so planvoll und erfolgreich die Erziehung und Ausbildung ihrer Kinder hätte in die Wege leiten können. Was bei ihrem Manne sich vielleicht aus der Zeit, in der er aufwuchs, erklärt, das hatte sie von ihren Vorfahren ererben können, — jenen vornehmen Kaufmannsgeist, wie er in den Hansestädten in besonderer Weise zu Hause ist.

Im September 1802 verließ das jungvermählte Paar die Heimat, um in New York, dem Sitz der Firma, den eigenen Hausstand zu begründen. Im folgenden Sommer wurde das erste Kind geboren; aber das nach den beiden Großmüttern genannte Mädchen starb nach wenigen Wochen. Zum Trost für die Eltern erschien im Mai 1804 de Stammhalter der Meierschen Familie, John Daniel, der in die Fußtapfen des Großvaters Meier getreten und Bremer Senator und Bürgermeister geworden ist.

New York sollte nicht lange mehr die Heimat des jungen Paares bleiben. Denn die beiden Brüder Caspar und Hermann Henrich beschlossen, ihren 1800 geschlossenen Geschäftsvertrag mit Ende 1804 aufzuheben, nicht etwa um sich völlig zu trennen und die Firma zu teilen, sondern vielmehr um sie zu verdoppeln. Caspar blieb Leiter der New Yorker Firma C. & H. H. Meier (heute Oelrichs & Co.), Hermann Henrich begründete in Bremen die neue Firma H. H. Meier & Co., und zwar blieb jeder der Brüder, wie die Namen der Firmen zeigen, in beiden Teilhaber, soweit das Wort hierfür überhaupt zutrifft; denn jeder leitete das ihm unterstehende Geschäft auf eigene Rechnung und nur mit eigenem Kapital. Dennoch bestand eine Teilhaberschaft insofern, als der neue zwischen den Brüdern geschlossene Vertrag bestimmte, jedes im Handel zwischen Europa und Amerika zustande gekommene Geschäft, gleichviel ob es von der Bremer oder der New Yorker Firma eingeleitet war, solle im Gewinn wie im Verlust für gemeinsame Rechnung beider Firmen gelten. Der Vertrag, dessen Original in englischer Sprache noch vorhanden ist, spricht selbst von dem „unbegrenzten Vertrauen", das allerdings die Voraussetzung einer solchen Geschäftsführung sein muß. Man sieht, Mißverständnisse zwischen den Brüdern sind nicht der Grund der Trennung gewesen. Diese war vielmehr schon seit mehreren Jahren in Aussicht genommen. Denn die Brüder hatten offenbar die Überzeugung gewonnen, daß der Handel zwischen New York und Bremen noch einer ganz anderen Ausdehnung fähig wäre, wenn in jeder der beiden Städte einer der Teilhaber Geschäfte abschließe. Um aber eine Konkurrenz der getrennt geführten Firmen auszuschließen, wurde jene auf dem „unbegrenzten Vertrauen" beruhende Bestimmung getroffen. Es wirft ein glänzendes Licht auf den Charakter der Brüder, daß solch ein Vertrag überhaupt zustande kommen konnte; aber die Achtung muß noch wachsen, wenn man bedenkt, daß dies Vertragsverhältnis 60 Jahre hindurch, bis Ende 1864, zwischen dem Bremer und New Yorker Hause bestanden hat.

So verließen denn Hermann Henrich und Lucie Meier mit ihrem elf Monate alten Sohn im April 1805 Amerika und erreichten auf der Bremer Bark „Europa" die Vaterstadt. Hier bezog man ein Haus in der Sandstraße, wo sich auch zunächst das Kontor der neuen Firma H. H. Meier & Co. befand. — Genau ein Jahrhundert hat diese Firma einen ehrenvollen Platz unter den Bremer Handelshäusern behalten, ja man rechnete sie Jahrzehnte hindurch zu den angesehensten und größten der Hansestadt. Erst 1905 nach dem Tode des kinderlosen Enkels des Gründers ist sie aufgelöst worden. —

In einem verhängnisvollen Zeitpunkt fand die Gründung statt. Wer geglaubt hatte, durch die Friedensverträge, die Frankreich 1801 und 1802 mit den europäischen Mächten geschlossen hatte, sei der fast zehnjährige Machtkampf beendet, zumal wer in Bremen die Ansicht des Bürgermeisters Heineken teilte, die Reichsstädte seien forthin ruhige Wohnsitze der Künste, der Wissenschaften, des Handels, durch kein Waffengeklirre gestört, der sollte sich bitter getäuscht sehen. Hermann Henrich Meier war kaum von seiner ersten binnenländischen Geschäftsreise, die ihn auch nach Berlin führte, zurückgekehrt, als die Nachrichten von Ulm und Trafalgar die Welt in Staunen und Schrecken versetzten. Trotz dieser schlimmen Zeiten muß er mit dem Gang seines Geschäftes nicht unzufrieden gewesen sein; denn als sich 1806 und 1807 durch die Geburt eines zweiten Sohnes, Diedrich August, und einer Tochter Adelheid, die 1810 wieder starb, seine Familie vergrößert hatte, kaufte er das Haus Langenstraße 50 und bezog es im Frühling 1809.

Hier gab am 16. Oktober desselben Jahres Lucie Meier ihrem dritten Sohne das Leben, der nach dem Vater Hermann Henrich genannt wurde.

So begann in der alten, engen Langenstraße das bewegte und an Erfolgen so reiche Leben H. H. Meiers, dieses bremischen, dieses deutschen Kaufmanns, dessen Entwicklungsgang und dessen Schaffen hier dargestellt werden soll.

Er wurde geboren, als es mit der Freiheit seiner Vaterstadt

zu Ende ging. In den Stürmen von Jahrhunderten hatte die hansische Republik ihre Selbständigkeit gewahrt; aber Napoleon schonte auch der Hansestädte ehrwürdige Freiheit nicht. Gerade im Oktober 1809 begannen in Hamburg die von ihm veranlaßten ersten Beratungen über den Plan einer Mediatisierung der freien Städte. Wenn zunächst diese Gefahr auch noch einmal vorüberging, so lastete doch die Hand des Eroberers schwer genug auf Bremen. Von 1806 bis 1809 kosteten die Franzosen dem Staat Bremen mehr als 10 Millionen Francs, ganz abgesehen von den Ausgaben für die Einquartierungen westfälischer und französischer Truppen. Das war um so drückender, als die Festlandssperre den Handel lahmlegte. Die Lage wurde keineswegs erträglicher, als Ende 1810 Bremen in Frankreich einverleibt wurde; mehr denn je hatten die Bürger unter der Last der Steuern und Kontributionen zu seufzen. Vor allem bedrückte jeden Patrioten das Gefühl der Schmach, die Freiheit verloren zu haben.

Da brachte die Leipziger Schlacht den endgültigen Umschwung. Schon am 13. Oktober 1813 waren Kosaken, die bald als Befreier in die Stadt zogen, vor den Toren erschienen. Der kleine, fast vierjährige H. H. Meier konnte den Kanonendonner und das Einschlagen von Geschossen in der Langenstraße hören. Daß die von der Straße zu den Lagerkellern hinunterführenden Luken der Russen wegen von den um ihr Eigentum besorgten Bewohnern verrammelt wurden, scheint des kleinen Hermann erste Kindheitserinnerung geblieben zu sein.

Über seine ersten Lebensjahre ist wenig bekannt. Die Zeit von 1813—19 muß die äußerlich glücklichste gewesen sein, die der Familie beschieden war. Die Kriegsstürme waren vorüber; der Handel hatte einige gute, ertragreiche Jahre. Man atmete wieder auf und wurde seines Lebens froh. Zu den drei Knaben John, Diedrich und Hermann hatte sich 1811 wieder ein Schwesterchen gesellt, die kleine Betty, an der die Eltern und Brüder zeitlebens mit besonderer Liebe gehangen haben. Die Räume, in denen sich das Familienleben abspielte, lagen im ersten und zweiten Stockwerk des schmalen, aber tiefen Hauses in der Langenstraße. Treppenhaus und Flur waren weitläufig angelegt und wurden gewiß zum Spielen benutzt, wenn man nicht den hinter dem Hause liegenden Hof oder die Straße vorzog. Im Unterhaus befanden sich die Geschäftsräume, wie es in den alten Bremer Kaufmannsfamilien Sitte war. In wenigen Minuten konnten die Kinder das Weserufer erreichen, die Schlachte, wo die Schiffe anlegten, wo Warenballen und Fässer aus- und eingeladen wurden. Hier war der Hauptturmmelplatz der in den angrenzenden Straßen wohnenden Kinder, die sich nach Herzenslust zum Schrecken der Mütter in der kräftigen, nach Teer, Schiffsladung und Wasser riechenden Luft austobten.

Wollte man im Sommer in die freie Natur hinaus, so fuhr die Familie wohl zum Horn auf das Gut der Großeltern Warneken, wo Mutter Meier ihre glückliche Jugend verlebt hatte. Im Herbst 1817 kaufte ihr Gatte diesen Landsitz, der nun das Paradies seiner Kinder wurde und der bis 1884 Eigentum der Meierschen Familie blieb. Vielleicht haben die ersten Anzeichen seines Kehlkopfleidens ihn veranlaßt, die frische Landluft aufzusuchen. Derselbe Grund mag ihn bestimmt haben, 1817 Johann Helfrich Adami als Teilhaber in seine Firma aufzunehmen, in der dieser schon jahrelang gearbeitet hatte. So lag die Verantwortung für das Geschäft nicht mehr allein auf ihm, und freier über seine Zeit verfügend, konnte er den ersten Sommer auf seinem neuerworbenen Gut verbringen und mit Frau und Kindern sich dem Genuß des Landlebens hingeben. Da Wagen und Pferde nicht fehlten, war die Stadt leicht zu erreichen, was um so wichtiger war, als die Kinder ja täglich zur Schule mußten.

Der achtjährige Hermann besuchte die unterste Klasse der Ende 1817 begründeten Vorschule, die, unter Prof. Stracks Leitung stehend, den Unterbau der dreiteiligen Bremer Hauptschule bildete. Es war keine Vorschule im heutigen Sinne — denn die Elemente des Lesens, Schreibens und Rechnens lernten die Kinder damals vom 5. oder 6. Lebensjahr an in einer Privatschule —, sondern sie entsprach etwa den unteren und mittleren Klassen unserer höheren Schulen. Vormittags von 8 bis 11 oder 12 und nachmittags von 3 bis 5 hatte Hermann seine Schulstunden. Nur Mittwochs und

Sonnabends war der Nachmittag frei, und der kleinen Schulsorgen ledig, konnte er sich dem Spiel hingeben. Er hielt gute Kameradschaft mit seinen Freunden Hermann Schumacher, August Rodewald, Aug. Ferd. Dreier, Heinrich Böving, Herm. Oelrichs, Th. Achelis, Herm. Sengstack u. a. Draußen auf dem Gut im Horn spielten sie miteinander im Sommer, auf der Schlachte oder zu Hause in den anderen Jahreszeiten. Im Winter liefen sie Schlittschuh, und Hermann scheint trotz der Mahnungen der stets besorgten Mutter heftigen Wind und unsichere Eisverhältnisse nicht gefürchtet zu haben. Daß er das Rudern frühzeitig erlerne, ließ sich sein älterer Bruder John angelegen sein. Mit 13 Jahren hatte Hermann es so weit gebracht, daß John meinte, er werde nun wohl bald allein auf der Weser fahren können. Freilich galt es damals nicht gegen Flut und Ebbestrom anzukämpfen, die Bremen nicht erreichten. Mit den Brüdern und Freunden wurden Wasserpartien unternommen, die sich bis Lilienthal ausdehnten.

Über die Verstandes- und Charakterentwicklung Hermanns während seiner ersten Schülerzeit sind wir nur unvollkommen unterrichtet. Ob er ein guter oder mittelmäßiger Schüler war, mag dahingestellt sein; jedenfalls hat sich schon der Knabe mit souveräner Geringschätzung über die Regeln deutscher Grammatik und Rechtschreibung hinweggesetzt, die ihm denn auch bis ins Greisenalter nie ganz vertraut geworden sind. An Begabung mangelte es ihm wahrlich nicht, aber der große Freundeskreis scheint den Knaben oft an genauer Pflichterfüllung gehindert zu haben. Den 10jährigen ermahnt der Vater, ernsthafter und anhaltender beim Lernen zu sein. Er stellt ihm seine Brüder als Muster hin, die in seinem Alter viel weiter gewesen seien. Die Klagen der Mutter über Hermanns flüchtig oder verspätet geschriebene Briefe wollen kein Ende nehmen. Auch John setzt wiederholt wohl nicht unbegründeten Zweifel in den Fleiß seines jüngeren Bruders.

Nie aber wird in diesen Knabenjahren eine Klage laut über die Eigenschaften seines Herzens und Gemütes. Eltern und Geschwister hängen mit zärtlicher Liebe an dem Sohn und Bruder, der sich gewiß zur Richtschnur gemacht hat, was der Vater ihm zum

10. Geburtstag schrieb: „Mein Glückwunsch besteht darin, daß Du, wenn Du ihn noch nicht hast, bekommen mögest, den ernsten, festen Willen, ein guter Mensch zu werden. Was gut sein heißt, wird Dir Dein Inneres, Dein eigenes Ich beantworten".

So wuchs Hermann Meier in der reinen Luft eines arbeitsfrohen, edelgesinnten und frommen Hauses heran. Aber auf das Glück dieser Jahre sollte ein dunkler Schatten fallen.

Seit 1819 wurde der Vater ernstlich krank. Er konnte den Sommer nicht wieder auf dem Horner Landgut zubringen, sondern mußte zur Kur nach Eilsen, das Geschäft der Leitung Adamis überlassend. Es stellte sich Husten ein, so daß ein Aufenthalt im Süden für nötig befunden wurde. Im eigenen Reisewagen traten die Eltern mit dem ältesten und jüngsten ihrer Kinder, mit John und Betty, die Fahrt nach Süden an, während Diedrich und Hermann unter Adamis und Mamsell Schröders Schutz im Bremer Hause zurückblieben. Der Abschied war schmerzlich, denn die Reise war auf ein Jahr berechnet. Im September und Oktober gebrauchte der Kranke eine vierwöchentliche Traubenkur in Chemenin bei Vevey auf dem stillen Landgut der Familie Du Fresne, die später auch in Hermanns Leben eine Rolle spielen sollte. Dann ging es weiter über Lyon und Marseille nach Nizza, wo trotz eines harten Winters eine bedeutende Besserung des Leidens eintrat. Ende Februar 1820 konnte der Vater seinem Hermann schreiben: „Vergiß nicht Deinem lieben Gott zu danken, daß er mich, Deinen von Dir geliebten Vater, erhielt und mir in einer gefahrvollen Krankheit gnädig beistand."

Aber die Freude des Wiedersehens wurde noch lange hinausgeschoben. Denn die Reisenden beschlossen, Rom und Neapel zu besuchen. Erst im Juni kehrten sie heim. Leider hatte der Aufenthalt im Süden dem Vater nur eine zeitweilige Besserung gebracht. Als der Januar des neuen Jahres anhaltende schwere Nebel brachte, stellte sich das alte Leiden mit heftigem Krampfhusten wieder ein, und „das auszehrende Fieber" raffte am 27. April 1821 den erst 41jährigen Kranken dahin. Ein endloses Trauergefolge begleitete den allgemein hochgeschätzten Mann zur letzten Ruhestätte.

Lucie Meier stand vor einer schwierigen Aufgabe. Ihr ältester

Sohn war zwar schon 17 Jahre, wollte aber nicht in das väterliche Geschäft eintreten, sondern studieren. So mußten noch Jahre vergehen, bevor die jüngeren Söhne Diedrich und Hermann sich in den kaufmännischen Beruf einarbeiten konnten, um dereinst das Geschäft des Vaters zu übernehmen. Bis dahin mußte die Mutter die Leitung der Firma J. H. Adami allein überlassen. Der einzige, der darüber wachen konnte, daß die Geschäfte im Interesse der Meierschen Familie weitergeführt wurden, war ihr Schwager Caspar Meier in New York. Dieser reiste im Frühling 1822 nach Bremen und vereinbarte mit Adami eine Verlängerung des Vertrags zwischen dem New Yorker und dem Bremer Hause zunächst auf 5 Jahre, jedoch nicht ohne die Klausel, daß der Name der Firma H. H. Meier & Co. nicht geändert werden dürfe. Gleichzeitig wurde zwischen der Witwe und Adami schriftlich ausgemacht, daß den beiden jüngeren Söhnen des Verstorbenen der Eintritt in die Firma offen bleiben sollte. Das Verhältnis zu Adami war ein durchaus freundschaftliches. Mit Rat und Tat stand er der Witwe und den heranwachsenden Söhnen zur Seite und führte in der soliden und umsichtigen Weise, die den Gründer ausgezeichnet hatte, das Geschäft weiter.

Trotzdem ist es nur zu begreiflich, daß es der Witwe schwer sein mußte, unten im Kontor an Stelle ihres Gatten oder ihrer Söhne einen anderen schalten und walten zu sehen. Auch mußte sich ihr die Frage aufdrängen, was geschehen solle, wenn Adami, der bisher als Junggeselle im Hause wohnte, einen eigenen Hausstand gründete. Mußte sie dann nicht dem Chef der Firma auch die Wohnräume zur Verfügung stellen? So hat sie sich wohl allmählich mit dem Gedanken beschäftigt, das Haus in der Langenstraße zu verlassen. Zum festen Entschluß kam sie an dem schweren Erinnerungstage, an dem zwei Jahre seit dem Tode des Gatten verflossen waren. Aber nicht nur das Haus wollte sie verlassen, sondern die Vaterstadt selbst. Stuttgart wählte sie als neuen Aufenthaltsort. War es die alte Reiselust, die in ihr erwachte? Wollte sie ihren Kindern die Welt auch außerhalb der Mauern Bremens gründlich zeigen? Verleidete ihre beginnende Schwerhörigkeit ihr die Teilnahme an der Geselligkeit ihrer großen Familie? Oder war es das Bedürfnis, den erinnerungsreichen Stätten, an denen sie mit ihrem Gatten glückliche Zeiten verlebt hatte, für einige Zeit möglichst fern zu sein? Wir kennen die tieferen Gründe nicht, die sie bestimmt haben; sie selbst aber hat ihren Entschluß später als eine Eingebung Gottes bezeichnet. Rückschauend konnte ihr frommer Sinn keinen treffenderen Ausdruck wählen, denn der Aufenthalt in Stuttgart hat in seinen Folgen ihrer Familie durch Generationen hindurch nur Glück gebracht.

Sie hatte Stuttgart auf der Rückreise von Italien 1820 kennen gelernt und hatte die Stadt in bester Erinnerung behalten. Sie wußte durch eine Anfrage bei dem Gymnasialprofessor Gustav Schwab [1]), dem bekannten Dichter, den sie als jungen Theologen in Bremen kennen gelernt hatte, daß die Stuttgarter Schulen für besser als die Bremischen gelten konnten, und also der Umzug für die Ausbildung ihrer Kinder Hermann und Betty keine nachteiligen, sondern nur erfreuliche Folgen haben würde. John und Diedrich hatten die Schule verlassen, jener, um in Göttingen Jura zu studieren, dieser, um im Kontor von H. H. Meier & Co. als jüngster Lehrling einzutreten. Für deren nächste Zukunft war also gesorgt, und die Mutter konnte sich ausschließlich ihren beiden jüngeren Kindern widmen.

So verließ denn der noch 13jährige Hermann Meier zu Anfang des Sommers 1823 die Bremer Vorschule, deren sechs Jahre dauernden Kursus er ungefähr durchgemacht hatte, verließ den Bremer Freundeskreis, gewiß nicht leichten Herzens, verließ die alte Vaterstadt, um als ein noch recht jugendlicher Kavalier Mutter und Schwester in der Welt draußen zur Seite zu stehen.

* * *

[1]) Schwab, Gustav, 1792—1850, ein Hauptvertreter der sogenannten schwäbischen Dichterschule, war in Stuttgart erst Professor am Obergymnasium, später erster Prediger an der St. Leonhardtskirche und hatte schließlich die Oberleitung der vaterländischen Gelehrtenschulen.

Zunächst fuhr die kleine Reisegesellschaft nach Amsterdam, um Freunde des Hauses zu besuchen. Der gleiche Zweck führte sie nach Krefeld und Remscheid-Ehringhausen, wo die Familie Hasenclever alte freundschaftliche Beziehungen, die aus dem Geschäftsverkehr hervorgegangen waren, zum Meierschen Hause unterhielt. Der Herbst kam schon heran, als die drei Reisenden Süddeutschland erreichten. Nachdem man noch zwei Wochen in Baden-Baden verbracht hatte, fuhr endlich am 27. September 1823 der Reisewagen in Stuttgart ein.

Anderthalb Jahre seiner Jugend hat H. H. Meier in dieser Stadt verlebt. Zweifellos hat dieser Aufenthalt seine Charakterentwicklung nachhaltig beeinflußt. In eine ihm ganz fremde Umgebung mußte er sich hineinfinden. So verschieden wie die Umgebung Bremens mit ihren Wasserzügen, Birken und Heideflächen, ihrem endlosen, kreisrunden Horizont von den Hügeln, Weinbergen, Felsen und Wäldern des schwäbischen Landes ist, so verschieden waren auch die Menschen der alten und der neuen Heimat, unter denen Herman sich zurechtfinden mußte. In der nordischen Hansestadt ging nichts über den Stand und Beruf des handeltreibenden Kaufmanns; in der süddeutschen Residenz gaben die Offiziere, die Hof- und Staatsbeamten den Ton an. In der Bremer Hauptschule konnte kein Junge aus einer vornehmeren oder angeseheneren Familie sein als Hermann Meier; da hatte er höchstens seinesgleichen. Was aber war den Schülern des Stuttgarter Ober-Gymnasiums, einem Fritz und Ferdinand v. Zeppelin, Karl v. Varnbüler, Wilhelm oder Helmut v. Plessen, Emil v. Maucler, was war ihnen der Bremer Kaufmannssohn namens Meier?!

Je sicherer es ist, daß Hermann diesen jungen adligen Herren gegenüber zunächst keinen leichten Stand hatte, um so bezeichnender ist es für ihn, daß er in kurzem gerade sie zu Freunden gewann, mehrere zu Freunden fürs Leben. Es wurde ihm nicht schwer, ihren höfischen Manieren und vornehmen Allüren sich anzupassen. Denn von Jugend an war ihm ein Zug ins Großartige und Freude an Eleganz eigen. Mit den anderen jungen Kavalieren lernt er Fechten und Tanzen; im Schlittschuhlaufen und Schwimmen tut er es ihnen als rechtes Kind der Wasserkante zuvor. Einen ungezwungenen Verkehr unterhalten diese 15- bis 16jährigen Knaben mit jungen Mädchen. Sie treffen sich auf Bällen und Festen oder auch, im kleineren Kreise, auf den sogenannten Mittwochsgesellschaften, die eine Art Kränzchen gewesen zu sein scheinen. Auch ein Liebhabertheater wird gebildet, das ihnen viel fröhliche Stunden bereitet. Natürlich fehlte es nicht an kleinen Liebesaffären. Die Auserkorene Hermann Meiers war Fanny v. Gemmingen, bei der er auch nach seinem Weggang von Stuttgart noch einige Zeit in gutem Andenken blieb.

Vielleicht gehört in diesen Zusammenhang auch das auf mündlicher Überlieferung beruhende Gerücht, er habe in Stnttgart ein regelrechtes Duell gehabt. Eine Bestätigung könnte man in folgender Briefstelle finden: „Hüte Dich", schreibt ein Bremer Freund, „vor einem falschen Begriff von Ehre, daß Du dadurch nichts Unrechtes begehst. A. Rodewald hat hier ein Gerücht verbreitet, welches nicht Dir zu Ehren gereicht". Überhaupt lassen es Hermanns alte Freunde in Bremen an allerlei Ermahnungen nicht fehlen. Vor allem war ihnen sein Verkehr mit Grafen und Baronen ein Dorn im Auge und ein Anlaß, sich über ihn lustig zu machen. „Hochwohlgeborener Herr Baron!" schreibt August Rodewald, „Es scheint, daß Euer Gnaden sehr unwillig geworden sind, daß ich meine Briefe nicht besser verwahrte. Aber ich bitte Ew. Gnaden tausendmal um Verzeihung." Schon ernsthafter gemeint ist der tadelnde Spott Hermann Schumachers: „Ich wundere mich, daß Du, ein Republikaner von altem Schrot, um Schlittschuh zu laufen, mit einigen Bücklingen und Bitten dem Oberhofmeister eine Erlaubniskarte abzwingst." Am allerwenigsten scheint Hermanns Umgang mit den Adligen seinem Bruder Diedrich gepaßt zu haben. Vielleicht hatte Hermann etwas prahlerisch darüber geschrieben, — jedenfalls gibt der achtzehnjährige Diedrich ihm eine nicht mißzuverstehende Lektion, wenn er von den Adligen schreibt: „Übrigens sind sie ja auch nichts mehr wie die Bürgerlichen, besonders wie wir Bremer. Denn da hier kein Adel existiert, so können wir uns alle adlig nennen, d. h. wenn wir es wollten; wir halten uns aber zu gut dazu, um dies zu tun."

Es scheint, daß die an diesen Verkehr geknüpften Besorgnisse nicht völlig grundlos waren. Warum sollte sonst die Mutter dem 15 jährigen Mangel an Demut und Bescheidenheit vorhalten? Warum sollte sie sonst dem 16 jährigen später schreiben: „Daß Du einsiehst, daß Stolz oder vielmehr Hochmut und Eigendünkel ein großer Fehler Deines Charakters ist, hat mich unbeschreiblich gerührt und gefreut." Aber gerade diese Äußerung zeigt uns auch, daß Hermann an sich selber arbeitete und Ermahnungen Gehör schenkte. Den angeborenen Trieb, hoch hinaus zu wollen, hat die Stuttgarter Zeit zweifellos in ihm erstarken lassen. Daß aber die Bäume nicht in den Himmel wuchsen, dafür sorgte die Mutter — und einmal auch ein neckischer Kobold. Es mag auf der Solitüde oder im Gebäude der ehemaligen Karlsschule gewesen sein, daß Hermann sich vermaß, neben Schillers Namen den seinigen einschneiden zu wollen. Da glitt ihm das Messer aus und verletzte ihn so schwer am Daumen, daß ein Glied sein ganzes Leben hindurch steif blieb.

Gewiß! Ein tatenreiches Leben hat nicht genügen können, seinen Namen neben dem des großen Karlsschülers den Tafeln der deutschen Geschichte einzugraben. Daß aber überhaupt sein Name in der Geschichte des auch auf dem Meer zur Weltgeltung sich durchringenden deutschen Volkes genannt werden muß, ist die Frucht jenes nach hohen Zielen strebenden Sinnes, den wir — wenn auch verworren — schon in der Stuttgarter Knabenzeit an H. H. Meier beobachten.

In dieser Zeit ist es auch gewesen, daß er sich endgültig entschlossen hat, Kaufmann zu werden. Zeiten des Schwankens waren voraufgegangen. Als er im Frühjahr 1823 der Frage näher treten mußte, ob er von der Bremer Vorschule zur Handels- oder zur Gelehrtenschule übergehen solle, beschloß er, wie es scheint, das letztere und faßte den Vorsatz, Theologie zu studieren. Seine Freunde wußten es nicht anders, als er sie verließ, um nach Stuttgart überzusiedeln. Ein Umschwung aber trat ein, als die Reise nach Amsterdam und durch das rheinische Industriegebiet seinen Horizont erweiterte und ihm das Kaufmannsleben in neuem Lichte zeigte. In Stuttgart ist er dann noch einmal schwankend geworden. Er sah, welch angesehene Stellung Juristen, Theologen, Mediziner in der Stadt hatten; er sah manche von ihnen im Hause seiner Mutter verkehren, die mit der Gattin Gustav Schwabs und des Staatsrats Kielmeyer innige Freundschaft geschlossen hatte. Auch konnte die humanistische Bildung des Gymnasiums, die Lektüre des Horaz und der philosophischen Schriften Ciceros bei Professor Schwab oder dessen gediegene Behandlung der römischen Altertümer nicht ohne Eindruck auf ihn bleiben. Trotz alledem und trotz seines Verkehrs mit den adligen Freunden aus höfischen und militärischen Kreisen war er am Ende des ersten Stuttgarter Winters fest entschlossen, Kaufmann zu werden und ist bei dem Entschluß geblieben. Sein Bruder Diedrich begrüßte freudig diese Nachricht; denn Hermann könne sich gar nicht denken, „wie voll es in Bremen mit der Zeit von jungen Advokaten, Pastoren und Medizinern werde".

Unter diesen Umständen mußte ein gründliches Erlernen der neueren Sprachen für den zukünftigen Kaufmann wichtiger sein als die humanistischen Studien auf dem Gymnasium. Diese Erwägung mag neben der von Zeit zu Zeit unwiderstehlich in Hermanns Mutter erwachenden Reiselust mit dazu beigetragen haben, daß die kleine Familie im April 1825 Stuttgart verließ und nach Chemenin bei Vevey übersiedelte, jenem Landgut der Familie Du Fresne, wo der Vater 1819 zur Traubenkur geweilt hatte. Die schöne Besitzung[1]) lag eine halbe Stunde oberhalb des Städtchens Vevey und gewährte eine unvergleichliche Aussicht auf den Genfer See und die ihn begrenzenden Gebirgsketten. Den Frühling des Jahres 1825 hat H. H. Meier hier genießen dürfen.

Während dieses Aufenthaltes in Chemenin faßte seine Mutter den ihr sehr schwer werdenden Entschluß, ihren Sohn für ein Jahr zur weiteren Ausbildung in das Institut von Henri Venel in Orbe zu senden.

Der junge Du Fresne hatte sich dort sehr wohl gefühlt, seine Familie empfahl es, und der Freund des Meierschen Hauses, Professor Schwab in Stuttgart, billigte den Entschluß. Es war eine

[1]) An ihrer Stelle liegt jetzt das Hotel Mooser.

Beruhigung für die Mutter und eine große Freude für Hermann, daß sein ungefähr gleichaltriger Vetter Adolf Meier von seinen Eltern in dieselbe Anstalt geschickt wurde.

Vom Juni 1825 bis Juni 1826 hat Hermann in Orbe seine Schulbildung ergänzt und zum Abschluß gebracht. Das Institut Venel hatte einen guten Ruf. Tüchtige Lehrer standen dem Leiter zur Seite. Zahlreiche Ausländer und Schweizer besuchten es. Zeitweilig war es in drei Gebäuden untergebracht. Das Hauptgebäude, la Grande-Abbaye, wo vor der Reformation sich ein Kloster befand, hatte eine prächtige Lage hoch über dem Orbe-Fluß, zu dem man über schöne Terrassen hinabstieg. Man überblickte von der freien Höhe die weite, wellige Ebene des Waadtlandes, die Juraketten und in der Ferne die Alpen.

Es war nicht die humanistische Bildung wie in Stuttgart, die Hermann in dem Institut empfing, sondern eine realistische, den Bedürfnissen des zukünftigen Kaufmanns angepaßt. Das Französische lernte er durch den täglichen Gebrauch. Das Englische machte ihm Freude, da ihm der Lehrer sympathisch war. Außer den üblichen Schulfächern, wie Mathematik, Geschichte und Geographie, erlernte er auch das Buchhalten. Der Religionsunterricht wurde zum großen Kummer der Mutter recht oberflächlich betrieben.

Zum Erstaunen seiner Angehörigen und Freunde glaubte Hermann Begabung für Musik in sich entdeckt zu haben, so daß er sich mit anerkennenswertem Eifer, aber ohne sonderlichen Erfolg dem Klavier- und Flötenspiel widmete. Wenn seine Kameraden turnten, übte er Klavier, uud über sein Flötenspiel berichtete er so viel nach Hause, daß seine Mutter ihm wiederholt zu bedenken gab, seine Brust sei nicht stark, er solle an seine Gesundheit denken.

Sie hatte in der Tat Grund, sich um seine Gesundheit zu sorgen. Als sie ihn vor ihrer Abreise aus der Schweiz nach Bremen zum letztenmal gesehen hatte, war sein Gesicht so blaß und eingefallen gewesen, daß ihr dies Bild immer vor Augen stand. Sie fürchtete, seine Lunge sei krank. Erst nach Monaten wurde ihr klar, daß die Ursache das Entwicklungsalter Hermanns sei, und nun wurde sie seine mütterliche Ärztin, die ihm heilsame Ratschläge erteilte.

Der körperliche Zustand Hermanns wirkte zurück auf seine Stimmung. Leicht beleidigt, reizbar und heftig, gerät er in Konflikte mit seinen Lehrern und Kameraden. Jene kommen in Versuchung, den Trotzigen zu schlagen, diese wenden sich zeitweilig von dem Hochmütigen ab. Die Mutter, der er alles anvertraut, zeigt ihm mit feiner Ironie den Grund, weshalb er so leicht beleidigt ist; er meine, man erkenne seine Verdienste, sein Alter, seinen Stand in der menschlichen Gesellschaft nicht gehörig an, darum lodere er, der Sprudelkopf, gleich in hellen Flammen auf und beleidige Gott und die Menschen. Er solle sich beherrschen, er solle seinen Lehrern Achtung entgegenbringen. „Glaube mir auch, Hermann, das Lehramt ist ein höchst undankbares und höchst schwieriges Geschäft; nie können es die Kinder dem Lehrer genug danken, denn Geld kann es wahrlich nicht bezahlen.“ Auch für seine Lektüre gibt sie ihm Ratschläge; sie empfiehlt ihm Gellerts Lieder und spricht ihr Mißfallen aus, daß er Lord Byrons Gedichte lese, die teils zu schwer für ihn, teils nicht zweckmäßig für ein junges, reizbares, erst ins Leben tretendes Wesen seien.

Aber alle liebevollen und mahnenden Briefe der Mutter vertreiben nicht das Gefühl ungerechter Behandlung, des Verkanntseins aus dem Herzen des reifer werdenden Jünglings, der vom ersten Sturm und Drang erfüllt ist.

Er schüttet Mary Du Fresne in Chemenin sein Herz aus, klagt über Venel, der an den Türen horche, über Venels Frau, die ihn impertinent behandle. Mit kluger Berechnung streitet ihm Mary, die den viel jüngeren Hermann glühend geliebt hat, die Berechtigung seiner Klagen nicht rundweg ab, und als sie sein Vertrauen dadurch hat, appelliert sie an seinen Stolz, mit dem er alle Chikanen und Widerwärtigkeiten des Lebens ertragen müsse, und rät ihm, die Kränkungen der Frau Venel mit äußerster Höflichkeit zu beantworten.

Es ist nicht zu verkennen, daß trotz der Anwesenheit des befreundeten Vetters Adolf Meier auch das Heimweh sehr dazu beigetragen hat, das Jahr in Orbe so unerfreulich für Hermann zu gestalten. Seinem Wunsch, schon vor der Zeit die Anstalt zu verlassen, kam die Mutter nicht nach, sondern verlangte, daß er ausharre.

Endlich im Juni 1826 war die Schulzeit für ihn vorüber. Auf der Heimreise besuchte er einige Orte der deutschen Schweiz. Von Stuttgart, wo er die Freunde wiedersah, ging es über Frankfurt im Eilwagen nordwärts der Heimat zu, von der er drei Jahre fern gewesen war.

* * *

Hier hatte sich in der Zeit der Abwesenheit Hermanns mancherlei verändert. Das Elternhaus in der Langenstraße war von Adami und seiner jungen Frau Pauline geb. Albers bewohnt, die schon ihrem ersten Sohne Anton, dem späteren Teilhaber der Firma, das Leben geschenkt hatte. Lucie Meier hatte als Winterwohnung eine geräumige Etage von sieben Zimmern im Hause ihrer Jugendfreundin Vagelmann, Sandstraße 14, bezogen. Im Sommer wohnte sie wieder draußen im Horn. Hermanns ältester Bruder John hatte soeben ein vortreffliches Examen in Lübeck gemacht und kam nun ebenfalls nach Bremen zurück, um sich als Rechtsanwalt niederzulassen. Seinen Bruder Diedrich sah Hermann nur kurze Zeit, da dieser im Begriff war, für einige Jahre ins Ausland zu gehen, zunächst nach Le Havre, dann Ende 1828 nach den Vereinigten Staaten. Auch im Kontor von H. H. Meier & Co. war nicht alles beim alten geblieben. A. Schumacher war nach Baltimore gegangen, wo er bald Teilhaber von C. A. Heineken wurde. John Diedrich Meier, der einzige Sohn von Caspar Meier, war von New York gekommen, um Deutsch zu lernen und sich in das Bremer Geschäft einzuarbeiten. Moritz Simons aus Elberfeld war als „Jüngster" eingetreten. Mit ihm mußte Hermann jetzt sein Zimmer teilen. Es war selbstverständlich, daß die „Jüngsten" im Geschäftshaus wohnten, und alle Bitten Hermanns, ein eignes Zimmer in der Wohnung der Mutter oder doch wenigstens ein Schlafzimmer für sich allein zu erhalten, hatten kein Gehör gefunden. Er könne ja abends im Kontor sitzen, wenn er für sich allein arbeiten wolle, hatte die Mutter gemeint. Vor dieser Zeit als „Jüngster" hatte es überhaupt Hermann etwas gegraut, zumal er vermutete, daß er es auf Jahre hinaus bleiben müsse. Er fühlte sich schon zu sehr als den zukünftigen Chef, um nicht die Lehrzeit als eine sehr unangenehme Zugabe seines Berufes zu empfinden. Aber die Mutter wies ihn zurecht mit dem Hinweis auf seines Vaters häufigen Ausspruch, das Kopiebuch müsse den geschickten Kaufmann bilden.

Vom Juli 1826 bis Ende August 1831 hat H. H. Meier im väterlichen Geschäft seine kaufmännische Ausbildung sich erworben. Es waren fünf arbeitsreiche Jahre, die nur zweimal eine ganz kurze Unterbrechung erlitten, einmal durch eine etwa dreitägige Fahrt im Dampfschiff nach dem im Bau begriffenen Bremerhaven, das andere Mal durch eine kleine Reise nach Elberfeld. In diesen Jahren ist Hermann zum Manne herangereift. Wenn er uns schon in der Stuttgarter Zeit viel erwachsener erscheint, als es seinen Jahren entspricht, so ist das noch mehr in dieser ersten Kontorzeit der Fall. Früh selbständig in seinem Auftreten und seinen Anschauungen erscheint er, als er ungefähr 22jährig Bremen verläßt, um nach England und Amerika zu gehen, als fertiger Mann, der seinen Platz in der Welt auszufüllen verstehen wird.

Ehe er dies Ziel erreichte, hatte es mancherlei Schwierigkeiten zu überwinden gegolten. Denn die erste Zeit im Kontor von H. H. Meier & Co. war nicht gerade leicht. Im allgemeinen wurden in jener Zeit die jungen Leute recht stramm zur Arbeit herangezogen und freie Mußestunden waren knapp bemessen. Von der Pike auf mußte Hermann dienen und dem Kontorpersonal in tausend kleinen Dingen zur Hand gehen, so daß er sich fast wie ein Bedienter vorkam und ihm manches wie absichtliche Quälerei erschien. Wenn er beim Kopieren Fehler machte, so strichen die anderen sie rot an, um, wie er meinte, Adami darauf aufmerksam zu machen. Seine Handschrift genügte nicht, so daß er Schreibstunden nehmen mußte. Kam ein Brief nicht an, so war der Jüngste schuld daran, der ihn zur Stadtpost statt zur Thurn- und Taxis-Post gebracht haben sollte. Das größte Übel dieser Anfangszeit war natürlich die Portokasse, die nicht stimmen wollte. Die Mutter behauptete, bei Diedrich habe sie immer gestimmt. Groß war daher Hermanns Freude, als Diedrich ihm schrieb, daß auch er damit zu kurz gekommen sei, wie jeder, der sie gehabt habe.

Mit dem Kontorpersonal auszukommen war nicht immer leicht. Alles ging seinen ruhigen Gang, wenn Adami, der Chef, anwesend war, vor dessen gemessener, zuweilen kalt und verschlossen erscheinender Art jeder Respekt hatte. Kaum aber hatte er den Rücken gekehrt, so begann ein „ewiges Zanken, Keifen und Schelten". Der Spektakel war oft so groß, daß im Oberhaus „die kleine Madame", Frau Adami, gestört wurde und sich, wie die jungen Leute meinten, durch schlechteres Essen an ihnen rächte. Schließlich wurde der Prokurist Hildebrandt dafür verantwortlich gemacht, den Lärm zu verhüten.

Auch Hermann selbst war anfänglich bei derartigen Streitereien beteiligt, denn er widersetzte sich, wenn man häusliche Dienste wie eine Pflicht von ihm verlangte. „Wenn die anderen es als ein Muß meinerseits ansehen, so will ich es nicht tun; das habe ich mir fest vorgenommen. Wenn sie es als eine Gefälligkeit ansehen, so sollen sie mich zu allem bereit finden." Er glaubte damals noch drei Jahre Jüngster bleiben zu müssen. Aber schon Ende 1827 wurde er aus dieser ihm unwürdig erscheinenden Stellung befreit durch den Eintritt von Louis Frowein aus Elberfeld, der seinerseits bald wieder durch Edmund Pavenstedt abgelöst wurde.

Schon während der Lehrzeit endete Hermanns kaufmännischer Horizont keineswegs bei der Portokasse und dem Kopierbuch. Er zeigt vielmehr ein starkes persönliches Interesse für die Marktberichte und Warenpreise; es dauert ihm viel zu lang, bis ihm die Möglichkeit gegeben wird, sich Warenkenntnisse zu verschaffen. Gar zu gern möchte er bald das „Linnenwesen" unter sich haben, denn die Ausfuhr von deutschem Leinen spielte damals noch eine bedeutende Rolle im Geschäft. Aber auch die Preise von Tabak, Kaffee, Tee, Zucker, Rum, Baumwolle, Blauholz und Gelbholz, von Tran, Pottasche, Schwämmen und Früchten interessierten ihn lebhaft.

Es wurmt ihn, daß 1827 in der Stadt das Geschwätz ging, H. H. Meier & Co. lägen still und hätten nichts zu tun. Die Zeiten waren in der Tat nicht sehr gut. Schon Anfang 1826 war eine große

Stockung im Handel eingetreten; in London und Berlin hatten Dutzende von Firmen falliert. Dazu kam eine wachsende Konkurrenz durch junge Bremer Kaufleute in den Vereinigten Staaten. Die Geschäfte und Verbindungen von Heineken und Schumacher in Baltimore, die beide aus dem Kontor von H. H. Meier & Co. hervorgegangen waren, breiteten sich mehr und mehr aus. Als 1828 Hermanns Bruder Diedrich nach New York gekommen war, stand es ihm bald fest, daß nur ungeheure Tätigkeit und Anstrengung das Meiersche Haus als erste deutsche Firma New Yorks erhalten könne. Mit Überraschung bemerkte er, daß sein väterliches Geschäft in Bremen weit mehr Gewinn abwarf als das von Caspar Meier & Co.

So wird es begreiflich, daß Hermann schon während seiner Lehrzeit mancherlei Zukunftspläne schmiedete, wie das väterliche Geschäft an Ausdehnung und Bedeutung gewinnen könne. Es schien ihm ratsam, Verbindungen mit Südamerika anzuknüpfen und er hoffte, später als Agent der Firma nach Brasilien gehen zu können. Eine Zeitlang kam er wieder davon ab, da er das Klima fürchtete, das ihm irgend jemand als mörderisch geschildert hatte. Als aber sein Bruder Diedrich den Plan aufgriff, als L. H. von Post, der jugendliche Teilhaber und Schwiegersohn von Caspar Meier, die Einrichtung einer Niederlassung in Rio oder Buenos-Aires als sehr wünschenswert bezeichnet hatte, da begann Hermann sich genauer über Brasilien zu unterrichten. Er gewann bald den Eindruck, daß es das gesegnetste Land der Erde sei; er interessierte seinen Vetter Adolf Meier für den Plan, der auch wirklich Lust zeigte, sich derzeit zu beteiligen; ja die Sache wurde schon vor Adami gebracht, der aber Öl auf die Wogen goß und versicherte, das Geschäft sei groß genug, sie alle zu ernähren, es bedürfe solcher Erweiterungen nicht. Mehr Gnade vor seinen Augen sollte ein anderer Plan Hermanns finden. Nach Beendigung der Bremer Kontorzeit wollte er den Kontinent und England bereisen, um dann an Diedrichs Stelle Agent der Firma in New York zu werden. Aber es war nicht Adamis Art, feste bindende Versprechungen zu geben; vielmehr behielt er sich auch für diesen Plan die Entscheidung bis zum letzten Augenblick vor.

Die geschäftlichen Interessen samt allen Zukunftsplänen haben Hermann in diesen fünf Jahren nicht völlig gefangen nehmen können Es blieb ihm, seit er nicht mehr der „Jüngste" war, Zeit und Kraft. genug, um sich auch dem geselligen Leben in recht ausgedehntem Maße zu widmen. An Vergnügungen fehlte es damals in Bremen nicht. Es wurden so viel Bälle gegeben, daß es unmöglich war, allen Einladungen zu folgen. Überall aber, wo Hermann erschien, mochte es in Privathäusern sein oder auf Kasinobällen, auf Maskenbällen — von denen Bremen im Januar 1826 den ersten erlebte — oder auf dem Seefahrtsball, überall zeigte er großes Talent zu flirten und sich zu amüsieren. Dazu kamen die Liebhabertheater! Bei Albers wurde Kotzebues „Mädchenfreundschaft", bei Sengstacks der „Kleine Freischütz", eine Travestie der Weberschen Oper, aufgeführt. Zu Ehren eines Brautpaars wurde ein französisches Stück gespielt, in dem Hermann eine große Rolle hatte. Unerschöpfliche Gelegenheit war vorhanden, den jungen Damen die Kur zu machen. Bald war es Fräulein Löning, bald Fräulein Böse, eine Zeitlang eine Amalie, die er mit seiner Liebe beglücken zu müssen glaubte. Er war erst 19 Jahre und doch der gefeierte Ballkönig! Ein Freund schreibt ihm spottend: „Die Damen beobachten jetzt mit gespannter Erwartung jeden Tritt des so holden Jünglings mit engen Hosen und falschen Waden, und welche freudigen Gesichter werden gemacht, wenn Du um das Vergnügen eines Tanzes bittest!"

Als Hermann Weihnachten 1830 Louis Frowein in Elberfeld besuchte, hatte er auch dort den Triumph, daß die jungen Mädchen nur für ihn Blicke hatten und ihre alten Anbeter vergaßen. Wie hätte er unter diesen Umständen nicht eitel werden sollen? Freunde und Verwandte neckten ihn mit seiner Eitelkeit, die in der Kleidung sogar soweit ging, daß er sich Tanzschuhe aus Le Havre kommen lassen wollte. Zum Glück fand er dies selber etwas „windig" und es fehlte ihm auch nicht die Selbsterkenntnis, seinem Bruder zu schreiben, man behaupte, er sei etwas eitel, womit man vielleicht nicht ganz unrecht habe. Überhaupt fehlte es ihm nicht an Einsicht für seine Schwächen. Er meint selbst, er könne im Kontor in seinen Arbeiten genauer sein; er leugnet nicht, daß er heftig und reizbar ist; mit Humor nennt er sich einen Schlingel wegen seiner Saumseligkeit im Briefschreiben.

Woher freilich sollte er die Zeit zu Briefen nehmen? Mutter und Geschwister klagten, daß er zuviel in Gesellschaften gehe; aber dazu kam noch, daß er Konzerte besuchte, im Theater abonniert war, daß er Reit- und Fechtstunden hatte, daß er Sonntags Partien in die Umgegend unternahm, eifrig Billard spielte und die Erfahrung machte, daß man in dem lange Zeit wohlweislich gemiedenen Kartenspiel 1 Taler 54 Grote auf einmal verlieren könne. Zu alledem setzte er, wie in Orbe, so auch jetzt noch seine Ehre darin, in der Musik etwas zu leisten. Vom Flötenspiel freilich verlautet nichts mehr, der Gesang war an seine Stelle getreten. Durch Singstunden ließ er seine Stimme ausbilden, trat mit 54 Groten Monatsbeitrag in die Singakademie ein und wurde 1830 Mitglied der „Liedertafel". Dabei erklärte er selbst, daß er trotz allen Eifers nie etwas Ausgezeichnetes in der Musik leisten werde.

Er täuschte sich also keineswegs über seine Begabung, sondern der wahre Grund waren die gesellschaftlichen Annehmlichkeiten, die die Musik mit sich brachte. An die Singakademie fesselten ihn vor allem die halbstündigen Pausen, in denen man sich mit den Damen unterhalten konnte. In dieser nicht gerade idealistischen Auffassung vom Wesen der Kunst bestärkte ihn noch sein Bruder Diedrich, der ihm aus Boston schrieb, Warenkenntnis gehöre zu den Hauptsachen eines Agenten; außerdem trügen musikalische Kenntnisse, besonders das Pianoforte und Singen, sehr zu den Annehmlichkeiten eines jeden Reisenden bei, zumal die Amerikaner und Amerikanerinnen gar nicht oder doch nur wenig Klavier spielten.

Zu seinem großen Leidwesen mußte Hermann noch 1830 das Singen und eine Zeitlang das Tanzen wieder aufgeben, da, ähnlich wie in Orbe, seine Brust ihm Beschwerden machte und er ständig auf seine Gesundheit achten mußte.

Eine solche Unterbrechung seines Lebens als Kavalier konnte ihm gewiß nicht schaden. Aber man würde ihm doch unrecht tun, wollte man annehmen, daß sein Leben ganz in Vergnügungen während dieser fünf Jahre aufgegangen wäre. Im innersten Kern war er von ernstem Wollen und Streben erfüllt. Er verlor nie das Ziel aus den Augen, ein Kaufmann zu werden nach dem Vorbild seines Vaters, der von sich hatte sagen können, daß er seinen Kindern nicht einen Groten unrechtmäßiges Geld hinterlasse.

Ein Tag, der ihm besonders eindringlich das Bild dieses edlen Mannes vor Augen stellte, war der seiner Konfirmation. Es war am Ende des ersten Winters in Bremen, genau sechs Jahre nach des Vaters Tod, am 27. April 1827, als er seiner Mutter gegen Abend auf dem Friedhof am stillen Grabe mit freudigem Herzen das Gelübde wiederholte, das er am Morgen in der Ansgari-Kirche vor seinem Lehrer, dem Pastor Dräsecke[1]), abgelegt hatte. Wie am Konfirmationstag das Gefühl einer großen, reinen, innerlichen Freude das vorherrschende war, so hat er sich auch später nie den Kopf mit religiösen Spekulationen und philosophischem Grübeln zerbrochen. Es genügte für ihn, den Mann des praktischen Lebens, völlig, es als etwas Selbstverständliches hinzunehmen, daß die ohnmächtigen Menschen der Hilfe bedürften und daß ein großer Gott im Himmel sich ihrer erbarme.

Ein gesunder, immer auf das Wesentliche gerichteter Sinn leitete den Zwanzigjährigen auch auf politischem Gebiet. Warm schlug schon damals sein Herz für das große deutsche Vaterland. Gern will er, wenn die Franzosen nach Deutschland kämen, mit ins Feld ziehen, und im Frühjahr 1831 glaubt er diese Zeit nicht fern. So gewiß er einer politischen Meinung der Fürsten wegen sein Leben nicht opfern möchte, so freudig will er in die Reihen der Streitenden treten, wenn es den Kampf fürs Vaterland gilt. Schließlich scheint es ihm doch, „daß die Diplomaten diesmal noch die Oberhand behalten werden und vermöge ihrer Kunst das verwickelte Knäuel durch Traktate, Koalitionen, Nonintervention und wie ihre Machwerke alle heißen, friedlich lösen werden. Denn bei jeder Revolution heißt es: nun ist Krieg unvermeidlich! So bei der französi-

---

[1]) Dräsecke, Johann Heinrich Bernhard, 1774—1849, gefeierter Kanzelredner und Pastor an St. Ansgari in Bremen, später Bischof in Magdeburg, ein Anhänger der gemäßigten liberalen Richtung und begeisterter Patriot.

schen, belgischen, polnischen und italienischen. Dennoch haben wir Frieden bis zu diesem Augenblick. Doch wer wagt es zu entscheiden, ob Krieg, ob Frieden? Wer, den Schleier, der die Zukunft mit ihren Sorgen und Plagen, Ängsten und Nöten verhüllt, zu lüften?"

Auch über seiner eigenen Zukunft lag ein Schleier. Seit dem Frühjahr 1831 mußte er ständig darauf gefaßt sein, daß Adami ihn nach England und Amerika schicke. Am Kontor war er damals einer der Ältesten, der mit aufpassen und den Jüngeren ein gutes Beispiel geben mußte. Auch mit seinen Arbeiten und dem Stand seiner kaufmännischen Kenntnisse war er zufrieden. So lag für ihn kein Grund vor, auf seine Abreise zu drängen. Aber er wollte wenigstens Gewißheit haben, zu welchem Zeitpunkt er reisefertig sein müsse. Doch gerade die erhielt er durch Adami nicht, der mit ihm umsprang wie eine Militärbehörde mit einem Offizier. Im April verlangte er, daß Hermann sich reisefertig mache. Der Mutter sagte er: in acht Tagen geht er. Am 20. April hieß es, in zwei Tagen solle er endgültigen Bescheid haben. Inzwischen machte sich Hermann von Kopf bis zu Fuß reisefertig. Aber eine vorübergehende Stille auf dem Warenmarkt veranlaßte Adami, die Abreise wieder auf unbestimmte Zeit zu verschieben.

Mißmutig ging Hermann von neuem an die Arbeit. Wieder ließ er sich die alten Pläne durch den Sinn gehen, ob es nicht besser sei, zunächst noch in Bremen zu bleiben und dann statt nach New York nach Rio de Janeiro zu gehen. New York, so meinte er, habe nur Zwischenhandel, Rio hingegen eigene Exportprodukte, wie Zucker, Kaffee, Häute, Holz und Tabak. Dort ein Geschäft zu gründen, erschien ihm als ein Plan, der die meisten Aussichten auf lohnenden Gewinn bot. Die Möglichkeit, später doch noch ins väterliche Geschäft einzutreten, war damit nicht abgeschnitten.

Aber alle schönen Pläne wurden von Adami und Onkel Caspar Meier durchkreuzt. Die beiden beschlossen im Juli 1831, Hermann solle im nächsten Frühjahr als Agent der Firma nach Nordamerika gehen, und zwar in direkter Fahrt mit dem beliebten Schiff der Firma „Isabella", ohne also zunächst Frankreich oder England zu besuchen. „Hierdurch fühle ich mich nun wirklich sehr getäuscht," schrieb Hermann an Diedrich. „Ob ich ein halbes Jahr früher von hier weggehe oder später, ist mir wirklich einerlei; aber daß sie mich wie einen Jungen unter der Aufsicht von C. M. (Caspar Meier) direkt nach dorten schicken wollen, ist mir sehr unangenehm." Daß man über seinen Kopf hin Beschlüsse gefaßt hatte und ihm den Reiseweg, ja das Schiff vorschrieb, das war das Kränkende für ihn, und dagegen bäumte sich sein Stolz auf. Mit Adami wagte er die Sache nicht zu besprechen, da er nicht Gefahr laufen wollte, daß dieser ihn noch einmal so kurz abwies, wie es im Frühling geschehen war. Zudem war Adami seit Erörterung der Reisepläne auf ihn schlecht zu sprechen, was Hermann sehr peinlich war, da ihm an Adamis persönlicher Achtung und seinem Wohlwollen viel lag.

Da Hermann nun aber entschlossen war, sich dem über ihn verhängten Machtspruch nicht zu fügen, so blieb nichts übrig, als die Vermittelung der Mutter zu suchen. Diese ließ sich bewegen, Adami vorzuschlagen, er möge Hermann sogleich abreisen lassen unter der Bedingung, daß die Reisekosten nicht der Firma zur Last fielen, sondern ihrem Sohne von seinem Verdienst an Kommissionen abgezogen werden sollten. Falls die Kosten den Verdienst überstiegen, wollte die Mutter das Nötige zuschießen.

Außer der Mutter legte sich nun auch noch brieflich von New York aus Diedrich ins Mittel, dessen Stimme nicht ganz überhört werden konnte, denn er war seit dem 1. Januar 1831 Teilhaber der Firma. So kam es, daß Adami nachgab und Hermann, seinen Wünschen entsprechend, Anfang September 1831 seine Auslandsreise über Hamburg nach London antrat. Mit einer Instruktion seines Chefs und einer Fülle von Empfehlungsbriefen in der Tasche — allein für London waren es ungefähr 70 — verließ Hermann zum zweiten Male die Vaterstadt auf Jahre hinaus. Die Kinderschuhe waren gründlich ausgetreten, die Jugendzeit lag abgeschlossen hinter ihm. Jetzt galt es, selbständig in fremden Städten und Ländern seinen Mann zu stehen und die Firma H. H. Meier & Co. mit Ehren draußen in der Welt zu vertreten, was ihm in hervorragender Weise gelang.

2. Abschnitt.

Wanderjahre (1831–1843).

„Im Vertrauen auf die Erfahrungen, welche Sie Gelegenheit hatten, bei uns in kaufmännischer Hinsicht zu machen, und in der Voraussetzung, daß Sie unablässig bemüht sein werden, sowohl diese zu vermehren durch eine aufmerksame Beobachtung aller innerhalb Ihres neuen Wirkungskreises sich darbietenden Ereignisse, als auch daß Sie mit demselben Eifer wie bisher die Wohlfahrt und den guten Namen unseres Hauses als das Hauptziel Ihrer Bestrebungen erkennen und zu verfolgen suchen werden, übergeben wir Ihnen hiemit unsere Agentschaft in England und demnächst auch in Amerika — zu welchem Behufe wir beikommende unumschränkte Vollmacht haben anfertigen lassen."

So beginnt die von Adami am 31. August 1831 ausgestellte „Instruktion für Herrn H. H. Meier jr." Sie war sozusagen sein kaufmännisches Reifezeugnis, mit dem er in die Welt hinausgeschickt wurde und das ihm Zutritt verschaffte zu den Kreisen der englischen und amerikanischen Geschäftswelt. So fehlten auch am Schluß die guten Wünsche nicht:

„Reisen Sie stets glücklich, betrachten Sie das Leben immer nur von seiner besseren, nicht von der durch die Willkür der Menschen oft entstellten Seite und kommen Sie dermaleinst gesund und wohl wieder zu uns, zu den Ihrigen, zurück."

Es bedurfte dieser Aufforderung zu gesundem Optimismus kaum. Hermann Meier sah der Zukunft, die er sich „mit den Bildern seiner Phantasie glänzend ausmalte", freudig entgegen. Mit tausend Masten ging's in den Ozean hinaus.

Am 9. September verließ er Hamburg und traf am 13. in London ein. Seine Aufgabe war, sich bei den angesehensten Häusern Londons bekannt zu machen und über die Lage des Handels Erkundigungen einzuziehen, um mit Sicherheit und Sachkenntnis Geschäfte für sein Haus einzuleiten. Er war bei verschiedenen großen englischen Firmen akkreditiert, so bei Fred. Huth & Co., mit dem das Haus H. H. Meier & Co. bis zu seinem Erlöschen in Verbindung blieb. Ebenso konnte er auf Hamburger und Amsterdamer Firmen ziehen. Aber die Verhältnisse lagen nicht günstig, und da kein Erfolg sich einstellen wollte, beschloß Adami, H. H. Meier schon früher als anfangs beabsichtigt nach Amerika zu schicken. Der ursprüngliche Plan, daß Diedrich Meier bei seiner Rückkehr von drüben seinen Bruder Hermann in England treffen solle, wurde dahin abgeändert, daß die Brüder sich in den Vereinigten Staaten wiedersehen sollten. Da Diedrich aber am Schluß des Winters abzureisen gedachte, so mußte Hermann so schnell wie möglich England verlassen. Gerade fing er an, mit den Leuten warm zu werden, ihr Zutrauen zu gewinnen und Versprechungen für Geschäftsabschlüsse zu erhalten, da erreichte ihn am 1. Dezember Adamis Brief. Schon am 11. reiste er nach Liverpool und stach am Weihnachtsabend auf dem „Napoleon" in See. Vierzig Tage fuhr das Schiff, bis endlich am 2. Februar 1832 New York in Sicht kam, das auch damals schon von der Seeseite einen großartigen Eindruck machte. Es war immerhin schon eine Stadt, deren Einwohnerzahl sich einer Viertelmillion näherte, während ein Menschenalter früher, als H. H. Meier senior zuerst nach New York kam, dort nur 30 000 Menschen wohnten.

Acht Tage blieb Meier in New York und besuchte seine Verwandten in Bloomingdale, dem ländlichen Wohnsitz Caspar Meiers. Dann reiste er nach dem „Osten", d. h. nach Boston, seinem eigentlichen Ziel, wo er mit Diedrich noch vierzehn Tage zusammen war und mit ihm alle laufenden Geschäftsangelegenheiten besprach. Die Verehrung, die er stets für seinen älteren Bruder empfunden hatte, steigerte sich noch, als er in dessen Tätigkeit Einblick gewann und zugleich erkannte, welches Ansehen dieser bei den Kaufleuten Bostons hatte.

Noch bevor Diedrich von New York abfuhr, war Hermann in Boston schon in voller Tätigkeit und konnte Anfang April 1832 das erste Schiff, das er allein beladen hatte, wegschicken. Fünfzehn Schiffe hatte Diedrich im selben Frühjahr schon abgehen lassen und so der Firma genug Arbeit verschafft. Aber man begreift, daß Hermann nach seinen Mißerfolgen in England jetzt alles daran setzte, um Geschäfte für sein Haus zu machen. Von den Vereinigten Staaten wurden nord- und südamerikanische Produkte, besonders Tranladungen nach Bremen verschifft, und von dort kamen deutsche Manufakturen, vor allem schlesisches, sächsisches und westfälisches Leinen, ein Lieblingsartikel von H. H. Meier & Co., während von den Ostseehäfen Hanf aus Rußland und Eisen aus Schweden verfrachtet wurden. Ein wesentliches Mittel, um der Firma Konsignationen zu verschaffen, bestand darin, daß der Agent für Rechnung seines Hauses 1/4, allenfalls auch 1/3 Anteil nahm. Weil damit natürlich stets ein Risiko verbunden war, so liebten die älteren Herren, wie z. B. Adami, solche Geschäfte nicht, während die jüngeren, wie H. H. Meier, sie als eine Notwendigkeit ansahen, wenn man sich der Konkurrenz gegenüber behaupten wollte.

Wurde doch der Wettbewerb junger Bremer in den Vereinigten Staaten immer größer! Besonders im „Süden", in Baltimore, Philadelphia und Richmond hatten viele Firmen ihre Vertreter. In New York und Boston aber waren es die beiden Meierschen Firmen, die unter den Deutschen die erste Rolle spielten. Diese Stellung zu behaupten, ließ H. H. Meier sich mit Eifer angelegen sein. Sein Wirkungskreis war keineswegs auf Boston beschränkt. Er hatte vielmehr eine ausgedehnte Korrespondenz mit New York, Baltimore, Richmond, Charleston, New Orleans, auch mit Havanna, Portorico, Rio, Pernambuco, Bahia und anderen Plätzen zu führen, so daß er oft bis in die Nacht zu tun hatte. Dazu kamen sehr häufige Geschäftsreisen nach New York und Baltimore, vor allem aber nach New Bedford, dem Hauptplatze für den Tranhandel, wo Meier oft wochenlang bleiben mußte.

Zum New Yorker Hause die richtige Stellung zu gewinnen, bildete für den Agenten der Bremer Firma eine besondere Schwierigkeit. Denn mittelbar arbeitete dieser ja auch für Caspar Meier & Co. infolge des engen Vertragsverhältnisses, das zwischen beiden Häusern bestand. So mußten viel Rücksichten genommen und viel Zurechtweisungen eingesteckt werden. An letzteren ließen es auch Adami und Diedrich von Bremen her nicht fehlen. Sie kamen nicht etwa nur dann, wenn Hermann zu wenig Geschäfte machte oder zu hohen Anteil nahm oder angeblich nicht lange genug in dem wenig anregenden New Bedford geblieben war, sie kamen auch, wenn er zu viel Geschäfte machte!

Als Adami einmal längere Zeit krank und gleichzeitig auch Diedrich nicht recht wohl war, wurde Hermann angewiesen, vorläufig keine Schiffe zu schicken! Daß letzterer in diese patriarchalischen Verhältnisse sich nicht immer willig fügen wollte, wird man ihm nicht verübeln können. Seine selbständige und daher wohl zuweilen auch etwas eigenmächtige Art reizte die Bremer Chefs zu häufigem Tadel. Schon im Oktober 1832, nach einer halbjährigen Tätigkeit, schreibt H. H. Meier an seinen ältesten Bruder John: „Was die Geschäfte anbetrifft, so habe ich tüchtig dazu beigetragen, ob es mir aber zugeschrieben wird oder nicht, weiß ich nicht und kümmert mich nicht. Denn mein eigenes Bewußtsein, tätig gewesen zu sein und nach besten Kräften und Einsichten gehandelt zu haben, ist mir genug. Wenn man mit Unrecht über mich klagt, so werden die Klagen nicht akzeptiert, sondern mit Protest zurückgewiesen, wenn mit Recht, so danke ich und verspreche, es ein andermal besser zu machen. Das ist so meine Art, ich weiß nicht, ob ich recht oder unrecht habe."

Es war in der Tat so, daß er oft genug Vorwürfe „mit Protest zurückwies". Er war überhaupt kein sehr bequemer Agent, aber stets ein äußerst eifriger und rühriger. Er scheute die Arbeit nicht, sondern er suchte sie und war verstimmt, wenn die Bremer seine Lust zu Geschäftsabschlüssen dämpften. So kam es, daß er allerlei Pläne schmiedete, deren Ausführung seinen Tätigkeitsdrang in höherem Maße befriedigen sollte. Ein großer Wunsch von ihm war, Teilhaber von Caspar Meier & Co. in New York zu werden; aber sein Onkel war anscheinend diesem Plane nicht sehr gewogen. Außerdem stand ihm die Tatsache entgegen, daß H. H. Meier am 1. Januar 1834 Teilhaber in Bremen geworden war, also dort hätte wieder austreten müssen, da er sonst in eine schwierige Stellung gekommen wäre und als Mitinhaber der zwei Firmen einen unbegründeten Vorzug vor seinem älteren Bruder gehabt hätte. Aber noch ein anderer Umstand ist wohl hinzugekommen, daß die Entscheidung nicht günstig für ihn ausfiel, und zwar dadurch, daß gerade im Sommer 1834 das Vertrauen, das seine Verwandten und Adami in ihn setzten, vorübergehend erschüttert worden war.

Unter bittern Selbstvorwürfen hatte H. H. Meier seinem Bruder Diedrich bekennen müssen, daß er in Stocks unglücklich spekuliert habe. Das Leben unter den Amerikanern, die in erster Linie ans Geldmachen dachten, ein zeitweiliger Mangel an Beschäftigung hatten ihn 1833, bevor er Teilhaber war, dazu verleitet, sein persönliches Geld zu Spekulationen zu verwenden, die ihm anfangs Gewinn, bald aber ansehnliche Verluste brachten. Die Mutter deckte mit einem Teil des väterlichen Erbes die Schulden. Gute Geschäftsabschlüsse ermöglichten es ihm dann, im Laufe der beiden folgenden Jahre alles wieder auszugleichen. So war er ziemlich gnädig davongekommen.

Was er aber 1833/34 innerlich gelitten hatte, war furchtbar. Die Reue über seinen Leichtsinn war tief und aufrichtig. Wenn nie wieder ähnliches vorkam, so lag das nicht einfach daran, daß ein gebranntes Kind das Feuer scheut, sondern weil seine angeborenen Charaktereigenschaften einen Rückfall unmöglich machten. Denn H. H. Meier war ein Mann, der in seinen kaufmännischen Anschauungen, den Traditionen seines Hauses entsprechend, von ungewöhnlicher Solidität, strengster Gewissenhaftigkeit und unantastbarer Lauterkeit war. Die Tatsache kann nicht eindringlich genug hervorgehoben werden, daß er z. B. später als Leiter der Bremer Bank und des Norddeutschen Lloyd seine Vorkenntnisse, nach denen er das Steigen und Fallen der Papiere beurteilen konnte, niemals dazu benutzte, um sich persönliche Vermögensvorteile zu verschaffen. So verlangte es das Ehr- und Pflichtgefühl eines königlichen Kaufmanns. —

Doch zurück zu der Tatsache, daß der 24jährige einmal leichtfertig spekuliert hatte.

Die Zeit, in der er sich niemandem gegenüber aussprechen mochte, hatte ihn verbittert und schwermütig gemacht. Aus einem frohen, heiteren Menschen war ein ernsthafter, ja selbst mürrischer

Jugendbild H. H. Meiers

geworden, wie er selber meint. Auch seine Gesundheit hatte unter den Erregungen dieser Zeit gelitten und machte ihm viel zu schaffen. Mußte er doch ernstlich fürchten, von seinem so früh verstorbenen Vater die Anlage zur Schwindsucht geerbt zu haben. Husten und Blutauswurf quälten ihn. Einen besonders schlimmen Anfall hatte er 1833 infolge einer übermäßigen körperlichen Anstrengung.

Eine Brigg hatte bei ihrer Ausreise von Boston alle Briefe und Papiere H. H. Meiers zurückgelassen. Es blieb nichts übrig, als hinter dem schon eine Meile entfernten Schiff herzufahren. H. H. Meier nahm ein Segelboot und holte das Schiff außerhalb des Leuchtturms wirklich ein. Nun aber begann eine schwierige Rückfahrt. Beim Herauflavieren gegen die Strömung schlug das Wasser ständig über Bord und durchnäßte Meier völlig. Unterwegs wurde auf einer Insel angelegt und er konnte seine Kleider am Feuer trocknen. Dann aber folgten wieder mehrere Stunden, in denen er von neuem durchnäßt wurde. Eine Erkältung bemerkte er nicht sofort und ritt auf seinem harttrabenden Pferde am nächsten Tag nach Newton, im Osten von Boston. In der folgenden Nacht hatte er dann heftige Brustschmerzen, Husten und Blutspeien. Hätte er es nicht mit eigener Hand in den Briefen an seinen Bruder niedergeschrieben, wir würden es nicht glauben, daß H. H. Meier, der das 90. Lebensjahr erreichte, der durch seine unverwüstliche Gesundheit, die allen Strapazen gewachsen war, bis ins hohe Alter jedermann in Staunen setzte, der mit seinem mächtigen, kraftvollen Körperbau, mit seiner frischen Gesichtsfarbe und den gütigen, klugen, blitzenden Augen den Eindruck eines echten niedersächsischen Recken machte, daß dieser Mann in den zwanziger Jahren seines Lebens nicht ohne Grund sich für einen schwindsüchtigen Todeskandidaten gehalten hat.

Genug, die körperlichen Beschwerden hatten im Verein mit den Selbstvorwürfen Meier bitter und reizbar gemacht. Dieser Sommer von 1834 war eine unerfreuliche Zeit für ihn. Seine selbständige Tätigkeit in Boston hatte er eintauschen müssen gegen die Arbeit am Kontor des Onkels. Die furchtbare Hitze in New York raubte ihm den Schlaf und hatte für ihn zwei Fieberanfälle im Gefolge. Die Verwandten lebten nach dem Tode des einzigen Sohnes und

Bruders in tiefer Trauer und Zurückgezogenheit. Aus Bremen kamen peinliche Briefe der über seine Spekulation entsetzten Angehörigen.

Wenn so im Jahre 1834 H. H. Meier viele tiefe Erregungen durch seine geschäftlichen Verhältnisse gehabt hatte, so sollte das nächste Jahr ihm neue seelische Erschütterungen bringen.

Er hatte schon seit langem mit dem Gedanken, sich zu verloben, gespielt. Solange er in Boston war, hatte er stets mit Freuden an der zwanglosen Geselligkeit, wie sie unter den Familien der Stadt herrschte, teilgenommen. Mit den jungen Damen war man schnell bekannt, und H. H. Meier war bei den „parties", die die Abendstunden von 9 bis 11 Uhr auszufüllen pflegten, ein gern gesehener Gast. Als Vertreter eines hochangesehenen hanseatischen Hauses und als gewandter Kavalier, der sich auch Reitpferd und Gig hielt und „sogar" etwas Klavier spielen konnte, galt er bei den jungen Damen als eine gute Partie. Daß er unter diesen Umständen bald mit dieser, bald mit jener Dame geneckt wurde und 1833 mit einer liebenswürdigen reichen Amerikanerin sich verlobt haben würde, wenn er sie nur geliebt hätte, kann nicht wundernehmen.

Da ergriff den durch die trüben Erfahrungen des Jahres 1834 Gereiften im Frühling 1835 eine ernste Neigung zu Fanny (Frances Elizabeth) Appleton, der späteren Gattin des Dichters Longfellow. „Ich würde einen wahren Schatz bekommen, wenn es mir gelänge," schrieb er an seinen Bruder Diedrich, dem er alles, was sein Herz bewegte, anzuvertrauen gewohnt war.

Und es schien ihm wirklich gelingen zu wollen. Daß Fanny seine Neigung erwiderte, durfte er aus ihrem Erröten auf der Straße, ihrer Befangenheit und schließlich aus den Worten ihrer Tante entnehmen, die eine Vermittlerrolle spielte und für H. H. Meier sehr eingenommen war. Im Mai rechnete er damit, im nächsten Jahr als glücklicher Ehemann mit seiner jungen Frau zum Besuch nach Bremen reisen zu können. „Ich weiß, Du, mein guter Bruder", schrieb er an Diedrich, „wirst mir ein herzliches Willkommen geben, und Mutter wird ihre Zustimmung zu meinem Glück nicht versagen."

Aber seine Pläne wurden durchkreuzt von Fannys Vater, Nathan Appleton. Er wünschte nicht, daß seine Tochter einen Fremden heirate und möglicherweise ins Ausland ziehe. Er behandelte Meier kalt und pflegte zu lesen, wenn jener abends als Gast in seinem Familienkreise weilte.

Um diesen Widerstand zu überwinden, plante Meier, sich dauernd in den Vereinigten Staaten niederzulassen, und um Fannys Vater über seine geschäftliche Stellung genau unterrichten zu können, bat er, die Firma H. H. Meier & Co. möge so bald wie möglich ein Zirkular erlassen, daß er seit dem 1. Januar 1834 Teilhaber sei und zugleich fortfahren werde, die Agentur für sein Haus in den Vereinigten Staaten wahrzunehmen.

Das Bremer Haus erfüllte diesen berechtigten Wunsch. Doch scheint auch dies Zirkular, für das H. H. Meier überglücklich dankt, den alten Appleton nicht umgestimmt zu haben. Ehe er aber der Zustimmung des Vaters nicht sicher sein konnte, wollte er die entscheidende Frage an Fanny nicht stellen. So schwebte er in ständiger Ungewißheit über seine Zukunft, obwohl an Fannys Gegenliebe kaum zu zweifeln war. Sprach doch der Vater sogar von „Neigungen der jungen Mädchen, die nicht passend seien", was Fanny das Rot in die Wangen trieb.

Da erkrankte im Herbst 1835 Fannys Bruder schwer an der Schwindsucht und starb nach wenigen Wochen. Das veranlaßte Appleton, mit seinen übrigen Kindern eine auf 1½ Jahr berechnete Reise nach Italien anzutreten. Damit war für Meier zunächst jede Möglichkeit abgeschnitten, seine Pläne weiter zu verfolgen.

Mit Fannys Abreise im November 1835 war für ihn die Angelegenheit keineswegs abgetan. Fast genau ein Jahr später erklärte er noch, er würde es hart finden, gerade dann, wenn Appletons aus Italien zurückkehrten, Amerika verlassen zu sollen. So ist es denkbar, daß er sie 1837 wiedergesehen hat. Aber kein Privatbrief aus jener Zeit ist erhalten. Wir wissen nicht, welches Ende dieser Liebestraum H. H. Meiers genommen hat. — Der Zufall fügte es, daß in demselben Jahr 1843, in dem er heiratete, Fanny Appleton die Gattin des berühmten Dichters Longfellow wurde. Ihr

Leben endete 1861 in schrecklicher Weise. Beim Siegeln eines Briefes fing ihr Kleid Feuer, und sie erlitt tödliche Brandwunden vor den Augen ihres Mannes, der ihren Tod nie verwunden hat. —

Der Plan H. H. Meiers, Teilhaber des New Yorker Hauses zu werden, und der, sich ein eigenes Heim zu gründen, wurzeln beide in derselben Seelenstimmung: er ist des unsteten Lebens eines Agenten in fremdem Lande von Herzen überdrüssig. „Sein Vagabundenleben" nennt er diese Zeit und sehnt sich nach baldiger Änderung. Nach dem Scheitern der eben genannten Pläne richtet sich seine ganze Hoffnung auf eine baldige Heimkehr nach Bremen. Auch seine Mutter konnte die Sehnsucht nach dem fernen Sohn kaum bezwingen. Vergebens meinte sie im Frühling 1837 ihren Wunsch endlich in Erfüllung gehen zu sehen. Hermann hatte in Boston schon Abschied genommen und alle Vorbereitungen getroffen, um sich nach Bremen einzuschiffen, da kamen Briefe Diedrichs und Adamis, die es für unpolitisch und unverantwortlich erklärten, wenn er abreiste. Es hatten sich die Anfänge der großen amerikanischen Geschäftskrisis von 1837 gezeigt, die die Anwesenheit eines Vertreters der Firma in den Vereinigten Staaten dringend notwendig machten.

In diesem Jahr, das er unfreiwillig seinem amerikanischen Aufenthalt noch zusetzen mußte, widmete nun H. H. Meier seine größte Aufmerksamkeit den allgemeinen wirtschaftlichen und politischen Verhältnissen des Landes.

Im Juni 1837 schrieb er einen eingehenden Bericht[1]) über die wirtschaftliche und finanzielle Krisis an seinen Bruder Diedrich. Anknüpfend an die Bankpolitik des Präsidenten Jackson, der die Zentralnotenbank der Vereinigten Staaten beseitigt hatte, erörtert er die Ursachen der Krisis, den ungeheuren Papierumlauf, die übermäßige Ausdehnung des Kredits, das Spekulationsfieber. Den augenblicklichen Stand der Dinge bezeichnet er mit den Worten: Verschuldung der Vereinigten Staaten, Einstellung der Barzahlung, Stillstand der kaufmännischen Geschäfte zwischen dem Binnenland und den Seehäfen, sowie zwischen diesen und der übrigen Welt.

[1]) Erhalten im Kopierbuch, im Besitz des Focke-Museums in Bremen.

Das Land war in der Tat in einer trostlosen Lage. Der Druck, unter dem alle Stände litten, war am härtesten für die arbeitende Klasse. Viele Handwerker wurden brotlos. Die Arbeiten an Kanälen und Eisenbahnen hörten beinahe ganz auf[1]).

Schon während dieses Unglücksjahrs wandte sich die Aufmerksamkeit der Bremer Kaufleute in den Vereinigten Staaten in steigendem Maße einem anderen Gegenstande zu, der mit der Krisis nichts zu schaffen hatte, aber ebenfalls geeignet war, dem Handel schwere Wunden zu schlagen, nämlich den Umtrieben des amerikanischen Konsuls in Bremen, Josua Dodge[2]).

Diese Angelegenheit, bei der H. H. Meier zum ersten Male auf politischem Gebiet sich betätigte und für seine Vaterstadt verwandte, hing eng zusammen mit den handelspolitischen Beziehungen Bremens zu den Vereinigten Staaten.

Der Handel der kleinen hansischen Republiken der Alten Welt, zuerst Bremens, dann auch Hamburgs, mit der großen neu entstandenen Republik jenseits des großen Wassers hatte solche Bedeutung erlangt, daß auch die beiderseitigen Regierungen in Verbindung traten. Die Hansestädte sandten 1827 ihren Pariser Ministerresidenten Rumpff, den Schwiegersohn des ehemaligen Walldorfer Zigarrenarbeiters und späteren amerikanischen Millionärs J. J. Astor, nach Washington, um einen Handelsvertrag zum Abschluß zu bringen. Schon während der Verhandlungen blieb es den amerikanischen Staatsmännern, vor allem Henry Clay, nicht verborgen, daß der auf dem Grundsatz der Gegenseitigkeit zu begründende Vertrag der amerikanischen Schiffahrt nachteilig werden könnte. Da die Amerikaner diesen Grundsatz aber vor der Welt feierlich aufgestellt hatten, konnten sie kaum zum Nachteil der Hansestädte davon abweichen. Das würde, so hob Rumpff während der Verhandlung hervor, einer so großen und noblen Nation unwürdig sein. Die Amerikaner wurden in diesem Dilemma nervös, und als Rumpff die Gleichstellung amerikanischer Bürger in den Hansestädten, wie sie die Hanseaten in den Vereinigten Staaten genossen,

---

[1]) Konsul v. Post an Bürgermeister Smidt, Bremer Staatsarchiv.

[2]) Akte des Bremer Staatsarchivs.

verweigern mußte, sprang Henry Clay[1]) vom Tisch auf und rief im höchsten Zorn: „That is too bad!" Die Papiere auf den Tisch werfend, erklärte er die Verhandlung für abgebrochen. Es kostete Rumpff viele Mühe, schließlich doch noch den auf der Gegenseitigkeit beruhenden Vertrag zum Abschluß zu bringen (1827). Dieser Vertrag ist ebenso wie der preußisch-amerikanische von 1828 im Jahre 1871 vom Deutschen Reich übernommen worden und erst durch den Krieg mit Amerika 1917 außer Kraft getreten.

Was die Amerikaner gefürchtet hatten, trat wirklich ein. Wenn von 1825—29 von 560 Schiffen, die zwischen Bremen und der Union verkehrten, 391 amerikanische und 153 bremische gewesen waren, so waren 1830—34 von 903 Schiffen 370 amerikanische, 448 bremische, und von 1835—39 gar von 1122 nur noch 182 amerikanische, hingegen 842 bremische Schiffe. Gleichzeitig waren die Bremer die bedeutendsten Tabakkäufer in Amerika, und Bremen war der erste Tabakmarkt Europas geworden. Die Bremer erklärten dies als Folge ihrer größeren Rührigkeit und Umsicht; denn die amerikanischen Kaufleute könnten ebenso gut auf eigene Rechnung Tabak mit Anweisung auf Bremen kaufen, da ihre Schiffe und Frachten den gleichen Bedingungen unterlägen wie die Bremer. Aber die Amerikaner blieben dabei, der Vertrag von 1827 sei schuld, welche Meinung in Konsul Dodge ihren Wortführer hatte. Dieser, anscheinend ein ehrgeiziger und vielleicht etwas intriganter und gewinnsüchtiger Herr, war auf Bremen schlecht zu sprechen und beschuldigte die dortigen Kaufleute aller möglichen unlauteren Machenschaften. Er gab sich die erdenklichste Mühe, die Erneuerung dieses Gegenseitigkeitsvertrages, der nach zwölf Jahren kündbar war, zu hintertreiben; er suchte nicht nur auf den Kongreß, sondern auch auf die Tabakpflanzer in Maryland einzuwirken und erreichte, daß für diese Daniel Jenifer im Februar 1857 im Kongreß vorstellig wurde. Dodges

[1]) Clay, Henry, 1777—1852, aus Virginia gebürtig, wurde 1811 Kongreß-Mitglied, Staatssekretär unter Präsident Adams, unter Jackson Senator im Staate Kentucky, unterlag aber bei der Präsidentenwahl 1836 als Kandidat der Whigs gegen den Demokraten van Buren. Bedeutender amerikanischer Staatsmann, der mehrfach mit vielem Erfolg zwischen den freien Nordstaaten und den Sklavenstaaten vermittelte.

Verdächtigungen gegen die deutschen Kaufleute hatten aber doch überraschenderweise den Erfolg, daß der Kongreß sich mit der Angelegenheit beschäftigte und der amerikanische Schatzsekretär die Zollämter anwies, auf die Beobachtung der gesetzlichen Vorschriften genau zu achten. Die bremischen Konsuln in New York und Baltimore sprachen nun in ihren Berichten an den Senat ihre Befürchtungen vor Zollschikanen aus, und Bürgermeister Smidt veranlaßte den Senior der Bremer Kaufleute in New York, Caspar Meier, unter dem Vorwande, dem neuen Präsidenten van Buren ein Glückwunschschreiben des Bremer Senats zu überbringen, nach Washington zu reisen und mit den maßgebenden Persönlichkeiten zu verhandeln, was leider erfolglos blieb.

In der zweiten Hälfte des Jahres 1837 stockten infolge der Geschäftskrisis alle Verhandlungen. Im Dezember aber kamen die Zusätze und Verschärfungen der Zollgesetze, die auf Dodges Vorschlag geplant waren, von neuem vor den Kongreß. Das mag der letzte Anlaß gewesen sein, daß im Januar 1838 kurz vor seiner Einschiffung nach Bremen H. H. Meier sich in Washington mit den führenden Persönlichkeiten in Verbindung setzte, um die Fechterstreiche des Konsuls Dodge zu parieren.

Die beiden Männer, deren Namen am häufigsten in den damaligen Verhandlungen zwischen Bremen und den Vereinigten Staaten auf amerikanischer Seite genannt wurden und an die H. H. Meier sich nun wandte, waren C. C. Cambreleng und Daniel Jenifer. Der erstere war Vertreter New Yorks im Kongreß und als vertrauter Freund des Präsidenten van Buren einer der einflußreichsten Männer in Washington. Jahrelang hatte er im Astorschen Geschäft gearbeitet und war dann schnell zu einer so bedeutenden politischen Stellung emporgestiegen, daß er als das Faktotum des Kongresses in allen Handels- und Schiffahrtssachen bezeichnet werden konnte. Als Verfasser der meisten bedeutsamen Kommissionsberichte des Repräsentantenhauses in Handelsfragen spielte er nicht nur innerhalb seiner Partei eine große Rolle, sondern beeinflußte auch das Kabinett in Washington. Auch Jenifer war Kongreßmitglied und als Vertreter der Interessen der Tabakpflanzer von

Maryland sowie der Reeder von Baltimore (eine eigenartige Kombination!) ein hochangesehener und einflußreicher Mann, den aber trotzdem der preußische Gesandte in Washington v. Rönne als „ein sehr schwaches Licht" bezeichnen konnte. Jenifer segelte ganz im Fahrwasser Dodges, während der kluge Cambreleng von dem ehrgeizigen Konsul einen ungünstigen Eindruck hatte.

An beide Herren, an Cambreleng und Jenifer, richtete nun im Januar 1838 während seines Aufenthalts in Washington H. H. Meier ausführliche Schreiben[1]), denen vielleicht mündliche Besprechungen voraufgegangen sind. Meier verwahrt sich Cambreleng gegenüber zunächst gegen alle Anklagen von Dodge und widerlegt sie im einzelnen. Er gibt die Tatsache zu, daß die Kaufleute in Bremen so wenig wie möglich im Konsulatsbureau erschienen, um dienstfertig vor dem Konsul und seinem Kommis zu tanzen, bestreitet aber, daß jemals Betrug oder Meineid vorgekommen seien, um dieser unangenehmen Aufgabe zu entgehen. Dann höhnt er über die Behauptung, daß die Bremer ihn, den Konsul Dodge, wegärgern wollten, und erklärt als wahren Grund für die Abnahme der Konsulatsgebühren den neuen Zolltarif von 1832, durch den die Zölle auf Tee, Kaffee, Salpeter u. a. aufgehoben seien, da zollfreie Waren keiner Zertifikate bedurften; außerdem seien in den letzten Jahren in vielen deutschen Binnenstädten amerikanische Konsulate errichtet worden. Zum Überfluß beruft sich Meier auf den amerikanischen Schatzsekretär, der erklärt habe, Dodges Bemühungen zielten nur auf eine Erhöhung der Konsulargebühren ab und die von ihm vorgeschlagenen Änderungen seien nicht notwendig. Schließlich weist Meier auf die Folgen hin, die eine Annahme des dem Kongreß vorgelegten Gesetzes haben werde. Wenn jede Faktura ein Zertifikat nötig habe, so würde das Einkommen der Konsuln größer sein als das europäischer Minister und amerikanischer Staatssekretäre. Von Liverpool z. B., so sagt Meier, fahren monatlich sechs Paketboote ab. Jedes hat vielleicht hundert verschiedene Fakturen, von denen jede zwei Dollar einbringt. Das würde allein von den Paketbooten ein Ein-

[1]) Kopien im Bremer Staatsarchiv. Die stark korrigierten Konzepte im Nachlaß Meiers.

kommen von 15 000 Dollar für den Konsul ausmachen, während z. B. die vierundzwanzig Bremer Senatoren und vier Bürgermeister nur 1500 Dollar durchschnittlich erhielten.

Das sind die Hauptpunkte des ausführlichen Schriftstücks, das Meier dem Staats- und dem Schatzsekretär zu unterbreiten bittet und an dessen Schluß er seiner Zuversicht Ausdruck gibt, daß Cambreleng als Vertreter der bedeutendsten amerikanischen Handelsstadt dem neuen Gesetz scharf entgegentreten werde. „Ich würde glücklich sein, wenn die obigen Ausführungen Sie von der Ungerechtigkeit der Behauptungen Dodges und der Undurchführbarkeit der von ihm vorgeschlagenen Maßregel überzeugt hätten."

Wie weit nun Meiers Brief Cambreleng in seinen Entschlüssen beeinflußt hat, wird sich schwer feststellen lassen. Jedenfalls aber hat er sich Dodge gegenüber auf Meiers Standpunkt gestellt. Denn einige Monate später schrieb er an Rumpff, der auf Bürgermeister Smidts Veranlassung sich ebenfalls schriftlich an Cambreleng gewandt hatte, er halte Dodges Vorschläge nicht für notwendig und sei daher entschlossen, ihnen entgegenzutreten; infolgedessen würde seiner Ansicht nach das Gesetz keine Aussicht auf Erfolg haben.

Man sieht hieraus nicht nur, daß es Cambreleng an Selbstbewußtsein wahrlich nicht fehlte, sondern vor allem, daß Meier sich gerade an den rechten Mann gewandt hatte. Bemerkenswert ist die Art und Weise, in der Meier schreibt. Wir finden in seine Briefe nichts von diplomatischer Förmlichkeit und übertriebener Höflichkeit, keine Schmeichelei fällt für den hochmögenden Herrn Cambreleng ab, durch nichts anderes will Meier ihm imponieren als durch sachliche Kritik und freimütigste Offenheit in seiner Beurteilung des Konsuls Dodge. Nicht als ein Diplomat, der tausend Rücksichten zu nehmen hat, sondern als selbständiger Kaufmann, der sich vor keinem Vorgesetzten zu verantworten braucht, schreibt der 28jährige junge Mann seine ersten politischen Schriftstücke.

Das an Daniel Jenifer vom 22. Januar 1838 behandelt die Frage, die ebenfalls durch Dodge in Fluß gekommen war, ob der Gegenseitigkeitsvertrag zwischen den Vereinigten Staaten und den Hansestädten fortbestehen solle oder nicht. Wie oben erwähnt, war

Jenifer ein Gegner des Vertrags, durch den er die Interessen der Tabakpflanzer wie der Reeder beeinträchtigt glaubte. H. H. Meier machte es sich nun zur Aufgabe, ihm den Nachweis zu erbringen, daß die Interessen der Pflanzer und der Reeder in dieser Angelegenheit sich keineswegs deckten, daß vielmehr die Pflanzer das größte Interesse am Fortbestand des Vertrags hätten. Die Bremer Schiffe, die Baltimore anlaufen, sind gezwungen, eine Rückfracht zu erhalten und werden sich daher einerseits mit den denkbar niedrigsten Frachtsätzen begnügen, anderseits werden sie den Maryland-Tabak auch dann nehmen, wenn er im Preis sehr hoch steht. Beides kommt den Pflanzern zugute. Die amerikanischen Reeder Baltimores hingegen kaufen den Tabak vorwiegend bei niedrigem Preisstand oder übernehmen seine Verschiffung nur, wenn die Frachtsätze für sie günstig sind. Daher können die Tabakpflanzer, wenn sie auf die Baltimore-Reeder angewiesen sind, weder auf einen regelmäßigen, noch einen gewinnbringenden Absatz rechnen. In diese Lage würden sie versetzt, wenn der Vertrag von 1827 gekündigt würde. Da nun in dem Falle eine Stadt wie Bremen genötigt sein würde, zum Schutz der eigenen Handels- und Schiffahrtsinteressen hohe Abgaben von amerikanischen Schiffen zu erheben, so würde bald auch die Reederei zu leiden haben und der Handel lahmgelegt werden. Unter den bestehenden Vertragsverhältnissen aber hatte der Tabakimport in Bremen in sieben Jahren um etwa 40 Prozent zugenommen und die Frachtsätze hatten sich seit Bestehen des Vertrags ungefähr um die Hälfte verringert. Daher kommt Meier immer wieder zu dem Ergebnis, daß das Fortbestehen des Vertrags im höchsten Interesse der Tabakpflanzer liege, das sich mit dem der Reeder eben nicht decke.

Man könnte vielleicht zweifeln, ob Meier mit seinen Ausführungen in allen Punkten recht hatte, ob wirklich ein so enger Zusammenhang zwischen dem Vertrag von 1827 und dem gewaltigen Aufschwung des Tabakhandels bestand, durch den Bremen in den dreißiger Jahren fast ein Drittel der nordamerikanischen Ernte und mehr als alle anderen Häfen Nordeuropas zusammen einführte, oder ob diese Entwicklung nicht angehalten hätte, auch wenn damals der Vertrag aufgekündigt worden wäre. Die Hauptsache ist, daß wir auch hier Meier als Vorkämpfer für die Interessen seiner Vaterstadt im Vordertreffen sehen, und zwar, das sei besonders betont, in uneigennützigster Weise. Erklärt er doch, leicht beweisen zu können, daß sein persönliches Interesse mehr gefördert werden würde, wenn der Vertrag erlösche.

Dieser Charakterzug, jeden persönlichen Vorteil zurückzustellen, wenn es das Gemeinwohl zu fördern gilt, ist es in erster Linie gewesen, dem H. H. Meier sein Ansehen, seine Vertrauensstellung und seine Erfolge zu verdanken hatte.

Der Brief an Jenifer hat in den weiteren Verhandlungen zwischen Bremen und Washington eine Rolle gespielt. Der preußi- Minister in Washington Ludwig v. Rönne, der später in Berlin noch lange in Handels- und Zollfragen bedeutsam hervorgetreten ist, machte sich Meiers Standpunkt zu eigen. Noch drei Jahre später, 1841, beruft sich v. Rönne Jenifer gegenüber auf Meiers Brief, aus dem er die Kernstelle zitiert. Auch in einem Schreiben an den Bremer Senat erwähnt er ihn.

Der Ausgang der Angelegenheit war der, daß Henry Clay im September 1841 Rönne versicherte, er werde alles in seinen Kräften Stehende tun, um Nachteile von den Hansestädten abzuwenden. Zu diesem Ergebnis hat H. H. Meier offenbar nicht unwesentlich beigetragen. Beiläufig sei erwähnt, daß v. Rönnes Eintreten für die Interessen der Hansestädte, „der natürlichen Frachtführer deutscher Waren", wie er sie nannte, den dankbaren Bremer Senat veranlaßte, dem verdienten preußischen Diplomaten 1727er, 1734er und 1811er Rheinwein aus dem Ratskeller zu senden! —

Nicht nur seine handelspolitische Tätigkeit in Washington hatte H. H. Meier nach dem „Süden" geführt, es galt auch, Vorbereitungen für seine baldige Abreise aus Amerika zu treffen. Die Geschäfte der Firma hatten in den Jahren seines amerikanischen Aufenthalts — und gewiß nicht ohne sein Zutun! — eine solche Ausdehnung genommen, daß nicht ein einzelner sein Nachfolger als Agent wurde, sondern von vier verschiedenen Firmen die Interessen des Hauses H. H. Meier & Co. wahrgenommen werden mußten. In Baltimore übertrug er die Agentur an J. G. Waters, in Richmond an Lewis Ludlam & Son, in New Bedford an J. Dunbar & Co. und schließlich in Boston, der für sein Haus wichtigsten unter diesen Städten, an Geo A. Goddard, dem er eine ausführliche Instruktion hinterließ.

Anfang März 1838 schiffte er sich nach Bremen ein. Nach 6½-jähriger Abwesenheit erreichte er im folgenden Monat die Heimat.

Niemand war glücklicher als seine Mutter, die sich in Sehnsucht nach ihm verzehrt hatte. Er fand sie nicht mehr in ihrer Stadtwohnung; seit 1832 wohnte sie Sommer und Winter in einem neu gebauten Hause auf ihrem Landgut im Horn. Sein älterer Bruder John hatte Johanne Kulenkampff geheiratet und war schon Vater von vier Kindern. Seine geliebte Schwester Betty war Gattin des Rechtsanwalts und späteren Richters Noltenius und soeben zum zweiten Male Mutter geworden.

Für ihn selber aber war noch nicht die Zeit gekommen, ein seßhafter Familienvater zu werden. Er wollte seine Wanderjahre noch nicht zum Abschluß bringen. Hatte er in Amerika das Leben als eine Kette von viel Mühe und Arbeit kennengelernt und seine Jugendjahre verhältnismäßig wenig genossen — die einzige Vergnügungsreise, von der wir hören, war eine Fahrt zu den Niagarafällen —, so plante er nun größere Reisen durch die europäischen Länder, um Herz und Gemüt zu erfreuen und seinen Kunstgeschmack zu bilden. Den Winter von Oktober 1838 bis Februar 1839 verbrachte er in Paris. Im Sommer 1839 mochte er an eine Fortsetzung der Reisen zunächst nicht denken, da seine Mutter an einem inneren Leiden schwer erkrankte. Im Alter von 63 Jahren verschied sie Ende Oktober 1839, eine wahrhaft edle Frau, eine unendlich liebe- und verständnisvolle Mutter.

Bald nachher faßte H. H. Meier den festen Entschluß, sobald die geschäftlichen Umstände es erlaubten, eine längere Reise nach Italien zu unternehmen. Aber es sollte noch fast ein Jahr vergehen; denn er als jüngster der drei Teilhaber, die in ihrem Anteil übrigens seit 1839 völlig gleich standen, mußte natürlich auf Adami und seinen Bruder Diedrich Rücksicht nehmen. Der erstere war durch Ankauf zweier Güter in Holstein, der andere durch seine Verlobung mit Meta Rommel aus Kassel im Laufe des Jahres 1840 häufig abwesend. Dazu kam noch, daß im August 1840 J. H. Adami in den Senat gewählt wurde. Keinen Geringeren als A. Duckwitz [1]) schlug er aus dem Felde, der freilich ein halbes Jahr später ebenfalls Senator wurde. Erst als Diedrich von seiner Hochzeitsreise am Ende des Sommers heimkehrte, konnte H. H. Meier seine Abreise nach Italien auf den 15. Oktober 1840 festsetzen.

Die Art, in der man um 1840 nach Italien reiste und das Land, seine Bewohner, seine Kunstschätze kennenlernte, erinnert noch durchaus an die goethischen Tage. Was Hermann Grimm vom Rom Goethes sagt: „Eine Weltuniversität für reife Männer aller Nationen", galt auch damals noch. Es war noch nicht die moderne Regierungshauptstadt, in der einem vom Bahnhof und Hotel kommenden Bädeker-Publikum Antiquitäten gezeigt werden.

H. H. Meier reiste nicht nach Italien, weil ein Mann von Welt es „gesehen haben muß"; ihn zog die Germanensehnsucht nach dem klassischen Boden. Wir sind überrascht, einen nicht vermuteten Zug seines Wesens zu entdecken. Er konnte noch andere Dinge, als Tabak und Tran einkaufen und Handelspolitik treiben, er konnte an der Kunst der Antike und der Renaissance sich begeistern, sich so in sie vertiefen, daß er stutzig werden und sich fragen konnte, ob er überhaupt zum Kaufmann berufen sei, ob er nicht vielmehr Kunstgelehrter werden müsse. Aus Florenz schon schreibt er, diese Reise könne seinem Leben „wohl gar eine andere Richtung geben". Und als er die ewige Stadt verläßt, heißt es: „Ich verlasse Rom mit Leidwesen und mit dem Wunsch, zurückzukehren und mal einen ganzen Winter hier zuzubringen, um mich dem Studium der Künste und Wissenschaften so recht con amore hinzugeben."

Wenn man die 224 Seiten seines enggeschriebenen Tagebuchs, das er auf dieser Reise führte, durchblättert, so ist man erstaunt,

[1]) Duckwitz, Arnold, 1802—1881, bremischer Kaufmann und seit 1841 Senator, der zweimal die Würde des Bürgermeisters innehatte. Vom Senat 1848 wiederholt nach Frankfurt gesandt, wurde er vom Reichsverweser zum Handelsminister berufen und bald darauf auch ins Marinedepartement, wobei er erfolgreich war. — Wirtschaftlich gehörte er der schutzzöllnerischen Richtung an.

wie verständnisvoll er die Werke der Architektur, der Plastik und vor allem der Malerei betrachtet, wie er sein Urteil schärft, seinen Geschmack läutert Nein, H. H. Meier war kein blasierter junger Herr, der mit gefülltem Beutel konventionelle Reisen macht, er war ein begeisterter Kunstfreund. Schon als er im wohleingerichteten Reisewagen mit seinem Christian auf dem Bock soeben Bremen verlassen hatte, schrieb er in sein Tagebuch, der Kaufmann, dessen Beschäftigung Geld zu verdienen sei, müsse sich besonders hüten, nicht ganz darin aufzugehen, vielmehr müsse er sich von Zeit zu Zeit aus diesem Streben herausreißen und durch Anschauung des Schönen und Erhabenen dieses liebgewinnen und in sich ausbilden lernen. —

Es ist für die D-Zug-Menschen von heute nicht ohne Interesse, zu wissen, wie man 1840 reiste. Die ersten Nachtquartiere nahm Meier in Nienburg, Braunschweig und Halberstadt; von Magdeburg nach Leipzig fuhr er mit der Eisenbahn und kam so am 18. Oktober dort müheloser an, wie er sagt, als die hohen Alliierten 27 Jahre früher. Auch nach Dresden konnte er wieder die Eisenbahn benutzen. Die dortige Galerie übertraf noch seine hohen Erwartungen. Von Dresden ging's, zeitweilig mit vier Pferden, über das Gebirge nach Teplitz. Die nächste Tagereise brachte ihn nach Prag, und in zwei weiteren Tagen erreichte er Wien. Die ungünstige, regnerische Jahreszeit trug dazu bei, daß die Kaiserstadt ihn enttäuschte. Einen Vergleich mit Paris vermochte sie in seinen Augen nicht auszuhalten. — Die Reise von Wien nach Venedig, die sieben Tage in Anspruch nahm, machte er in Begleitung des Kunsthistorikers und Schriftstellers Karl Friedrich von Rumohr [1]), an den er von einem Leipziger Kunstfreund empfohlen war. Rumohrs Hauptwerk „Italienische Forschungen" schaffte er sich sogleich an und freute sich sehr, ihn zuerst in Prag, dann in Wien anzutreffen und mit einem so guten Kenner Italiens seine Reise fortsetzen zu können. Unter seiner Führung durchwanderte er Venedig, dessen Anblick Meier zu ernstem Nachdenken über das Vergängliche des Irdischen und den Fall menschlicher Größe veranlaßte. Rumohr vermittelte ihm auch die Be-

[1]) von Rumohr, Karl Friedrich, 1785—1883, Kunsthistoriker in Dresden, von wo er mehrfach längere Reisen nach Italien unternahm.

kanntschaft des Malers Nerly[1]). Meier gab diesem eine Ansicht Venedigs in Auftrag, die im Stil Canalettos gemalt wurde, und legte so den Grund zu seiner stattlichen Gemäldesammlung. — Nach herzlichem Abschied von dem liebenswürdigen Rumohr eilte Meier nach Verona. Hier ergriff ihn besonders der Gedanke an Romeo und Julia, und er vertiefte sich in Shakespeares Meisterwerk. Um so prosaischer war dann die Fahrt von Mantua nach Bologna. Als sein Wagen auf einem Prahm über den Po gesetzt war, kam er ins Herzogtum Modena, wo er auf einer acht Meilen langen Strecke zehnmal angehalten wurde, fünfmal um seinen Paß vorzuzeigen, dreimal wegen Zoll und zweimal, um Brückengeld zu bezahlen. Im Staate Seiner Heiligkeit des Papstes fuhren dann die Postillone je nach dem Trinkgeld langsam oder wie der Blitz. In Florenz gab es ein Wiedersehen mit den alten Freunden aus Vevey, den Du Fresnes. Über Mary schreibt er in sein Tagebuch, sie habe sich äußerlich allerdings verändert, doch sie sei ihm stets die treue Freundin geblieben. Da er von Ende November 1840 bis Anfang Januar 1841 in Florenz blieb, so mietete er ein Privatlogis und nahm auch täglich eine italienische Stunde. Eingehend studierte er die Kunstschätze der Stadt und hatte durch einen Empfehlungsbrief Rumohrs die Freude, daß der Akademiedirektor ihm in Gesellschaft des Herrn von Bethmann Hollweg[2]) die Handzeichnungen und Kartons der Meister des Cinquecento zeigte. — Im Dezember fuhr Meier für zwei Tage nach Pisa und Livorno, wo er im Hause eines Herrn Lloyd den Bruder des Erbauers des „Great Western", kennen lernte. Dieser machte ihm genaue Angaben über Größe, Ladefähigkeit und Tiefgang eiserner Schraubendampfer, die damals das neueste Weltwunder darstellten. Ein im Bau befindliches derartiges Schiff von 3200 Tons sollte die Reise von Bristol nach New York in zehn Tagen machen,

[1]) Nerly, Friedrich, eigentlich Nehrlich, 1807—1878, Maler italienischer, meist Venezianer Landschaften, der durch Rumohr die Mittel zu seiner Ausbildung erhalten hatte.

[2]) von Bethmann Hollweg, Moritz August, 1795—1877, Verfasser verschiedener Werke über Rechtspflege, Professor und Kurator der Universität Bonn, Mitglied der Ersten und Zweiten Kammer, unter dem Prinzregenten Kultusminister bis 1862.

„weil es vermöge seiner Länge gerade durch die Wellen und nicht auf und ab gehen würde". Diese Angaben interessierten Meier um so mehr, als er schon vor seiner Abreise aus Bremen amerikanische Geschäftsbriefe erhalten hatte, die mit einem Dampfer über den Ozean gekommen waren. So sah er großartige Zukunftsmöglichkeiten voraus und ließ sich, „falls es mal von Nutzen sein könnte", einen Empfehlungsbrief an den Erbauer jener englischen Riesendampfer, die freilich zwölfmal kleiner waren als die heutigen, mitgeben. So hat sich hier in Livorno wohl zum erstenmal halb unbewußt für Meier der Name Lloyd mit der Vorstellung einer transatlantischen Dampfschiffahrt verbunden. —

Am 5. Januar verließ er Florenz. Mächtig trieb ihn die Sehnsucht nach Rom. Die innere Unruhe ließ ihn im letzten Nachtquartier nicht schlafen. Um 2 Uhr stand er auf, um 4½ begann die letzte Tagereise. „Zwei Posten vor Rom entdeckte ich eine Kuppel. Das Herz schwoll mir, so groß war die Spannung. Weiter und weiter ging es. Das Hagel- und Schneegestöber, welches mich bis dahin begleitet hatte, verzog sich und der schönste Sonnenschein begünstigte meinen Eintritt durch die Porta del popolo in Rom."

Sieben Wochen blieb er in der ewigen Stadt. Seine Eindrücke faßt er in einem Brief an die Geschwister in die Worte zusammen: „Ich kann es nicht beschreiben. Kommt her, sehet und empfindet!" Von der Peterskirche, deren Kuppel er bestieg, sagt er: „Selbst der Kälteste muß davon ergriffen werden, wenn er auch nur in diesem gewaltigen Menschenwerke den Gott bestaunen will, der dem Menschen die Fähigkeit gegeben hat, solches zu schaffen." —

Wie in Florenz nimmt er wieder ein Privatlogis und studiert täglich einige Stunden die italienische Sprache, deren er nach und nach Herr wird. Auf manchen Wegen begleitet ihn der junge Bremer Steinhäuser[1]), der als tüchtiger Künstler und als äußerst gefälliger und anspruchsloser Mensch allgemein geachtet wurde und der gewiß verstanden hat, ihm für die Plastik der Antike das Auge zu öffnen. Er führte ihn auch in die Ateliers vieler anderer deutscher Künstler.

[1]) Steinhäuser, Karl, 1813—1879, Bildhauer, Schüler von Rauch, später in Karlsruhe.

Alle Sehenswürdigkeiten Roms wurden nach und nach betrachtet; aber nicht nur die Werke der Antike und Renaissance gehörten hierzu, auch die hinreißende Farbenpracht und Tollheit des Karnevals und das kosmopolitische gesellschaftliche Leben. Meier fehlt nicht auf den Bällen in den Botschafterpalais und Privathäusern. Mit dem Erbgroßherzog von Mecklenburg tanzt er die Française vor und fordert die Prinzessin von Biron zum Walzer auf. In einer musikalischen Abendunterhaltung hört er Donizetti spielen.

Bald nach dem Karneval verließ er Rom, hielt sich acht Tage in Neapel auf, wo er den dänischen Dichter Andersen kennenlernte, fuhr dann im Dampfschiff am feuerspeienden Stromboli vorbei nach Messina, besuchte Taormina und Palermo und kehrte nach Neapel zurück. Jetzt unternahm er Ausflüge nach Capri, Herculanum, Pompeji, Paestum, Ischia usw. und kletterte als einziger einer größeren Gesellschaft bis zum Krater hinab, wo die Flammen und Rauchwolken ihm entgegenschlugen.

So verging der März. Die beiden ersten Aprilwochen verbrachte Meier wieder in Rom und erlebte, wie man dort Ostern feierte. Auch Florenz fesselte ihn noch einmal mehrere Tage, die er zum Einkauf von Gemälden benutzte. Dann ging es über Genua nach Mailand, wo der gotische Stil des Doms ihn aufs höchste begeisterte. Nach kurzem Aufenthalt am Comersee schlug Meier den Weg zur Brennerstraße ein und erreichte am 28. April die Tiroler Grenze.

Fast ein halbes Jahr war er in Italien gewesen und vom Glück in jeder Weise begünstigt worden. Seine hohen Erwartungen waren noch übertroffen. „Ich befürchte beinahe,“ so schreibt er am Schluß der Reise, „daß mir mein Beruf nicht mehr so recht zusagen wird; doch will ich hoffen, daß es nur im Anfang sein wird und daß ich eine treue Wahrnehmung meines Berufes mit der Liebe zu den Künsten und Wissenschaften vereinigen werde.“

Seine Beziehungen zu Männern der Wissenschaft und Kunst sollten sich auch auf deutschem Boden noch erweitern. In München verkehrte er im Hause des Philosophen Schelling und lernte dort Otfried Müller und einen der Brüder Boisserée kennen. In Tübingen suchte er Ludwig Uhland auf und fand in Gomaringen die herzlichste Aufnahme bei Gustav Schwab, seinem alten Lehrer, dessen Gattin die vertrauteste Freundin seiner verstorbenen Mutter gewesen war. In Weinsberg besuchte er Justinus Kerner, in Stuttgart den Dichter Gustav Pfizer und dessen Bruder Paul, als Jurist und Märzminister von 1848 bekannt.

Eine besondere Freude war es ihm, in Stuttgart die alten Jugendfreunde wiederzusehen, die ihn sehr herzlich empfingen. Emil v. Maucler fand er als Geheimen Privatsekretär des Königs wieder, andere bekleideten hohe Posten in den Ministerien des Auswärtigen und der Justiz. In einer Gesellschaft war er außer dem Präsidenten der Zweiten Kammer der einzige Bürgerliche. So bewegte er sich abwechselnd in den Kreisen der Adels- und der Geistesaristokratie.

Von Stuttgart bis Bremen fuhr Gustav Schwab, der seinen Sohn dort besuchen wollte, in Meiers Reisewagen mit. Von Mannheim bis Bonn benutzte man das Dampfschiff. Im bergischen Land gab es ein Wiedersehen mit den alten Freunden Frowein und Simons. Dann waren Iserlohn und Herford die letzten Stationen. Am 22. Mai 1841, nach mehr als siebenmonatiger Abwesenheit, war H. H. Meier wieder in Bremen.

Wie ihm in Italien die Hingabe an die Kunst als ein heilsames Gegengewicht gegen den metallischen Unterton des kaufmännischen Lebens erschienen war, so war es ihm nun ein Bedürfnis, neben seiner Berufsarbeit, die nur zu leicht die egoistischen Triebe des Menschen begünstigt, sich den Aufgaben zu widmen, die das Gemeinwohl fördern. Wenn somit im Dienst der Firma wie der Vaterstadt sein Kopf auch vollbeschäftigt war, so mußte sein Herz doch leer ausgehen, solange er kein eigenes Heim, kein häusliches Glück besaß.

Als er von Amerika zurückgekommen war, hatte er eine Junggesellenwohnung gemietet, denn das Haus der Mutter lag zu weit draußen vor der Stadt und im Hause an der Langenstraße wohnte zuerst Adami, später Diedrich mit seiner jungen Frau. Nach der Mutter Tod ging auch das Haus im Horn in Diedrichs Besitz über. Als nun für die sich immer weiter ausdehnenden Geschäfte der Firma die alten Kontorräume in der Langenstraße nicht mehr genügten, wurde das Haus Stintbrücke 5, in nächster Nähe des Marktplatzes, gekauft und die Firma H. H. Meier & Co. siedelte im Februar 1843 in das Untergeschoß des geräumigen Hauses über. Die oberen Geschosse standen H. H. Meier als eine reichlich große Junggesellenwohnung zur Verfügung. Den kleinen Haushalt in den weiten Räumen führte Mamsell Schanz, die Tochter eines Rittmeisters der Deutschen Legion, der einst in Spanien gegen die Franzosen gekämpft hatte.

Schwerlich wäre Meier in das große Haus gezogen, wenn nicht die Sehnsucht und die Hoffnung, bald ein häusliches Glück zu begründen, immer stärker geworden wäre.

Er lernte auf den Bällen der Bremer Gesellschaft Mathilde Quentell kennen, die er bald auch als Freundin seiner Schwägerin im Hause seines Bruders Diedrich traf.

Die stattliche, vornehme Erscheinung, die frische Natürlichkeit ihres Wesens, mit weiblicher Zurückhaltung gepaart, machten auf ihn einen tiefen Eindruck. Mathilde Quentell war am 23. März 1819 geboren. Ihr Urgroßvater war Superintendent im Kurhessischen. Ihr Großvater war ein Bremer Kaufmann geworden, und ihr Vater Friedrich Leo Quentell trat in dessen Fußtapfen. Nach einem neunjährigen Aufenthalt in Bordeaux zog er 1809 nach Bremen und hatte es nicht leicht, sich durch jene für den Kaufmann schweren Zeiten durchzuschlagen. 1810 heiratete er Catharina Raake, eine schöne Frau, die aber etwas anspruchsvoll war und besonders von ihren Kindern viel verlangte. Sie schenkte ihrem Gatten zwei Töchter und drei Söhne, von denen der zweite früh starb. — In den 20er Jahren breitete sich das Quentellsche Geschäft, in dem anfangs der Weinhandel die Hauptrolle spielte, mehr und mehr aus, so daß der Inhaber der Firma 1830 in das Collegium Seniorum gewählt wurde. Eltermann Quentell war aber nicht nur wegen seiner kaufmännischen Fähigkeiten hochgeschätzt, sondern vor allem auch wegen seines prächtigen Charakters, seiner seltenen Herzensgaben und seiner großen Liebe zu den Mitmenschen. Die ältere seiner beiden Töchter, Leontine, heiratete 1832 Ferdinand Gabain, Teilhaber von

D. H. Wätjen & Co., der ebenfalls Eltermann wurde, und die jüngere, Mathilde, war 24 Jahre, als der ungefähr zehn Jahre ältere H. H. Meier sie zu seiner Lebensgefährtin erkor.

Es war ihm nicht gelungen, im geheimen Klarheit darüber zu gewinnen, ob sie seine Liebe erwiderte. So sehr fürchtete er einen Korb zu erhalten, daß er für den Abend des Tages, an dem er die entscheidende Frage wagen wollte, sich Extrapost bestellt hatte, um nötigenfalls dem enttäuschten Herzen durch eine Reise nach Schweden Luft zu machen. Mathilde Quentell wohnte gerade auf dem Meierschen Gut im Horn, um schöne Sommertage bei ihrer Freundin Meta Meier geb. Rommel zu genießen. Da erschien am 23. Juni 1843 morgens zum Frühstück H. H. Meier, und zu einer nicht gerade gewöhnlichen Zeit zwischen 8 und 9 Uhr morgens hielt er um Mathilde Quentells Hand an.

Die Reise nach Schweden war überflüssig. Mathilde wurde seine glückliche Braut. Seiner Sache einmal gewiß, liebte H. H. Meier nicht langes Fackeln und Warten. Nach sieben Wochen schon, am Hochzeitstag seiner Eltern, dem 15. August, sollte die Hochzeit sein. Im Elternhaus der Braut am Neustadtsdeich wurde sie froh gefeiert. Die Hochzeitsreise, die das Paar nach Nürnberg, München, Wien, Prag und Dresden führte, bildete für H. H. Meier den Abschluß seiner Wanderjahre und den Anfang einer 55jährigen glücklichen Ehe an der Seite einer Gattin, die mit ihrer Hingabe und Selbstlosigkeit gerade die rechte Lebensgefährtin für ihn war.

Im Herbst 1843 hielt das Paar seinen Einzug im Hause an der Stintbrücke, das 25 Jahre sein Heim blieb.

---

3. Abschnitt.

Die Anfänge der öffentlichen Wirksamkeit H. H. Meiers.

„Ein jeder muß, soviel er es vermag, mitarbeiten an der Förderung des allgemeinen Wohls und in diesem sein eigenes Wohl zu finden suchen.“ In diesen Worten H. H. Meiers spiegelt sich seine Lebensauffassung. Rastlos hat er im Dienste seiner geliebten Vaterstadt und des deutschen Vaterlandes gearbeitet, keine Mühe gescheut und seine ganze Kraft eingesetzt, wenn es galt, seine Pflicht als Bürger und Patriot zu erfüllen.

Seit 1814 kannte auch Bremen eine Wehrpflicht aller waffenfähigen Bürger vom 22. bis zum 35. Lebensjahr. Sie bildeten die Bürgerwehr, die anfangs aus vier, seit 1835 aus drei Bataillonen zu je vier Kompagnien bestand und erst 1853 aufgelöst wurde. Nach Wohnbezirken wurden die „Wehrmänner“ diesen Abteilungen zugewiesen und durch besoldete Feldwebel eingeübt. Während einiger Monate der guten Jahreszeit wurden wöchentlich ein- oder zweimal in den Abendstunden Waffenübungen vorgenommen. Im Frühling und Herbst gab es vier bis fünf Bataillonsübungen, und mehrmals im Jahr wurde die gesamte Bürgerwehr gemustert; besonders zur Feier des 18. Oktober mußte sie auf dem Marktplatz unter Waffen treten. Nicht alle Bürger wurden zur Wehrpflicht herangezogen. Die Senatoren und Syndici, der Archivar, die Diakonen, Prediger, Lehrer, Ärzte, Apotheker u. a. waren ganz oder teilweise vom Dienste befreit.

Gleich nach seiner Rückkehr aus Amerika trat H. H. Meier in die Bürgerwehr ein und scheint sehr bald von seiner Kompagnie zum Unterleutnant gewählt zu sein. 1839 erhielt er schon den Rang eines Quartiermeisters des II. Bataillons. Trotz seines langen Aufenthalts in Italien setzten ihn die Bataillonsoffiziere auf die Liste, auf Grund deren die aus Mitgliedern des Senats und des

Bürgerkonvents bestehende Bewaffnungs-Deputation ihn zum Hauptmann beförderte. Als dann im Herbst 1844 der Chef des II. Bataillons, Major Julius, um seine Entlassung bat, schlug die genannte Deputation ihn an erster Stelle zum Nachfolger vor, und so ernannte am 27. September 1844 der Senat H. H. Meier zum Major, zu einer Zeit, wo seine Wehrpflicht schon abgelaufen war. Bis zum März 1847 bekleidete er diese höchste militärische Würde, die damals einem Bremer Wehrmann zugänglich zu sein pflegte; denn den Posten des Obersten hatte von 1831 bis 1850 ein militärischer Fachmann, Max von Eelking, inne. Meier muß wirklich Freude an diesem Soldatenspiel gehabt haben. Als der Senat 1847 sein Entlassungsgesuch genehmigte, wurde ihm „unter dankender Anerkennung seiner mit Auszeichnung geleisteten Dienste" bestätigt, daß er „mit ausgezeichnetem Eifer und zur vollen Zufriedenheit" seinen Dienst wahrgenommen habe.

Im Sommer 1848 wurde Meier Mitglied der Bewaffnungs-Deputation und stellte so auch weiterhin seine Kraft in den Dienst der Bürgerwehr.

Folgenreicher war inzwischen für ihn seine Betätigung auf dem Gebiet der Gemeindearmenpflege geworden.

Das Amt der Diakonen war von der Reformationszeit bis 1875 in Bremen von hoher Bedeutung. Bevor die moderne städtische Armenpflege eingeführt wurde, waren deren Organe die Diakone der einzelnen Pfarrkirchen. Die jungen Leute aus angesehenen Familien, die damals in der Öffentlichkeit hervortreten wollten, übernahmen dies Amt, das sie mit weiten Kreisen des Bürgertums durch Geldsammlungen und Unterstützung der Bedürftigen in Berührung brachte und ihnen so Einfluß und Ansehen verschaffte. Vor allem ermöglichte dies Amt die Teilnahme am Bürgerkonvent, zu dem bis 1848 der Senat vorwiegend die Mitglieder einflußreicher Körperschaften zu laden pflegte.

Als Diakon der St. Martini-Gemeinde, in deren Sprengel er wohnte, wurde so auch H. H. Meier zu den Bürgerkonventen geladen und erhielt damit die Möglichkeit, auf die Regierung Bremens einen gewissen Einfluß zu gewinnen. Eine solche Möglichkeit bot sich z. B. bei der Wahl eines Senators, bei der die Kaufmanns-aristokratie einen starken Einfluß geltend machen konnte. Als z. B. 1844 eine Neuwahl stattfand, war unter den zwölf zum Wahlgeschäft bestimmten Herren des Bürgerkonvents neben H. H. Meier auch sein Bruder D. A. Meier, sein Schwager Gabain, sein Schwiegervater Quentell und der Schwager seines Bruders John, Gustav Kulenkampff. Vier von ihnen, die durchs Los bestimmt wurden, nahmen dann mit vier Senatoren die Vorwahl in der Güldenkammer vor, und von den drei Vorgeschlagenen erwählte der Senat nun John Daniel Meier, H. H. Meiers ältesten Bruder. Ein Herzenswunsch der verstorbenen Mutter Lucie Meier ging damit in Erfüllung. Gleich hier sei erwähnt, daß durch diese Wahl der Zugang zum Senat H. H. Meier verschlossen bleiben mußte; denn nahe Verwandte durften nicht gleichzeitig Senatoren sein. Er hat aber manches Mal in seinem Leben die Beschlüsse des Senats stärker beeinflußt, als er es hätte tun können, wenn er selber Senator gewesen wäre.

Die maßgebenden Kreise hatten bald erkannt, wie groß sein Geschick für die öffentliche Wirksamkeit, wie wertvoll seine Erfahrung als Kaufmann und Reeder sei und wie weit sein Blick für die Förderung der maritimen Interessen Bremens reiche. So wählte man ihn im Februar 1846 in die wichtige Deputation für Bremerhaven, und im September desselben Jahres wurde er Mitglied der neugeschaffenen Deputation zur Förderung der Dampfschiffahrts-Unternehmung zwischen New York und Bremen. Diese Angelegenheit beschäftigte den Senat und die Kaufmannschaft Bremens im Jahre 1846 in hervorragendem Maße. Bremen stand an einem entscheidenden Wendepunkt seiner Geschichte. Die Vereinigten Staaten hatten beschlossen, eine direkte Postdampferlinie nach dem europäischen Festland zu gründen, um sich von der Alleinherrschaft der Cunard-Linie, die 1840 ihre Fahrten von Liverpool aus eröffnet hatte, freizumachen. Es fragte sich, welcher europäische Hafen angelaufen werden solle, ob etwa Le Havre oder Antwerpen. Da hat es sich gefügt, daß Bremen an seiner Spitze Männer hatte, die die Bedeutung des Augenblicks voll erfaßten, den klugen, vielgewandten, kühnen und von warmer Heimatliebe erfüllten Bürgermeister Johann Smidt [1]) und den die meisten seiner Zeitgenossen in handelspolitischen Fragen überragenden Senator Arnold Duckwitz. Dieser war es, der die Aufmerksamkeit des amerikanischen Konsuls Dudley Mann auf Bremen lenkte [2]), als der Plan der Dampfschifflinie zuerst auftauchte; er sandte dann seinen Freund C. T. Gevekoht [3]) Ende November 1845 nach Washington, und diesem vor allem gelang es, die amerikanische Regierung für Bremen zu gewinnen. Als nun der Unternehmer Edw. Mills auf Grund eines mit der Regierung abgeschlossenen Vertrags die Ocean Steam Navigation Company im Frühjahr 1846 gegründet hatte, kam die Zeichnung der Aktien nicht vom Fleck. Wenn nicht das ganze Unternehmen noch scheitern sollte, mußte Geld von Dentschland beschafft werden [4]). Der Bremer Senat wollte den Bürgerkonvent zur Bewilligung von 100000 Dollars bewegen; aber die erwähnte Deputation empfahl die Bewilligung dieser Summe nur unter der Voraussetzung, daß andere deutsche Staaten sich ebenfalls beteiligen würden.

Vor allem kam da Preußen in Betracht, dessen Regierung aber damals auf Bremen schlecht zu sprechen war. In dieser Stimmung einen Umschwung herbeigeführt zu haben, war das Verdienst zweier preußischer Staatsmänner, die durch ihren Aufenthalt

---

[1]) Smidt, Johann, Dr. jur., 1773—1857, Bremens bedeutendster Bürgermeister und Gründer Bremerhavens, Sohn von Dr. theol. Joh. Smidt, Prediger an der Stephanikirche. Nach beendetem theologischem Studium als Professor ans Bremer Gymnasium illustre berufen und schon 1800 in den Senat gewählt, konnte er seine großen staatsmännischen und diplomatischen Eigenschaften weit über Bremen hinaus betätigen. Er war Mitglied des Wiener Kongresses und nahm als Bremens Bundestagsgesandter in Frankfurt eine hervorragende Stellung ein.

[2]) Vgl. Graue, Archiv für Post und Telegraphie, 1903, Nr. 5 und 6.

[3]) Gevekoht, Karl Friedrich, 1798—1850, Kaufmann in Bremen, als Spezialgesandter in Washington zur Förderung einer Dampfschiffsverbindung zwischen New York und der Weser. 1848 mit Duckwitz ins Vorparlament nach Frankfurt gesandt nnd dann zum Vertreter Bremens in die Nationalversammlung gewählt.

[4]) Das folgende nach der Akte des Bremer Staatsarchivs.

in Amerika die Bedeutung Bremens für Gesamtdeutschland klar erfaßt hatten, des damals auf Urlaub in Berlin weilenden Ministerresidenten Freiherrn v. Gerolt und seines Vorgängers, des Freiherrn v. Rönne, damals Präsident des preußischen Handelsamts. Diese Männer setzten sich mit ganzer Kraft dafür ein, daß Preußen mit wenigstens 100 000 Dollars die Dampferlinie unterstützen müsse, und sie vereitelten die Bemühungen Belgiens in Berlin, die Linie auf Antwerpen zu lenken, durch den Nachweis, daß Preußen nur in Verbindung und mit dem guten Willen der Hansestädte eine deutsche Handelsmacht begründen könne. Als das Finanzministerium ebenso wie die Bremer Deputation schwere Bedenken hatte, wie man sich gegen Totalverlust der zu bewilligenden Summe schützen könne, reiste der eben von Baltimore kommende bremische Konsul C. A. Heineken nach Berlin und wies darauf hin, solide deutsche Häuser in Amerika müßten mit dem deutschen Gelde Aktien der amerikanischen Gesellschaft zeichnen, wie es auch nachher wirklich geschah.

In Berlin aber hatte man immer noch Bedenken. Ende Oktober reiste der Direktor des auswärtigen Departements v. Patow [1]) nach den Hansestädten, um ihre Einrichtungen zu studieren. In Bremen faßte er besonderes Vertrauen zu Gustav Kulenkampff (Firma Gebr. Kulenkampff) und ließ sich von diesem überzeugen, daß die Hansestädte sich dem Zollverein nicht anschließen, sich aber wohl mit ihm über eine gemeinsame deutsche Handelspolitik verständigen könnten. Durch Patows Besuch erfuhr man in Bremen zwar, die preußische Regierung habe die Bewilligung der Summe für die Dampfschifflinie beim Könige beantragt; da dieser aber in Schlesien war, so verzögerte sich nicht nur diese wichtige Entscheidung, sondern vor allem bestand die Bremer Deputation auf ihrem Beschluß, die bremischen 100 000 Dollars nicht eher zu bewilligen, als bis die Entscheidung in Berlin gefallen sei. Und das alles geschah zu einer Zeit, wo Gevekoht in Washington wie auf

---

[1]) Patow, Erasmus Robert Freiherr von, 1804—1890, preußischer Staatsmann, 1848 Mitglied des Ministeriums Camphausen, unter dem Prinzregenten Finanzminister im Ministerium Hohenzollern.

Kohlen saß und mit jedem Schiff die Nachricht erwartete, von der das Zustandekommen der Dampferlinie, zum wenigsten der Bau eines zweiten Dampfers, abhing. Am 5. November [1]) lehnte die Deputation den Senatsantrag, Gevekoht die 100 000 Dollars unverzüglich zur Verfügung zu stellen, gegen die Stimmen von H. H. Meier und Gustav Kulenkampff ab. Diese beiden waren die einzigen, die Smidt und Duckwitz in einer für die Bremer Kaufleute so bedeutungsvollen Frage unterstützten. Die anderen Herren trieben Schüttingspolitik, wie Smidt sagte, d. h. eine Politik kleiner Schikanen des Kollegs der Elterleute gegen den Senat. Als Smidt am Morgen des folgenden Tags erfuhr, wie der Schütting triumphiere, den Senat in dieser Sache lahmgelegt und von seinem Willen abhängig gemacht zu haben, so daß nun mit dem nächsten Liverpooler Dampfboot nichts Endgültiges an Gevekoht gemeldet werden könne, war sein Ärger groß und er schlug seinen bürgermeisterlichen Kollegen, die er sofort zu sich bat, als „Contrecoup" vor, noch am gleichen Abend Gustav Kulenkampff mit einem Schreiben an Herrn v. Patow nach Berlin zu schicken, um eine bestimmte Erklärung Preußens durchzusetzen, und wenn das gelinge, sogleich einen Bürgerkonvent zu berufen und so doch noch mit dem nächsten Schiff die ersehnte Nachricht an Gevekoht gelangen zu lassen. Da die Bürgermeister einverstanden waren, ging Smidt zu Gustav Kulenkampff, der sich auch sofort bereit erklärte und nur den Wunsch äußerte, H. H. Meier mitnehmen zu dürfen. Smidt suchte dann auch diesen auf, der ebenfalls willig war, und so reisten die beiden am Abend des 6. November 1846 nach Berlin. Außer dem Schreiben an Patow gab Smidt ihnen auch Empfehlungen an Gerolt und Rönne mit. In Berlin erfuhren Meier und Kulenkampff, daß der preußische Finanzminister eine Zusicherung der Beteiligung Preußens geben wolle, sobald auf gewisse Fragen, die durch Duckwitz an Gevekoht gerichtet waren, dessen Antwort eingelaufen sei. Damit wäre alles auf die lange Bank geschoben worden. Darum setzten die beiden ein Promemoria auf, in dem sie auf Grund eige-

[1]) Das Folgende ergibt sich aus einem Privatbrief Smidts an Gevekoht im Bremer Staatsarchiv.

ner Geschäftserfahrung während eines langen Aufenthalts in den Vereinigten Staaten und langjähriger Geschäftsverbindung mit diesem Lande die Fragen so beantworteten, wie Gevekoht sie ihrer Überzeugung nach beantworten werde. Meier sandte am Morgen des 10. November, an dem Kulenkampff nach Bremen zurückeilte, um Bericht zu erstatten, dies Promemoria mit einem Begleitschreiben an Patow. Dieser übermittelte es sofort dem Finanzminister. Der aber hatte, so erklärte er, bereits ein Schreiben fertig vor sich liegen, worin 100 000 Dollars zugesichert wurden unter Vorbehalt der Genehmigung des Königs und unter der Voraussetzung, daß Gevekohts zu erwartende Antworten befriedigend ausfallen würden. Der Minister stellte sogar in Aussicht, er werde eine ähnliche Teilnahme bei den übrigen Zollvereinsregierungen zu erwirken suchen.

So war über Erwarten schnell alles erreicht, was sich in Abwesenheit des Königs überhaupt erreichen ließ. Durch die Anwesenheit der beiden Bremer in Berlin war die ganze Angelegenheit in Fluß gekommen. Die Regierung erkannte offenbar die Berechtigung des Drängens der Bremer auf eine amtliche Erklärung, und man geht wohl nicht fehl in der Annahme, daß Gerolt und Rönne den Minister dahin beeinflußt haben, endlich Farbe zu bekennen, falls man nicht gar annehmen will, daß das merkwürdige Zuspätkommen des Promemorias nur eine bürokratische Erfindung gewesen ist, um den Anschein zu erwecken, daß der Minister durchaus unbeeinflußt von bremischer Seite und nur nach eigenem Ermessen gehandelt habe. Wäre diese Vermutung richtig, so würde dem von Meier überreichten Promemoria die letzte entscheidende Beeinflussung des Ministers zuzuschreiben sein. Dessen für Bremen so bedeutungsvolle Erklärung ging übrigens nicht an H. H. Meier direkt, sondern dieser erfuhr sie erst aus einem Schreiben Patows, also durch das Ministerium des Auswärtigen. Mit diesem Schreiben reiste Meier eiligst nach Bremen zurück, wo er am 12. November in der Frühe eintraf.

Die Deputation war schon am 11. abends willfähriger gewesen, als Kulenkampff mit sehr befriedigenden Nachrichten über den Empfang in Berlin, die Stimmung für Bremen und die Bereitwilligkeit zur Unterstützung heimgekehrt war. Am 12. mittags, als Meier Patows Schreiben vorlegen konnte, besserte sich die Stimmung so sehr, daß der Senat auf den 13. November den Bürgerkonvent einlud. Die Beratungen, die von 10½ bis 2 Uhr dauerten, brachten das Ergebnis, daß von 121 Bürgern 87 für den Senatsantrag, also die sofortige Bewilligung von 100 000 Dollars seitens des bremischen Staates, stimmten, während 34 sich dagegen erklärten. Sogleich ging diese Nachricht an Gevekoht ab und erreichte ihn wirklich, wie ursprünglich geplant, mit dem Dampfboot, das Liverpool am 19. November verließ.

Der Erfolg der Sendung Kulenkampffs und Meiers war somit ein doppelter. In Berlin war eine Beschleunigung der ministeriellen Entscheidung erzielt, die sonst wesentlich später erfolgt sein würde, vor allem aber war dadurch in Bremen der endgültige Beschluß durchgedrungen, die neue Dampferlinie mit einer großen Summe zu unterstützen. Der alte Smidt freute sich, daß sein „Contrecoup" gegen das Collegium Seniorum geglückt war, „das bekanntlich", so schrieb er Gevekoht, „alle Vorschläge des Senats zu verdächtigen sucht und übelgelaunt ist, wenn etwas, was von letzterem ausgegangen ist, Beifall im Publikum findet". Weit mehr aber mußte er sich freuen über den Erfolg Bremens in einer nationalen Sache. Nachdem Preußen am 21. November endgültig seine 100 000 Dollars bewilligt hatte, blieben auch Hannover, Sachsen, Frankfurt, Oldenburg, Baden und neun andere kleinere Staaten nicht zurück, so daß im ganzen fast 300 000 Dollars an deutschem Geld Gevekoht zur Verfügung gestellt werden konnten. Letzterer schrieb den Sieg in dieser nationalen Sache vor allem dem Freiherrn v. Gerolt zu. „Der Baron ist ein wahrer Ehrenmann und ein deutscher Patriot im vollen Sinne des Worts. Dächten alle Minister in Preußen wie er, Preußen wäre jetzt der erste Staat des vereinten Deutschlands, und wir hätten eine Navigationsakte nebst Differentialzöllen gegen zwischenhandelnde Nationen, die Blutsauger Deutschlands!"

Männer wie Gerolt und Rönne bildeten eben eine Ausnahme.

Nicht ohne Grund klagt der alte Smidt, die große Mehrzahl der deutschen Kabinette bekümmere sich um Handel und Verkehr nur, insoweit die Finanzen dabei beteiligt seien. „Von Welt- und Seehandel hat man so gut wie gar keine Kunde, und Vermehrung des Verkehrs mit Nordamerika erscheint sogar vielen Kabinetten verdächtig und gefährlich, weil dadurch republikanische Tendenzen in Deutschland aufgeregt werden könnten." Ein Deutschland, das sich für eine Dampferverbindung mit Amerika lebendig interessiere, existiere nicht, es stecke noch im Mutterleibe, und Bremen tue das seinige dazu, ihm zur Geburt zu verhelfen.

So war es in der Tat, und nächst Smidt, Duckwitz und Gevekoht hatten unter den Bürgern Bremens Gustav Kulenkampff und H. H. Meier am meisten zu dem Erfolg in dieser nationalen Sache beigetragen.

Die Ocean Steam Navigation Company war gesichert, und man konnte mit dem Beginn der Dampferfahrten im Frühjahr 1847 rechnen. Da erhob sich nun für Bremen eine neue Sorge. Der alte Hafen Bremerhavens, der 1830 eröffnet war, genügte keinesfalls für große Raddampfer, welche die der Cunard-Linie an Größe noch übertreffen sollten. Wollte Bremen die Ehre und den Gewinn haben, als erste Stadt des europäischen Festlands eine Dampferverbindung mit Amerika zu besitzen, so mußte es auch für einen ausreichenden Hafen sorgen. Schon im Mai 1846 hatte man den Erbauer des alten Hafens, van Ronzelen[1]), nach Liverpool und Holland geschickt, um Kenntnisse zu sammeln für die Beschaffung eines sicheren Liegeplatzes für transatlantische Dampfer. Die Deputation für Bremerhaven, in der Smidt selbst den Vorsitz führte und in der die ersten Kaufleute Bremens, darunter auch H. H. Meier, sich befanden, beschloß van Ronzelens Pläne und Skizzen, die er im Sommer vorlegte, durch tüchtige Wasserbauverständige prüfen zu lassen. Denn besonders ein Punkt in van Ronzelens Plänen

[1]) van Ronzelen, Johann Jacob, 1800—1865, bremischer Baurat und Hafenbaudirektor. Durch Bürgermeister Smidt 1827 von Holland nach Bremen berufen, erwarb er sich große Verdienste um die Hafenanlagen an der Geestemündung und um die Erbauung des Hoheweg-Leuchtturmes.

erregte Bedenken. Er wollte nach holländischem Muster eine sogenannte Schiffsschleuse anlegen. Diese bestand aus einem Schiffskasten, der den Eingang zum Hafen sperrte und, sobald dessen Wasserstand geändert werden sollte, ausgepumpt und zur Seite geschleppt werden mußte. Bei Wind und Eisgang ließ er sich dann schwer wieder an seine Stelle bringen.

H. H. Meier scheint in der Deputation der Einzige gewesen zu sein, der den Mut hatte, diese Konstruktion des hochgeachteten van Ronzelen als völlig verfehlt zu erklären. Aber während er auf den englischen Ingenieur John Hartley [1]) in Liverpool hinwies, beschloß man doch zunächst den Holländer D. Mentz um ein Gutachten zu bitten. Dieser äußerte sich im wesentlichen sehr beifällig zu van Ronzelens Plänen und hatte nur geringe Ausstellungen zu machen. Am 24. Januar 1847 legte darauf van Ronzelen ein verbessertes Projekt der Deputation vor, die, wie es scheint, schon entschlossen war, ihre Zustimmung zu geben, als H. H. Meier eindringlich forderte, Hartley aus Liverpool kommen zu lassen, über den inzwischen Meiers Schwager, Ältermann Gabain, Erkundigungen eingezogen und vortreffliche Auskünfte erhalten hatte. Aber auch H. H. Meier selbst hatte mit seinem Liverpooler Geschäftsfreund Alfred Castellain über Hartley korrespondiert und in Erfahrung gebracht, daß Hartley, der bei seinem Vater, dem Erbauer der Liverpooler Hafenanlagen, technischer Assistent war, den Vater aber an Kenntnissen noch übertreffen sollte, nicht abgeneigt sei, zu einer Prüfung der Ronzelenschen Pläne nach Bremen zu kommen. Die hohen Kosten schreckten zunächst noch manches Deputationsmitglied, aber H. H. Meier drang durch. Smidt schrieb sofort am 26. Januar, zwei Tage, nachdem van Ronzelen seine Pläne vorgelegt hatte, an Hartley einen Brief, den H. H. Meier in ein Schreiben an Castellain einschloß; denn die delikate Frage der Honorierung Hartleys brachte Meier auf diesem inoffiziellen Wege über seinen Geschäftsfreund zur Erledigung. Als man sich

[1]) Hartley, Sir Charles Augustus, geb. 1825. Bedeutender englischer Wasserbauingenieur, dessen ruhmvolle und erfolgreiche Tätigkeit sich bis zur Donaumündung, bis nach Odessa und Indien erstreckte.

auf ein Honorar von 100 Guineen geeinigt hatte, kam Hartley Anfang März 1847 nach Bremen und wurde von Senator F. W. Heineken, Eltermann Hartlaub, H. H. Meier und dem Baurat van Ronzelen nach Bremerhaven geführt. Das Ergebnis der Besichtigung und Besprechung war, daß Hartley, wie Meier vorausgesehen hatte, vor einer Schiffsschleuse warnte und die Anlage von Schleusentoren wie am Coburg Dock in Liverpool empfahl. Auf seiner Rückreise über Holland begleitete van Ronzelen ihn, besichtigte mit ihm Hafenwerke und verständigte sich durchaus mit ihm über die zweckmäßigste Art der Anlage des neuen Hafens. Von dem Plan einer Schiffsschleuse kam van Ronzelen nun völlig zurück.

So wurde durch H. H. Meiers energisches Eingreifen der neue Hafen vor einem schweren technischen Mangel bewahrt und eine moderne, praktische, mustergültige Schleusenanlage geschaffen.

Da H. H. Meier sich kurz nach Hartley's Abreise in London und Liverpool aufgehalten hat, dürfen wir wohl vermuten, daß er dort an Ort und Stelle die neuen englischen Hafenanlagen besichtigt und so die Deputation für Bremerhaven um wertvolle Kenntnisse bereichert hat.

Aus seinem häuslichen Leben sei erwähnt, daß seine Gattin ihm im Mai 1844 den ersten Sohn schenkte, der nach dem Großvater Quentell die Namen Friedrich Leo erhielt. Aber der kräftige, blühende Knabe wurde seinen Eltern im Oktober desselben Jahres nach kurzer Krankheit wieder entrissen. Am 21. Dezember 1845 wurde der zweite Sohn, der nun der einzige blieb, geboren und Hermann Henrich nach dem Vater und Großvater genannt. Die durch den Tod des ersten Kindes ängstlich gewordene Mutter hütete und pflegte ihn mit unermüdlicher Liebe. Jahre vergingen, bis am 8. Dezember 1853 die einzige Tochter, Käthi, geboren wurde.

Von H. H. Meiers Brüdern war der älteste Senator, der zweite seit November 1846 Eltermann. Da wird es ihm nicht unerwünscht gewesen sein, daß er 1847 den dritten Titel erhielt, der neben dem des Senators und Eltermanns im damaligen Bremen in hohem Ansehen stand; er wurde Konsul. Bis zu seinem Tode wurde er mit „Herr Konsul" angeredet, obwohl er dies Amt nicht bekleidet hat seit dem Jahre 1866, in welchem er um Enthebung von dem Amte eines „Königlich Schwedischen und Norwegischen Konsuls für das Großherzogtum Oldenburg und die Freie Hansestadt Bremen" bat und sie erhielt. Wer von ihm sprach, sagte freilich nach wie vor nur H. H. Meier oder kurzweg H. H. in englischer Aussprache.

Die geschäftlichen Beziehungen der Firma zu Schweden waren die Veranlassung gewesen, daß zunächst Diedrich Meier schwedisch-norwegischer Konsul wurde. Als dieser aber zum Eltermann erwählt war, legte er das Amt nieder, und so ernannte am 12. März 1847 König Oskar von Schweden H. H. Meier zum schwedisch-norwegischen Konsul. Infolge eines unbegreiflich schleppenden Geschäftsgangs bat der schwedische Gesandte bei den Hansestädten, Graf Wrangel, erst im Januar 1849 den Bremer Senat um das Exequatur für Meier. Offenbar war aber die Urkunde aus Stockholm immer noch nicht zur Stelle und ließ bis zum Mai 1851 auf sich warten. Da erst überreichte Meier dem Senat sein Diplom und bat um das Exequatur. Um die Verwirrung voll zu machen, stellte sich der Senat, als sei Meier bisher nur Vize-Konsul oder interimistischer Konsul gewesen und habe jetzt erst seine endgültige Ernennung erhalten. Jedenfalls wurde nun aber am 26. Mai 1851 das Exequatur erteilt, obwohl Meier seit vier Jahren allgemein als Konsul galt.

Freilich sowohl der Senat wie H. H. Meier hatten in diesen Jahren wichtigere Dinge zu tun gehabt, als sich um Formalitäten zu kümmern. Der Sturm der Verfassungskämpfe, den die Pariser Revolution von 1848 zur Folge hatte, war auch über Bremen dahingebraust, hatte viel Lebensunfähiges hinweggefegt und Raum für neues Leben entstehen lassen. Längst hatten die liberalen und auch schon die demokratischen Ideen des Jahrhunderts ihren Weg nach Bremen gefunden. Männer gelehrter Bildung, Kaufleute, Handwerker, alle standen sie in ihrem Banne. Daß H. H. Meier als ein Mann tatkräftigen Fortschreitens auf allen Gebieten die liberalen Forderungen billigte, kann um so weniger wundernehmen, als er durch seinen Aufenthalt in den Vereinigten Staaten von den amerikanischen Verfassungsverhältnissen einen tiefen Eindruck empfangen hatte. Daß Bremen eine Verfassung haben müsse, daß der Bürgerkonvent, eine reine Notabelnversammlung, sich überlebt habe, stand auch ihm fest. Indem er, ein Aristokrat von Geburt, Charakter und Lebensstellung, diese Ansichten offen äußerte, steigerte er sein Ansehn und das Vertrauen zu ihm unter den politisch noch Rechtlosen, ohne daß er es bei den Regierenden je eingebüßt hätte. Er wurde der Politiker der mittleren Linie, des maßvollen Liberalismus.

Seine eifrige Teilnahme an den Verhandlungen des Bürgerkonvents hatte für ihn ungeahnte, gar nicht vorauszusehende Folgen für sein ganzes ferneres Leben. Jedermann, der mit seinem Namen eine Vorstellung verbindet, weiß, daß er nicht nur ein großer Kaufmann war, sondern auch ein bekannter Parlamentarier. Nach diesen beiden Seiten hat sich sein Leben entfaltet. Auf beiden Gebieten hat er sich einen Namen gemacht. In den Kaufmannsberuf war er hineingeboren, aber der Weg zum Parlament bahnte ihm das außerordentliche Vertrauen, das man in seine Charaktereigenschaften setzte, sowie das Ansehn, das er sich im begrenzten Wirkungskreis des Bremer Bürgerkonvents erworben hatte. So kam es, daß H. H. Meier in den stürmischen Zeiten der deutschen Revolution von 1848/49 inmitten der geistigen Blüte der Nation in der Frankfurter Paulskirche mitraten und mittaten durfte.

Als die Wahlen zum ersten Reichsparlament in allen deutschen Staaten ausgeschrieben wurden, da verfielen die leitenden Männer des 18. hannoverschen Wahlbezirks Bremervörde, der das Gebiet am rechten Weserufer etwa zwischen Bremen und Bremerhaven umfaßte, auf den Gedanken, einen freiheitlich gesinnten Bremer Kaufmann zu ihrem Abgeordneten zu wählen. Sie wandten sich im April 1848 an den Führer der Märzpolitik in Bremen, den Tischlermeister Wischmann, mit der Bitte, ihnen geeignete Persönlichkeiten zu nennen; und dieser war es, der sie auf John Droege und H. H. Meier aufmerksam machte.

Blind vertrauend auf den guten Namen der Empfohlenen und das hohe Ansehn dessen, der sie empfahl, erkoren die biederen

Wähler des rechten Ufers der Unterweser am 2. Mai 1848 John Droege zu ihrem Abgeordneten und, da die Königl. Verordnung vom 14. April 1848 auch die Wahl eines Ersatzmanns verlangte, so wurde H. H. Meier zum „Substituten" erwählt. Der vom hannoverschen Ministerium ernannte Wahlkommissar teilte den Bremer Herren am selben Tage ihre Wahl schriftlich mit.

Man ist heutzutage an erbitterte Kämpfe und hitzige Reden vor Reichstagswahlen so sehr gewöhnt, daß man überrascht ist, zu hören, wie patriarchalisch sich eine solche Wahl mitten im Revolutionsjahr abspielte. Ist es nicht zu verwundern, daß selbst die führenden Männer des Wahlkreises weder Droege noch Meier kannten, daß man sie weder besuchte und ausfragte, noch zu irgendeiner Versammlung in den Wahlkreis kommen ließ? Über Droege hatte man wenigstens Erkundigungen eingezogen und bestätigt gefunden, daß er ein in Handelskreisen angesehener Mann sei; von H. H. Meier aber wußte man nicht einmal genau den Namen! Die amtliche Anzeige seiner Wahl war adressiert an Herrn Konsul H. A. Meyer. Ja man hatte sich so sehr auf Wischmanns mündliche Empfehlungen verlassen, daß man es nicht einmal für nötig hielt, die Herren zu einer schriftlichen Äußerung über ihre politische Ansichten vor der Wahl zu veranlassen. Erst am 6. Mai kam eine Volksversammlung in Bremervörde auf den Gedanken, die Bremer Herren um Mitteilung ihres politischen Glaubensbekenntnisses zu bitten. Diese hatten am gleichen Tage ein von Meier verfaßtes Schreiben an ihre Wahlmänner gerichtet, in dem sie die Wahl dankend annahmen und die Erklärung abgaben, es sei ihre heilige Pflicht, „die Einigung unseres geliebten deutschen Vaterlandes selbst unter Opfern von Sonderinteressen nach besten Kräften mitzuerstreben". „Das Versprechen, dieser Pflicht zu genügen, sei unser einziges politisches Glaubensbekenntnis! Deutschlands wahre nnd feste Einigung und die notwendig daraus hervorgehenden Reformen unserer jetzigen Zustände bedingen das Blühen, Gedeihen und die Macht aller Teile unseres Gesamtvaterlandes. Gebe Gott seinen Segen dazu, dann wird Deutschlands Stern glänzender und schöner als je aus den jetzt drohenden Wolken hervorgehen."

Mit diesem Schreiben kreuzte sich ein Brief aus Bremervörde, in dem die beiden Bremer Herren gebeten wurden, ihre politischen Ansichten darzulegen. Da Droege gerade im Begriff war, nach Frankfurt abzureisen, so unterzog sich H. H. Meier der Aufgabe, in einem längeren, vom 13. Mai 1848 datierten Schreiben an den Bäcker Heinrich Gütersloh in Bremervörde sein politisches Glaubensbekenntnis abzulegen.

Allen anderen Bemerkungen schickt er noch einmal voran, daß jeder Patriot aufrichtig danach streben müsse, Deutschland zu einigen, damit es im Inneren unter dem Schutz von Gesetz und Recht blühe und nach außen stark und mächtig dastehe. Dann fährt er fort:

„Sie wissen, ich bin Republikaner, und werden es natürlich finden, wenn ich dieser Regierungsform den Vorzug gebe, indem ich in ihr die beste Garantie zu sehen glaube, daß in derselben diejenigen Maßregeln und Einrichtungen am leichtesten zur Geltung kommen, welche für die Mehrheit des Volkes am besten und ihrem Wohl und Glück am förderlichsten sind, und wenn sich auch häufig das Volk durch augenblickliche Aufregungen zu falschen Schritten verleiten läßt, so wird es über kurz oder lang doch immer seine wahren Interessen erkennen und in die richtige Bahn wieder einlenken, zumal wenn auf wahre Volksbildung möglichst hingewirkt wird. — Neben dieser Ansicht bin ich auf das innigste überzeugt, daß eine republikanische Regierungsform in der Volksmeinung und in der Volksbildung ihre Wurzel haben müsse, ohne welche sie nicht den Stürmen der Zeit erfolgreichen Widerstand leisten könne, sondern entweder der Anarchie oder dem Ehrgeize des einzelnen zum Opfer fällt. Es scheint mir nun bei aufmerksamster Beobachtung der Zeitstimmen die Republik augenblicklich noch nicht im deutschen Volkswillen und deutschen Sympathien der Mehrheit nach begründet zu sein, sondern neigen sich dieselben unbedingt einem möglichst freien konstitutionellen Bundesstaat zu, und als guter Republikaner, der stets die Herrschaft der Majorität anerkennt, würde ich, wenn als Ersatzmann zur Ehre und Pflicht den 18. hannoverschen Distrikt zu vertreten berufen, mich mit meiner Stimme auch dieser Mehrheit anschließen, da der Unterschied mehr in der Form wie in der Wirklichkeit liegt. Denn ich habe gefunden, daß die persönliche Freiheit und das persönliche Recht ungefähr ebenso groß in England als in den Vereinigten Staaten sei.

Eine gleiche Beistimmung bedauere ich dem in den meisten Beziehungen so ausgezeichneten Verfassungsentwurf der deutschen Vertrauensmänner nicht geben zu können, indem ich aus praktischen Rücksichten durchaus gegen einen deutschen Kaiser bin. Denn der deutsche Erbfehler ist vor allem Uneinigkeit, in einer stark ausgeprägten Individualität und daraus folgendem Provinzialismus des deutschen Charakters begründet, welchen der praktische Gesetzgeber vor allem hätte berücksichtigen müssen, und mir scheint, daß mit der Kaiserfrage der Erisapfel in die Deutsche Nationalversammlung geworfen sei und somit die Errichtung des schönen Werkes der deutschen Einigung vereitelt oder doch sehr erschwert werde."

H. H. Meier beweist in diesem ersten Teil seiner Ausführungen, daß er durchaus im Banne der liberalen Anschauungen seines Zeitalters steht und dessen Ideale und Theorien sich zu eigen gemacht hat. Die Geschichte hat bewiesen, daß die Kaiseridee die Reichsgründung nicht gehindert, vielmehr mächtig gefördert hat; daß Uneinigkeit kein unausrottbarer Erbfehler der deutschen Stämme und Staaten war. Aber H. H. Meier teilte jene Gedanken mit Vielen, die zu den Besten seiner Zeit gehörten, einer Zeit, reich an Ideen und Idealen, arm an Realpolitik. Die Vorschläge, die H. H. Meier zu machen hat, weichen in wesentlichen Punkten von Dahlmanns berühmtem Verfassungsentwurf ab, der einen Kaiser und ein Oberhaus vorsah, in dem die deutschen Fürsten, zu Lords degradiert, sitzen sollten. Die Zentralregierung des Reiches denkt Meier sich als ein Organ der Bundesstaaten; sie soll sich zusammensetzen aus den Vertretern der Regierungen, insoweit also dem bisherigen Bundestag entsprechend, und aus einer ebenso großen Zahl von Vertrauensmännern der einzelnen bundesstaatlichen Kammern.

Diese Erste Kammer würde das Bundesministerium ernennen, das mit einem Ministerpräsidenten an der Spitze nach Analogie Englands die exekutive Behörde des deutschen Parlaments, sozusagen der Zweiten Kammer, bilden würde. Die Verwaltung des Heeres, der Finanzen, der auswärtigen, Handels- und Zollangelegenheiten würde dem Ministerium zufallen, das „natürlich" vor einer Majorität der Kammer zurücktreten müßte. Meier glaubt, daß die Souveränität der Einzelstaaten unter solchen Verhältnissen nicht ganz erdrückt werden könne, was notwendigerweise eintreten müsse, wenn ein Kaiser an der Spitze stehe. Auch würde man so den kostspieligen Apparat der Kaiserwürde sparen, zu dessen Aufrechterhaltung den Völkern neue Bürden auferlegt werden müßten. — Man vermißt in diesem Entwurf völlig einen Repräsentanten des Staats dem Ausland gegenüber, einen Deus ex machina, der eingreifen könnte, wenn der auf dem Majoritätsprinzip durchaus aufgebaute Apparat auf einen toten Punkt kommt. Denn kein großer republikanischer Staat kann einen Präsidenten entbehren, mag er mit noch so geringer Macht ausgestattet sein. Daß aber für Deutschland ein über den Parteien stehender, auf Zeit gewählter Präsident unmöglich sein würde, erkennt Meier an; denn er würde kraftlos und hilflos den Regierungen der großen Bundesstaaten gegenüberstehen.

Der vornehmste Repräsentant des deutschen Volkes würde in dieser Verfassung der Ministerpräsident sein, also ein Mann, der täglich von einer Majorität des Parlaments hinweggefegt werden könnte.

Trotz solcher Ausstellungen an Meiers Verfassungsplänen muß man doch wohl glauben, daß sich ihrer Durchführung immerhin weniger Schwierigkeiten unter den damaligen Verhältnissen in den Weg gestellt hätten als dem so tief in die Stellung der deutschen Fürsten einschneidenden Entwurf des großen Dahlmann[1]). Dahlmanns Verfassung war vielleicht theoretisch lebensfähig, aber prak-

[1]) Dahlmann, Friedrich Christoph, 1785—1860, hervorragender Geschichtsschreiber, eifriger Patriot und Politiker, gehörte zu den sieben Göttinger Professoren, die infolge ihres Protestes gegen den Verfassungsbruch König Ernst Augusts gemaßregelt wurden, und spielte in der 1848er Zeit eine bedeutende Rolle, wo er für die deutsche Einigung unter Preußens Führung mit Ausschluß Österreichs eintrat.

tisch undurchführbar; die Verfassung aber, wie Meier sie sich dachte, hätte sich vielleicht zunächst damals durchsetzen lassen, wäre allerdings lebensunfähig gewesen. Wie weit in dieser Frage seine Gedanken originell waren, ist ziemlich belanglos gegenüber der Feststellung der Richtung, in der sie sich bewegten.

Nach Erörterung dieser Verfassungsfragen kommt Meier in seinem Schreiben an die Wähler auf das Gebiet der Handelspolitik zu sprechen, auf dem er Fachmann war.

Er macht kein Hehl daraus, bisher ein entschiedener Gegner des Deutschen Zollvereins gewesen zu sein, nicht weil er das Gute an ihm nicht anerkennt, sondern weil er überzeugt ist, daß die Herren am grünen Tisch auf dem Gebiet der Zölle und Handelsverträge Theoretiker ohne die praktische Erfahrung und Einsicht des Kaufmanns sind. Solche Bedenken nun werden in dem neuen Deutschland mit freier Presse und einem nicht nur beratenden, sondern entscheidenden Parlament gegenstandslos werden. „Man wird aufhören, Artikel, die für die Masse des Volkes tägliches Bedürfnis geworden sind, wie z. B. Kaffee, Reis, Tabak, ja selbst Zucker und Wein, mit solchen drückenden Steuern, wie es bisher geschehen, zu belasten; man wird verhindern können, daß Traktate geschlossen werden, wobei wesentliche Interessen unberücksichtigt oder gar verletzt werden. Hierdurch würde also ein Hauptgrund meiner Opposition gegen einen solchen allgemeinen Zollverband wegfallen."

Schutzzölle für eine Industrie, die ihrer dauernd und nicht nur zu ihrer erstmaligen Entwicklung bedarf, hält Meier für schädlich. Differenzialzölle sind ihm eine zweischneidige Waffe, die aber für einen auf Gegenseitigkeit beruhenden, freien Handel unentbehrlich sei.

Nachdem Meier so die Grundzüge seiner politischen Ansichten dargelegt hat, erklärt er sich am Schluß seines Schreibens bereit, sein Mandat in die Hände seiner Wähler zurückzulegen, falls deren Ansichten von den seinigen wesentlich abwichen.

Nach dem Eintreffen dieses Schreibens in Bremervörde wurde eine Volksversammlung einberufen, in der Meiers Ansichten Gegenstand lebhafter Erörterungen wurden. Schließlich wurde ein Kommissionsvorschlag angenommen und dieser wie eine Art Instruktion für die Abgeordneten an Droege und Meier gesandt. Wesentliche Abweichungen von Meiers Ansichten treten darin kaum zutage. Auch die Wähler wollen von einem deutschen Kaiser nichts wissen und bezweifeln, daß in den Herzen der Deutschen starke Sympathien für das Kaisertum zu finden seien. Die Zentralregierung denken sie sich dem Plane Meiers sehr ähnlich. In einem wichtigen Punkte freilich weichen sie von ihm ab: die Finanzverwaltung soll ihr nicht unterstehen, sondern bei den Einzelstaaten bleiben, und die Ausgaben sollen durch Matrikularbeiträge gedeckt werden.

Falls auch stärkere Abweichungen der politischen Ansichten der beiden Abgeordneten und ihrer Wähler vorhanden gewesen wären, als wirklich der Fall war, so würden letztere sich wohl dennoch gescheut haben, nachträglich den Leichtsinn vor aller Welt bloßzustellen, daß sie Herren zu Abgeordneten erwählt hatten, die ihnen fast unbekannt waren. Jedenfalls blieb Meier Ersatzmann für Droege und mußte wenigstens mit der Möglichkeit rechnen, eines Tages für jenen einspringen zu müssen.

Dieser an sich so unwahrscheinliche Fall trat Ende März 1849 wirklich ein.

Droege trat nach Beendigung der Verfassungsberatungen und nach der Kaiserwahl, bei der er für den König von Preußen gestimmt hatte, aus der Nationalversammlung aus. Sogleich reiste H. H. Meier nach Frankfurt. Seine Gattin begleitete ihn, obwohl es ihr unendlich schwer wurde, sich von ihrem dreijährigen Hermann zum erstenmal trennen zu müssen.

In der ersten Sitzung, die nach der Abreise der Deputation nach Berlin stattfand, am 4. April 1849, war Meier schon zugegen und wurde nun in den folgenden Wochen Zeuge des langsamen Niedergangs und der schließlichen Auflösung der stolzen Reichsversammlung. Er hielt sich ebenso wie Droege zu dem Parteiklub des Augsburger Hofes, zu dem Männer wie Karl Biedermann[1]), Wil-

[1]) Biedermann, Karl, 1812—1901, Leipzig, Schriftsteller und Politiker, Mitglied des Frankfurter Parlaments, der sächsischen Kammer und des Deutschen Reichstags (1871—1874).

helm Beseler[1]), Robert Mohl[2]) und Godefroy gehörten und der nächst dem „Casino" der angesehenste Klub der Erbkaiserpartei war. Von seiner Abneigung gegen die Kaiserwürde war er also offenbar geheilt. Der bisherige Verlauf der Verhandlungen in der Paulskirche wird dem unter amerikanischen Eindrücken stehenden Republikaner von der Wasserkante die Augen darüber geöffnet haben, wie tiefe Wurzeln der Kaisergedanke im deutschen Volk besaß. Ein innerlicher Wandel vollzog sich in ihm. Er fügte sich — seinen Theorien getreu — der Majorität des deutschen Volkes. Es konnte ihm nicht schwer werden, zu den Berühmtheiten der Paulskirche Fühlung zu gewinnen. Waren doch zwei hochgeachtete Vertreter Bremens in Frankfurt anwesend, Karl Theodor Gevekoht, der zu den Kreisen des Casinos gehörte, und Arnold Duckwitz als Reichs-Handels- und Marineminister.

Durch diese Beziehungen ist es wohl zu erklären, daß Meier so überraschend schnell unter der großen Zahl bedeutender Männer des Parlaments neue Freunde fand. Allen voran ist da kein Geringerer als Heinrich von Gagern[3]) zu nennen, der herrschgewaltige erste Präsident der stolzen Reichsversammlung, deren hohe sittliche Würd und politischer Idealismus in ihm verkörpert waren. Jetzt, als Meier eintraf, führte in der Paulskirche längst Eduard von Simson[4]) den Vorsitz, und Gagern war zu der hohen und doch so schat-

[1]) Beseler, Carl Georg Christoph, 1809—1884, Rechtsgelehrter und Universitätslehrer, Vertreter seiner schleswig-holsteinischen Heimat im Deutschen Reichstage und seit 1875 Mitglied des Preußischen Herrenhauses.

[2]) von Mohl, Robert, 1799—1875, süddeutscher Staatsmann, Staatsrechtslehrer und Parlamentarier, badischer Gesandter beim Bundesrat in Frankfurt und darauf in München bis 1871, vertrat die Reformpolitik der großherzoglichen Regierung.

[3]) von Gagern, Heinrich Freiherr, 1799—1880, geboren zu Bayreuth, Offizier in der Schlacht bei Waterloo. Nach dem Rechtsstudium Assessor in Darmstadt und Beamter im hessischen Ministerium, nahm lebhaftesten Anteil an der 1848er Bewegung und wurde der geniale Leiter der Frankfurter Nationalversammlung. — Nach dem Umschwung der deutschen Verhältnisse starb er verbittert in Darmstadt.

[4]) von Simson, Eduard, 1810—1899, Professor an der Universität Königsberg, später Chefpräsident des Appellationsgerichts in Frankfurt a. O.,

tenhaften Würde des Reichsministerpräsidenten emporgestiegen. Es ist in H. H. Meiers Leben ein Ruhmeszeichen für die Eigenschaften seines Geistes und Charakters, daß Heinrich von Gagern sein Freund, ja sein Duzfreund wurde. Das gleiche nahe Freundschaftsverhältnis gewann er zu Karl Mathy [1]), dem damaligen Unterstaatssekretär im Reichsministerium, dem späteren badischen Ministerpräsidenten.

Aus dem Kreis der Frankfurter Bekanntschaften mögen schließlich noch Mevissen, Beckerath und Jordan genannt werden.

Als H. H. Meier am 4. April zum erstenmal an den Verhandlungen in der Paulskirche teilnahm, traf es sich, daß er seinem Mitbürger Gevekoht im Namen des Marineausschusses sprechen hören konnte. Am 23. April wurde Meier zusammen mit Godefroy in diesen Ausschuß gewählt, der schon im Mai 1848, acht Tage nach der Eröffnung der Nationalversammlung, ins Leben gerufen war und im Juni den Beschluß veranlaßt hatte, sechs Millionen Taler zur Gründung einer Flotte bereitzustellen. Seit am 9. November das Marinedepartement in Verbindung mit dem Handelsministerium besonders auf Betreiben des Ausschusses gebildet worden war, hatte dessen schaffende Wirksamkeit ihr Ende gefunden, und er war in der Zeit, als Meier zu ihm gehörte, lediglich ein Organ des Parlaments, um die Marineangelegenheiten zu vertreten und zu fördern. Daß Meier der rechte Mann hierzu war und man Grund hatte, ihn in den Ausschuß zu wählen, erwies sich in der Sitzung vom 7. April 1849.

An diesem Tage wurde über ein Bittgesuch verhandelt, in dem 460 Bürger Altonas die Nationalversammlung baten, die Zentralgewalt zu veranlassen, „daß sie zum Schutze und zur Repressalie

---

1879 erster Präsident des neuen deutschen Reichsgerichts in Leipzig. Mitglied und Präsident der Frankfurter Nationalversammlung, des preußischen Abgeordnetenhauses und des Reichstags, hervorragender Leiter schwierigster Sitzungen.

[1]) Mathy, Karl, 1807—1868, badischer Staatsmann, durch seine vorzügliche Rednergabe hervorragender liberaler Politiker. Nach Enthebung von der Stellung eines badischen Ministers 1855 im Bankfach tätig in Berlin, Gotha und Leipzig. 1862 ins Ministerium zurückberufen, arbeitete er mit Erfolg an der Vereinigung Badens mit dem Norddeutschen Bunde.

für das von Dänemark erbeutete Privateigentum beim Wiederbeginn des Krieges Kaperbriefe erteile". Der völkerrechtliche Ausschuß, der sich mit der Sache zu befassen hatte, beantragte, das Gesuch dem Reichsministerium zu überweisen. Hierin glaubte H. H. Meier eine Empfehlung des Gesuchs sehen zu müssen, die er, als entschiedener Gegner der Kaperei, unbedingt vermieden wissen wollte. Infolgedessen stellte er (ebenso wie unabhängig von ihm der Abgeordnete Wedekind) den Antrag, über die Altonaer Petition zur Tagesordnung überzugehen, sie also nicht dem Reichsministerium zu überweisen. Es war damals wohl noch nicht bekannt, daß der Reichsminister Duckwitz ebenfalls ein Gegner der Kaperei war und in Washington, Paris und London ihre Abschaffung bereits angeregt hatte. Falls Meier dies aber auch gewußt hat, hielt er es doch für gut, die Nationalversammlung zu einer grundsätzlichen Stellungnahme in der Frage der Kaperei zu veranlassen. Die Debatte eröffnete der alte Turnvater Jahn. Er dachte anders als die hanseatischen Kaufleute und trat unter der Heiterkeit des Hauses mit polternden Worten für eine möglichst gründliche Anwendung der Kaperei ein. Man müsse die Dänen wie Seeräuber behandeln und alle ihre Handelsschiffe und Fischerfahrzeuge kapern. Es war eine bittere Pille für den Alten, daraufhin aus dem Munde Gevekohts, des Vorsitzenden des Marineausschusses, hören zu müssen, das Prinizp der Kaperbriefe sei ein unmoralisches, ein verwerfliches. Wedekind erklärte dann, gerade Dänemark zuerst habe den Grundsatz aufgestellt, keine Kaperbriefe auszugeben, „und Sie, meine Herren, die Sie die Prügelstrafe, den Pranger und die Todesstrafe abgeschafft haben, wollten den Seeraub privilegieren?" Dann ergriff der Hamburger Patrizier Ernst Merck[1]) das Wort und wandte sich ebenfalls energisch gegen die Ausstellung von Kaperbriefen, wodurch „der Raub gesetzlich, der Mord privilegiert und die Moralität der Küstenbewohner für alle Zeiten vernichtet" werde. Da Merck ein Mann war, der es nicht verwinden konnte, daß die deut-

[1]) von Merck, Ernst, 1811—1863, angesehener Hamburger Kaufmann, in der Handelskrisis 1857 von erfolgreichem Einfluß, 1848 Mitglied des Frankfurter Parlaments und Finanzminister im Reichsministerium Graevell.

sche Flotte das Werk eines Bremers war — spricht doch ein Mitglied der Nationalversammlung von seinem „schlecht verhehlten Neide"! —, so benutzte er die Gelegenheit, wo man von Kaperei, also vom Seewesen sprach, zu einem scharfen Ausfall gegen den Marineminister Duckwitz, dem er nichts Geringeres als mangelhafte Leitung seines Verwaltungszweiges vorwarf. Nun endlich kam die Reihe an H. H. Meier, der als Letzter auf der Rednerliste stand. Er faßte noch einmal kurz zusammen, was seine Vorredner in der Frage der Kaperbriefe dargelegt hatten. Die Kaperei sei der Seeräuberei prinzipiell vollkommen gleich und sei daher im Interesse der Humanität und Gesittung zu verwerfen; dem Handel und der Schiffahrt Deutschlands würde durch sie ein schwerer Schlag versetzt werden. Dann wandte er sich gegen Mercks unbegründete Vorwürfe. Niemand in der Welt, niemand, der irgendeinen Begriff davon habe, könne sagen, daß in 4½ Monaten eine Marine geschaffen werden könne. Das sei eine Unmöglichkeit. Zurufe „sehr richtig" und Bravos ließen ihn erkennen, daß viele ihm darin zustimmten, man dürfe nicht irrige Ansichten aus dem Parlament in die Welt gehen lassen, die dem Werk, das man schaffen wolle, der deutschen Flotte, nur schaden könnten.

Es ist das einzige Mal gewesen, daß H. H. Meier in der Paulskirche das Wort ergriffen hat. Die Würde Deutschlands zur See, in Sachen der Handels- wie der Kriegsflotte, vertrat er in schlichten, ihre Wirkung nicht verfehlenden Worten und brach zugleich eine Lanze für seinen Mitbürger Duckwitz. Meiers Antrag, zur Tagesordnung überzugehen, wurde von einer großen Mehrheit auf allen Seiten des Hauses angenommen. Damit sprach die Versammlung in der Paulskirche ihr Verdammungsurteil über die Kaperei aus — sieben Jahre vor ihrer endgültigen Abschaffung durch die Pariser Seerechtsdeklaration. Acht Tage später wählte man Meier in den Marineausschuß.

Doch wozu redete man noch in Frankfurt, wozu faßte man noch Beschlüsse? Die Schicksalsstunde der verfassunggebenden Reichsversammlung hatte ja doch geschlagen! Der König von Preußen hatte die Kaiserkrone abgelehnt, die Verfassung nicht anerkannt. Sollte man nun zur offenen Gewalt, zur Revolution übergehen? Oder sollte man sich zunächst vertagen und durch friedliche, im Rahmen der Gesetze sich bewegende Agitation den Versuch machen, alle widerstrebenden Elemente umzustimmen? H. H. Meier gehörte zu denen, die den letzteren Weg einschlagen wollten. Er war überzeugt, daß er über kurz oder lang zum Ziele führen müsse. Er berief sich darauf, daß auch in den Vereinigten Staaten Jahre vergangen seien, bis die Verfassung endgültig in Kraft getreten sei. Wofern nur der Volkswille auf ein festes Ziel gerichtet sei, vermöge eine Regierung auf die Dauer ihm nicht zu widerstehen. Leider fand der Gedanke der Vertagung des Parlaments keine Mehrheit. Man suchte einen Mittelweg zu gehen. Meier war unter den 190, die gegen 188 Stimmen der radikalen Linken den Antrag durchbrachten, die Regierungen, die gesetzgebenden Körper, die Gemeinden und das gesamte deutsche Volk aufzufordern, die Verfassung des Deutschen Reichs zur Anerkennung und Geltung zu bringen. Aber er gehörte zugleich zu denen, die ausdrücklich zu Protokoll gaben, daß sie dies Ziel nur durch Anwendung gesetzlicher Mittel erreichen wollten.

Unaufhaltsam jedoch gewannen die radikalen Elemente die Oberhand in de Paulskirche. Das zeigte sich nicht nur in den Beschlüssen, sondern auch in dem stürmischen, alle Ordnung und Würde außer acht lassenden Verlauf der Verhandlungen. Am 14. Mai erklärte die preußische Regierung die Mandate der preußischnn Abgeordneten für erloschen. Am 16. trat das Ministerium Gagern zurück; das neue Ministerium Graevell wurde am folgenden Tage mit einem Mißtrauensvotum begrüßt. Bei der Abstimmung hierüber gehörte Meier zu denen, die sich der Stimme enthielten und die Erklärung abgaben, über ein ministerielles Programm, das nicht einmal gedruckt oder schriftlich vorliege, ohne genaue Prüfung seines Inhalts nicht sogleich abstimmen zu können. Am 19. beschloß die durch zahlreiche Austritte der Gemäßigten radikal gewordene Mehrheit der Versammlung, den Reichsverweser durch einen Reichsstatthalter, der die in der Verfassung für den Kaiser vorgesehene Stelle vorläufig einnehmen solle, zu ersetzen. Dieser

Beschluß bedeutete eine Aufforderung zum offenen Kampf. Er gab den letzten Anstoß zum Austritt von 65 Mitgliedern der Gagernschen Erbkaiserpartei aus der Versammlung, die damit ihrer völligen Auflösung preisgegeben wurde. An diesem bedeutungsvollen 21. Mai schied mit Männern wie Heinrich v. Gagern, Dahlmann, Simson, Arndt, Waitz, Droysen, Mathy auch H. H. Meier aus dem Frankfurter Parlament aus. An seine Wähler richtete er am selben Tage ein längeres Schreiben, in dem er die Gründe für seinen Austritt darlegte. Am Schlusse heißt es:

„Jeder Vaterlandsfreund mußte sich mit trauerndem Herzen gestehen, es sei bei dem schlechten Willen der größeren Regierungen nichts mehr von dieser Versammlung zu hoffen, und nur ihre Auflösung könne möglicherweise die Frucht tragen, daß das Volk selbst und die einzelnen Volksvertretungen um so mehr angespornt würden, ihre Regierungen auf legalen Wegen zur Anerkennung und Geltendmachung der Verfassung mit der Einheit und Freiheit des ganzen deutschen Volkes zu zwingen, und es werde ihr ferneres Zusammenbleiben nur der Reaktion und der Anarchie Vorschub leisten. So schieden wir mit dem Bewußtsein, auch im Scheiden treu unsere Pflicht zu erfüllen, und mit der Hoffnung, das schöne Werk der Freiheit und Einheit des geliebten Vaterlandes werde dennoch siegreich aus den Kämpfen hervorgehen."

Der Austritt der 65 war nicht die Folge einer augenblicklichen Verstimmung; reifliche Überlegung war vorangegangen, und mit nur geringer Majorität war der Beschluß innerhalb der Partei gefaßt worden. Ob es ein kluger Beschluß war, das Parlament dem Radikalismus preiszugeben, anstatt es zu vertagen oder aufzulösen, erscheint fraglich. Jedenfalls aber tat die Ausführung des Beschlusses dem Herzen der Beteiligten wehe genug. Es war kein leichter Ausgang für einen Mann wie H. H. Meier, der mit so hoher Begeisterung nach Frankfurt geeilt war, der seine beste Kraft in den Dienst des Vaterlandes zu stellen stets bereit gewesen war, nun unverrichteter Sache heimkehren zu müssen. Mochte in der späteren Erinnerung dieser Eindruck sich für H. H. Meier auch verwischen und ihm die Frankfurter Zeit als ein großes, stolzes Erlebnis erscheinen, so herrschte doch im Augenblick das Gefühl der Enttäuschung und des Unwillens über nutzlose Kraftvergeudung vor. Bei vielen seiner Wähler hat Meier gewiß Verständnis gefunden. Aber wie die linksstehenden Männer seines Wahlkreises dachten, zeigte die folgende Auslassung des Redakteurs W. Hornay in der „Politischen Wochenschrift für die Gegenden der Unter-Weser und Elbe" vom 31. Mai 1849:

„Der Abgeordnete H. H. Meier aus Bremen hat seinen Posten in der N.-V. verlassen. (Von der Volksversammlung zu Scharmbeck war eine Aufforderung an ihn ergangen, auszuharren! Das Schreiben hat den Herrn nicht mehr in Frankfurt angetroffen und wird also nach Scharmbeck unerbrochen zurückgelangen.) Vielleicht wird dieser Herr nicht weniger die Kühnheit haben, sich vor seinen Wählern zu rechtfertigen und die Aufrechterhaltung der Reichsverfassung uns ans Herz zu legen, wie Herr Droege in einem langen Schreiben getan. — Wir halten es für unparlamentarisch, sich den Beschlüssen einer Versammlung nicht zu fügen: für rebellisches Betragen einer Minorität. Wir erklären das Weglaufen des H. H. Meier hiemit für ein nicht laut und offen genug zu tadelndes Verlassen der Sache des deutschen Vaterlandes. Auch dieser Mann, ein unabhängiger Republikaner, ist so schwach, der Fürsten Vorsehung höher zu stellen als Gottes Vorsehung und das Recht. Wer nicht beharren wollte, da, wo das Geschick des Vaterlandes sich entscheiden soll, hat das Vertrauen seiner Wähler gemißbraucht! Selbst die Schwäche ist in diesem Augenblicke strafbar vor der Geschichte. Wie mag H. H. Meier ohn' Erröten in dem „freien" Bremen wandeln, da er dem Vaterlande, welches Rechenschaft fordert, nichts zu antworten weiß als „ich habe das Vaterland im entscheidenden Augenblicke verlassen".

Es war wahrlich nicht leicht, solche Anwürfe ertragen und bitteren Hohn statt Anerkennung ernten zu müssen.

Aber H. H. Meier so wenig wie die übrigen Männer der Kaiserpartei gaben sich trostloser Resignation hin. Am 3. Juni erging an sie alle der Ruf, sich in Gotha zusammenzufinden und Stellung zu nehmen zur preußischen Unionspolitik. War doch am 26. Mai das Dreikönigsbündnis zwischen Preußen, Hannover und Sachsen abgeschlossen worden und damit der Kern eines Reichs unter Preußens Führung geschaffen. Unter den 148, die am 25. und 26. Juni in Gotha sich vereinigten, fehlte auch H. H. Meier nicht. Man beschloß, sich nicht auf den Buchstaben der Frankfurter Verfassung versteifen zu wollen, und erkannte freudig an, daß auch auf anderen Wegen das hohe Ziel der deutschen Einheit erreicht werden könne. So unterstützte auch Meier die Unionspolitik und trat 1850 in Bremen als Kandidat für das Volkshaus des Erfurter Parlaments auf, während Duckwitz in das Staatenhaus entsandt wurde. Bei der Wahl aber unterlag Meier gegenüber dem Kaufmann Fr. Winkelmann, der in den Fragen der Handelspolitik auf Duckwitz' Seite stand. Trotzdem ließ Meier es sich nicht nehmen, nach Erfurt zu reisen, um dort die alten Freunde aus der Paulskirche zu einem großen Teil wiederzusehen.

Die Freundschaft, die er mit führenden Männern des deutschen Volkes geschlossen hatte, war für ihn persönlich wohl die schönste Frucht der Frankfurter Zeit gewesen.

Schon im Herbst 1849 hatte er die neuen Freunde nach Bremen eingeladen. An seinem 40. Geburtstage, am 16. Oktober 1849, fuhr er mit Gagern, Mathy, Duckwitz und anderen, die sich in Frankfurt mit Marineangelegenheiten befaßt hatten, nach Bremerhaven, um die deutsche Flotte zu besichtigen. Der Hauptgrund der Einladung aber war ein anderer. Meier hatte seinem Freunde Gagern eine ganz besondere Ehrung zugedacht. Dieser sollte das neuste und größte Schiff der Firma H. H. Meier u. Co. auf seinen Namen „Heinrich v. Gagern" taufen. Es war ein erstklassiger Dreimaster von 493 Last, ein vorzüglicher Segler, der den Namen des Mannes über den Ozean tragen sollte, unter dessen Führung das erste deutsche Parlament die erste deutsche Flotte ins Leben gerufen hatte. In Vegesack lief das Schiff glücklich vom Stapel, und im dortigen Hafenhaus vereinigten sich die Teilnehmer zu einem festlichen Mittagsmahle. Zur Erinnerung an diesen Tag ließ Meier ein Ölbild des Schiffes malen und schenkte es Heinrich v. Gagern. An der Ehrung des berühmten Mannes beteiligten sich übrigens weite Kreise Bremens durch Veranstaltung eines ungewöhnlich glänzenden Festmahls in den Räumen der Union am 17. Oktober 1849. Nichts gibt ein besseres Bild von dem Verhältnis der beiden Freunde Gagern und Meier zueinander, als ihr Briefwechsel.

Auf Meiers Einladung antwortete Gagern aus Monsheim bei Worms am 18. September 1849:

„Hochverehrter Freund!

Ihren Brief vom 6. d. M. und so freundliche Einladung habe ich zu meinem Danke und zu meiner Beschämung erhalten. Zwar bin ich mir bewußt der deutschen Sache, soweit meine Einsicht reicht, nach bestem Wissen und Gewissen treu gedient zu haben: und so halte ich auch den Anspruch fest auf die Fortdauer der Achtung und Freundschaft so vieler Männer, mit denen in so nahen Verkehr getreten zu seyn allein schon Gewinn für das Leben ist, der nicht hoch genug angeschlagen werden kann. Allein ich bin beschämt, daß Sie mir, verehrter Freund, eine Auszeichnung zugedacht haben, die nur dem Sieger, die nur demjenigen gebührt, dessen Wirken durch bedeutenden Erfolg gekrönt worden ist. Und Sie denken mir diese Auszeichnung zu zu einer Zeit, wo unser Schiff, das wir dem Hafen näher glaubten, in die weite See zurückverschlagen, Mast und Segel verloren, kein nahes Land in Aussicht hat, und wo Viele mich als den schlechten Steuermann bezeichnen, dessen unsichere Führung diese Havarie verschulde. Je schwerer es mir unter solchen Umständen für jetzt werden wird, dem Namen Ihres schönen, neu erbauten Schiffes die Bedeutung zu verleihen, die Sie so freundlich beabsichtigen, um so mehr bin ich Ihnen zu Dank verpflichtet, verehrter Freund, daß Sie mein Bestreben günstiger und nicht nach dem jetzt noch ungewissen Erfolge beurtheilen. Meiner Hoffnungsflagge treu will ich mich denn nicht scheuen, für meinen Namen einzutreten und Ihrer libenswürdigen Einladung entsprechen."

So waren denn Gagern und Mathy Mitte Oktober 1849 Gäste des Meierschen Hauses. Ehe sie am 21. Oktober abreisten, schrieb Mathy der Gattin Meiers ein Gedicht ins Stammbuch, in dem Bremen auf Hamburgs Kosten hohes Lob erfährt:

Von deutschen Bergen thalwärts eilen
Zwei Ströme zu der Nordsee Strand;
Ein Strom kann niemals Länder teilen,
Er schlingt um sie ein Lebensband.

An dieser Ströme Mündung prangen
Zwei Schwesterstädte, Deutschlands Zier;
Die Eine stolz, mit vollen Wangen,
Die Andre strebsam neben ihr.

Die Eine reicht die Hand dem Britten,
Dem Vaterhaus halb abgewandt;
Die Andre pfleget deutsche Sitten,
Und trägt sie über Meer und Land.

Zu jener treiben fremde Kiele,
Von dieser stammet deutsche Fahrt,
Auf jene bauen fremde Ziele,
Zu dieser ziehet deutsche Art.

Ein Vaterland wird sie umschlingen,
Die Eine will, die Andre muß;
Doch herzlicher wird stets erklingen
Dem deutschen Bremen deutscher Gruß.

Gönnen Sie, verehrte Frau, diesem Blatte eine Stelle unter besseren, zur Erinnerung an

Ihren

dankbar ergebenen

Karl Mathy.

Bremen, 20. Oktober 1849
um Mitternacht.

Von Bremen aus fuhren Gagern und Mathy nach Hamburg. H. H. Meier begleitete sie, und dort war es, wo die beiden Männer mit dem vertraulichen Du ihrer Freundschaft zu Meier den Stempel größter Herzlichkeit aufdrückten.

Von Hamburg sandte Gagern an Meiers Gattin folgendes Stammbuchblatt:

„Das Schiff Ihres Hauses, verehrte Frau, das nun meinen Namen trägt, hat durch diese Pathenschaft eine geistige Verwandtschaft und dauernde Freundschaft zwischen Ihnen und allen Gliedern Ihres Hauses und mir gestiftet. Bewahren Sie mir diese Freundschaft, wie ich sie bewahren und der schönen Tage stets dankbar eingedenk seyn werde, die ich unter Ihrem gastlichen Dache in Bremen und im Kreise Ihrer mir lieben Familie verlebt habe.

H. Gagern.

Hamburg den 26. Oktober 1849."

Am 11. März 1850 schrieb Gagern an H. H. Meier:

„Mein sehr verehrter, lieber Freund!

Tief beschämt hast Du mich durch so mannigfaltige Beweise Deiner Freundschaft. Es ist aber kein Mangel daran von meiner Seite, und Du darfst es so nicht auslegen, wenn ich bisher verabsäumt habe, meine Dankbarkeit gegen Dich auszusprechen. Sehr verspätet hole ich es jetzt nach und rechne auf Deine Nachsicht. Einmal den rechten Augenblick versäumt, trieb mich die Unzufriedenheit mit mir selbst theils an, theils hielt sie mich in unbehaglichem Gefühle wieder zurück, das Versäumte gut zu machen.

Zunächst will ich Dir also melden, lieber Freund, daß Herr Robert Koch mir vor einigen Wochen Deinen zweiten Brief vom 26. Januar sendete, worin Du mir das Bild des Heinrich Gagern ankündigest. Ich war heute vor 8 Tagen in Frankfurt und habe dort das freundliche Andenken an für mich höchst genußreiche Tage, das in mir tief eingeprägt bleibt, in Empfang genommen. Die durch die Überschwemmungen gestörte Schifffahrt auf dem Rhein hatte seine Ankunft von Kölln aus verzögert. Du hast mir eine wahre Freude mit diesem schönen Bilde gemacht, welches mir alle Erinnerungen an den H. v. Gagern, d. h. den Hauptzweck meiner damaligen Reise und des Aufenthalts in Deinem gastfreien Hause, in Bremerhaven und dem Schiff St. Lawrence versinnlicht. Ich habe dem Bilde seinen Platz in meinem Arbeits-Zimmer angewiesen, das außerdem noch durch eine von Mor. Koch gemalte Landschaft geziert ist. Es hätte aber dessen wahrlich nicht bedurft, um jener Reise, Deiner und der Deinigen, namentlich Deiner liebenswürdigen Frau, die mich so freundlich aufnahm, lebhaft eingedenk zu bleiben. Ich freue mich herzlich der guten Nachrichten, die Du mir aus Deinem Hause giebst, und nur eines vermisse ich, die Berührung der ersten Reise des H. v. G. Ich denke mir, daß er davon jetzt zurückgekommen seyn muß, und ich möchte wissen, ob Du Ursache hast mit ihm zufrieden zu seyn. Wenn Dir der Name nicht Glück bringt, so mußt Du ihn umtaufen.

Seit meiner Zurückkunft von Bremen habe ich Vieles durchgemacht und öfters an totalem Zeit-Banquerout laborirt. Ich kann die Masse von Correspondenz und Arbeit nicht mehr beschaffen, die mir obliegt, und es leiden in der That meine häuslichen und freundschaftlichen Beziehungen dadurch Noth. Ich könnte oft zwei Secretäre beschäftigen und habe keinen. Was das Ziel aller dieser Geschäftigkeit betrifft, so bin ich vor 8 Tagen befriedigter als früher von Frankfurt zurückgekommen. Ich habe mit Radowitz, mit dem Prinzen von Preußen, mit Bötticher und Peucker, dann von der anderen Seite mit Bigeleben, der im Interim[1]) eine bedeutende Rolle spielt, längere Unterredungen gehabt, und ich kann sagen: ich bin orientiert. Man erwartete preußischer Seits in den nächsten 14 Tagen entscheidende Ereignisse, aber man war auf alles gefaßt. Nun will es fast den Anschein gewinnen, als ob keinerlei Ereigniß eintreten, dem Zusammentritt des Erfurter Reichstags keinerlei Hinderniß in den Weg gelegt werden würde. Die bis jetzt bekannten Grundzüge des Bayrischen Drei-Königs-Entwurfs sind über Erwarten erbärmlich und nutzen augenscheinlich dem Verfassungs-Entwurf vom 26. May[2]). Dem Prinzen von Preußen sagte ich: Wenn die rein preußische Partei die Besorgniß heege, als ob ich und die Gothaer in Erfurt mit besonderen Ansprüchen auftreten wollten, so sei das ein Irrthum und mein Zweck, diesen zu berich-

---

[1]) Das „Interim" vom 30. September 1849, bei dessen Zustandekommen der großdeutsch gesinnte Freiherr v. Biegeleben eine Rolle spielte, bestand in einer vorläufigen Übernahme der Zentralgewalt durch Österreich und Preußen, vertreten durch eine Kommission, in der preußischerseits Bötticher und General v. Radowitz waren. Letzterer wurde bald durch den als Frankfurter Reichskriegsminister bekannten General v. Peucker ersetzt.

[2]) Am 26. Mai 1849 wurde das Dreikönigsbündnis zwischen Preußen, Sachsen und Hannover abgeschlossen.

tigen. Solange Preußen der Sache des Bundesstaats aus allen deutschen Landen außer Oesterreich, als das zu erstrebende Ziel, treu bleibe, würden wir den Leitern der Preußischen Politik keinerlei Verlegenheiten bereiten, vielmehr sie eifrig unterstützen und eher zu Vermittlern zwischen den Preußischen Fraktionen, die im Ziel einig seyen, werden, da der Streit über die Modalitäten der Preußischen Verfassung uns nicht berührte[n]. Die Verhandlung deutscher Interessen im Parlament, — im großen Maaßstab, — das sei der Magnet für die Abtrünnigen und noch nicht Beigetretenen. Weiterer Propaganda bedürfe es kaum. Nur bezüglich dieser Verhandlungen solle man der Volks-Vertretung den gebührenden Einfluß nicht bestreiten, ihr vertrauend entgegenkommen und die Kehle nicht mit diplomatischen Rücksichten zuschnüren. Ich begriffe vollkommen, daß, da Preußen fast allein vor dem Riß unter critischen Verhältnissen stünde, auch Preußische Vertrauensmänner die Leitung behalten müßten. Da in Hessen die Wahlen erst zu Ende des Monats stattfänden, so würde ich bei der Eröffnung und Constituirung nicht zugegen seyn, meine Person also keinerlei Verlegenheiten dabei bereiten. Ich richtete nun auch die offene Bitte an ihn, mir zu sagen, welche Sprache seiner Meinung nach unsere Partei bei eintretender Crisis führen soll? Ob wir vertrauen und zum Vertrauen auffordern dürften, Preußen werde sein Wort lösen? Darauf antwortete er mit Bedacht und Entschiedenheit: Das werden wir wohl zuerst thun. Ich schreibe eben (auf einen angefangenen Brief deutend!), daß der Trumpf gegen Erfurt ausgespielt, Preußen keine Wahl lasse; das sei der Krieg. Ich dankte ihm für diese Erklärung, hinzusetzend, daß ich an solche Extreme nicht glaube. Eine europäische Complication rückt aber immer näher heran; daran glaube ich. Der P. v. Preußen hat sich am selbigen Abend sehr zufrieden über die Conversation mit mir bei Koch's geäußert, wo er in Soirée war. —

Ich stelle mir vor, daß der Reichstag mit wiederholten Unterbrechungen abgehalten werden wird. Eure hanseatischen Reservate waren sehr natürlich. Die Schwierigkeiten können nur allmählig beseitigt, das Ziel nur allmählig erreicht werden. — Grüße mir Duckwitz herzlich — wie er auch denke! Und Deine verehrte Frau — ich will ihr ganz besonders empfohlen seyn zu geneigtem Andenken.

Mit aufrichtiger Freundschaft und mit wiederholter Danksagung

Dein

H. Gagern.

Monsheim den 11 März 1850.

Auf vorstehenden Brief antwortete H. H. Meier folgendermaßen[1]):

Mein hochverehrter Freund!

Du mußt entschuldigen, wenn ich nicht umhin kann mit einigen Worten Dir meinen herzlichsten Dank für Deinen lieben ausführlichen Brief vom 11. März abzustatten. Ich werde es nicht lang machen und mir in Erfurt persönlich die Antwort holen, um nicht Deine so viel besser für's Wohl des Vaterlandes angewandte Zeit in Anspruch zu nehmen. Ich kann Dir nur sagen, welch große Freude Du uns durch Deinen werten Brief gemacht hast und mit welchem Interesse wir denselben gelesen haben. Ich habe Duckwitz den Inhalt desselben mitgetheilt, womit ich hoffentlich keine Indiscredition begangen habe. Dieser ist ins Staatenhaus gewählt, obgleich unsre Bürgerschaft ihrerseits die Wahl ablehnte, und so der Senat gezwungen wurde, sie einseitig vorzunehmen; ins Volkshaus ist ein Hr. Winkelmann, der Abgeordneter Bremens bei der Zollconferenz in Frankfurt a. Main war, gewählt, da Duckwitz sich gegen meine Wahl erklärt hatte, weil ich in meinen Ansichten über Schutzzölle nicht so weit gehe wie er, und weil er meinte, es sei für Bremens Politik nicht gut, wenn in dieser Hinsicht zwei Ansichten sich geltend machen, und so blieb ich in der Vorversammlung der Wahlmänner, die ohnehin der Mehrheit nach etwas reaktionär waren, mit etwa zwei Drittel gegen ein Drittel in der Minorität. Übrigens ist Winkelmann gut deutsch, aber einer von Duckwitz' unbedingten Anhängern, doch ein tüchtiger gescheuter Mensch; für die gute

[1]) Aus dem Gagernschen Familienarchiv gütigst zur Verfügung gestellt.

Sache, und da kommt es doch am Ende auf an, wird es ziemlich eins sein, ob Winkelmann oder ich nach Erfurt gekommen wäre; eine große Freude würde mir in Erfurt das erneute Zusammenleben mit den Frankfurter Freunden gewährt haben, dagegen hätte ich von der Wirksamkeit daselbst, die vorläufig eine sehr geringe für Leute wie ich etc. sein muß, wenig Vergnügen mir versprochen; deshalb bescheide ich mich auch gerne, zu Haus zu bleiben, denn Hannover wird doch wohl nicht mehr für Erfurt wählen. —

Doch in Bezug auf Hannover habe ich noch mitzuteilen, was für Dich nicht ohne Interesse sein dürfte, daß man daselbst sehr gewünscht, wir (Bremen) möchten im Bündnis bleiben, um eine Brücke zu haben, um wieder einzutreten; vielleicht auch in der Erwartung, daß wir Bremer nicht zugeben könnten, Zwangsmaßregeln gegen Hannover anzuwenden, da dieselben notwendiger Weise zugleich uns treffen würden, ersteres der offizielle, letzteres vielleicht der wahre Grund, einerlei, es geht doch daraus der Wunsch hervor im Bündnis einen Anhaltspunkt zu behalten, und bleibt Preußen treu, so wird Hannover nicht ausbleiben.

Es ist mir lieb, daß das Bild des H. v. Gagern Dir einige Freude gewährt hat. Ich schicke Dir hiemit wörtliche Kopie eines Briefes des Kapitäns, damit Du siehest, daß das Schiff seinem Gevatter Ehre zu machen sucht; ich erwarte es in den nächsten 14 Tagen von NewOrleans zurück; ich habe zuviel Vertrauen in den Namen, als daß ich je daran denken würde, es umzutaufen, sollte es selbst nicht ganz so viel Glück haben, wie wir beide wünschen; ich bin zufrieden, daß es sich als gutes Schiff bewährt hat. —

Meine Frau bittet, Dich freundlichst zu grüßen, sowie auch ich mir erlaube, auch Deiner verehrten Frau Gemahlin mich zu empfehlen.

In der Hoffnung in Erfurt, wohin Du natürlich kommst, und wohin ich zum Besuch zu gehen gedenke, Dich wiederzusehen, verbleibe ich stets mit treuster Freundschaft

Dein von ganzem Herzen Dir ergebener
H. H. Meier.

Bremen 19. März 1850.

In späterer Zeit sind nur wenige Briefe zwischen Gagern und Meier gewechselt worden, deren Inhalt zudem größtenteils Familienangelegenheiten Gagerns betrifft.

In einem aus Heidelberg datierten Brief vom 11. März 1857[1]) findet sich folgende resigniert klingende Äußerung des Mannes, auf den einst die Augen ganz Deutschlands gerichtet waren: „Ihr großen Kaufherren habt das bessere Teil erwählt. Während wir Halb-Gelehrten in fruchtloser Arbeit uns abmühen, den Stein des Sysiphus den Berg hinaufzudrücken, um ihn immer wieder herabrollen zu sehen, habt Ihr in lohnender, die staunenswerthe Handelsbewegung unserer Zeit steigernder und beflügelnder Thätigkeit Eure Gesichtskreise erweitert und in praktischerer Weise eine bessere Zukunft des Vaterlandes vorbereitet.

Und mein Pathe! und sein wackerer Capitain! Fährt er noch in Deinem Dienst der Mann, und hat er sich bewährt, wie er nach den ersten Probe-Fahrten versprach?"

H. H. Meiers Antwort auf diesen Brief enthält eine Schilderung seiner Tätigkeit in den Jahren 1850—57, ein Beweis, daß jahrelang keine briefliche Verbindung zwischen den Freunden bestanden hatte. Daraus darf man für jene Zeit noch nicht auf ein ernstliches Erkalten der Freundschaft schließen. Erst später, seit Gagern seine Schwenkung zu großdeutschen Anschauungen gemacht hatte, lockerten sich allmählich die Beziehungen, wenn man sich auch brieflich Versicherungen aufrichtigster Freundschaft und Hochschätzung nach wie vor gab.

Ebenso wie H. H. Meier empfand auch Karl Mathy tiefen Kummer über die Kluft, die sich zwischen ihm und Gagern auftat. Er schrieb am 9. Dezember 1862 an Meier aus Leipzig:

„Gagerns Bruch mit seiner Vergangenheit, sein Schritt in eine Gesellschaft, die ihm, wie Du richtig bemerkst, nicht gefallen wird, ist ein erster Beweis des großen Verlustes, welchen wir durch den Tod unsres Freundes Buhl erlitten haben. Hätte Buhl gelebt, er würde sicher Gagern zurückgehalten haben vor der äußerlichen Kundgebung der Wandlung, die in seinem Inneren schon längst

[1]) Konzept im Gagernschen Familienarchiv.

vorgegangen war. Preußen hatte die Brüder, Heinrich und Max [1]), zurückgestoßen; Oestreich sie angezogen. Heinrich las seit Jahren nur noch die Augsburger Allgemeine Zeitung; Max bearbeitete ihn von Wien aus mit häufigen Briefen. So glitt er allmählich hinüber in die oestreichische Bahn. Niemand grollt ihm, es ist schlimmer, man hat Mitleid mit ihm. Seine alten Freunde verließen ihn nicht, aber sie vermieden, mit ihm über Politik zu sprechen. Einem hiesigen Bekannten, der ihn im Sommer bei Buhl in Deidesheim traf, klagte Heinrich: „Meine alten Freunde halten mich für einen politisch verkommenen Simpel!" — Mir tut er in der Seele leid, aber zürnen kann ich ihm nicht; er hat gefehlt, aber ihn leiten keine schlechten Motive."

In einem vom 25. Mai 1864 datierten, also aus der Zeit des deutsch-dänischen Kriegs stammenden Briefe Gagerns, der damals hessischer Gesandter in Wien war, wird zum letztenmal — soweit der Briefwechsel mit Meier vorhanden ist — die große Politik berührt. Dort heißt es: „Du wirst, verehrter Freund, überrascht gewesen seyn durch meinen Wiedereintritt in den Staatsdienst. Mein geringes Vermögen und die Zahl meiner Kinder, deren ich noch sechse habe, machten es mir zur Pflicht, ein Anerbieten, welches mir von meinem früheren Landesherrn [2]) gemacht wurde, nicht zurückzuweisen. Am meisten trug ich Scheu vor einem Amte, welches, bei besserer Bundes-Verfassung, kleinere deutsche Staaten ganz könnten eingehen lassen, und welches man in der Regel als Sinecure betrachtet. In dieser Beziehung habe ich Glück gehabt. Während der betrübenden Phase der Entwicklung der Großmachts-Politik in der deutsch-dänischen Frage, die ich ganz hier durchlebte, war ich, in oppositioneller Richtung dagegen, nicht unthätig, und es war mir vergönnt an manchem verhärteten Vorurtheil zu rüt-

[1]) von Gagern, Max Freiherr, 1810—1889, Privatdozent in Bonn, 1848 im Frankfurter Parlament der Partei seines Bruders Heinrich angehörend. Nach Übertritt zum Katholizismus 1854 nach Wien berufen, zum Hof- und Ministerialrat ernannt nnd 1881 zum Mitgliede des österreichischen Herrenhauses.

[2]) Dem Großherzog von Hessen.

teln, auf welches ich in den officiellen Kreisen stieß. Erst seit wenigen Tagen wird es auch hier Licht! Nicht allein England, sondern Dänemark selbst, hat die Erhaltung der Integrität der Dänischen Monarchie aufgegeben. Es versteht sich von selbst, daß Oesterreich den Don Quixote dieser Integrität nicht spielen will. Also auch dieses wird nun für ein selbstständiges und geeinigtes Schleswig-Holstein in die Schranken treten. Es erkennt an, daß kein Prätendent, wenn es der König Christian IX von Dänemark nicht mehr seyn will, ein besseres Successionsrecht in die Herzogthümer habe, als die Augustenburger. Für die Ganzheit der Abtretung Schleswig-Holsteins wird Oesterreich jetzt am entschiedensten eintreten, weil es der Theilung nach Nationalitäten aus prinzipiellen Gründen am entschiedensten entgegen ist. Nur für Lauenburg wird allerdings Dänemark eine Entschädigung anzusprechen haben; und wo diese nehmen als in Nord-Schleswig? Ich bin vielleicht der Erste, der Dir, lieber Freund, einen Wandel in der Politik der deutschen Großmächte mit solcher Bestimmtheit anzukündigen in der Lage ist, und freue mich das thun zu können."

Aber die Politik ging andere Wege, als Heinrich von Gagern erhoffte. Er stand abseits, mit seinem Herzen auf Österreichs Seite, als Bismarck mit Blut und Eisen den Norddeutschen Bund und das neue Reich schuf. Da H. H. Meier freudig dies Werk der so lange ersehnten Einigung begrüßte, war es ihm ein Schmerz, den alten Freund, dessen Herz so warm für Deutschlands Größe geschlagen hatte, auf den neuen Bahnen nicht mehr zum Genossen zu haben. Nur mit Wehmut gedachte er seiner fortan. H. v. Gagern hatte auf das falsche Pferd gesetzt; in H. H. Meier aber siegte die klare, nüchterne Erkenntnis, daß Bismarcks Sache die Zukunft für sich habe, über die alten Ideale der Paulskirche.

* * *

War es H. H. Meier infolge des traurigen Ausganges der Frankfurter Nationalversammlung nicht vergönnt, bei der Neugestaltung der gesamt-deutschen Verfassungsverhältnisse entscheidend mitzuwirken, so sollte er in den bremischen Verfassungskämpfen doch noch eine führende Rolle spielen.

Wie schon erwähnt, stand es ihm beim Beginn des Märzsturms von 1848 ganz fest, daß auch Bremen eine moderne Verfassung haben müsse, in der der ständische Bürgerkonvent durch eine Volksvertretung zu ersetzen sei. Voll Eifer und zielbewußt beteiligte er sich am plötzlich so bewegten politischen Leben der Vaterstadt, das aus einem Winterschlaf zu erwachen schien. Aber er entging der Gefahr, ein volkstümlicher Führer der Demokratie zu werden. Ohne das Vertrauen der linksstehenden Männer zu verlieren, behielt er die Fühlung nach rechts hin und wurde so der gegebene Vermittler zwischen dem würdevollen Patriziertum des alten Bremens und dem gärenden Liberalismus der neuen Zeit.

Oft mag man ihm in den Jahren der Bremer Verfassungskämpfe eine Hinneigung zur Demokratie vorgeworfen haben. Aber man tat ihm damit unrecht. „Ich habe nie für die Demokratie geschwärmt," so hat er in der immer radikaler werdenden Bürgerschaft von 1851 offen bekannt. Aber ebensowenig hat er die demokratische Linke jemals verfehmt. Er sah das Gute auch in ihr, suchte es von den Schlacken zu befreien und dem Staate einen heilsamen Zusatz liberalen Blutes zu geben. „Ich habe gottlob gelernt, auch in politischen Dingen vollkommen Toleranz zu üben." So kann nur ein Mann sprechen, der über alles Parteigezänk erhaben ist und staatsmännisch das Wohl der Gesamtheit fördern will, dem es fernliegt, in der Meinung eines Standes oder einer Partei das Heil für alle zu sehen. Da er aber kein Staatsmann, kein Regierender war, so mußte er unter den Parteien seine Stellung nehmen und vertrat die Richtung eines maßvollen Liberalismus.

Am 19. April 1848 konstituierte sich das erste bremische Parlament, die Bürgerschaft, und sofort entfaltete Meier eine rege Tätigkeit. Man wählte ihn in eine Reihe von Deputationen und Kommissionen, in deren Namen er fast in jeder Sitzung der Bürgerschaft zu reden oder Anträge zu stellen hatte. Es handelte sich dabei um Küstenschutz, um Volksbewaffnung, um Reorganisation der Bürgerwehr, für die Meier eine Ausdehnung der Wehrpflicht bis zum 45. Jahr verlangt, um Steuerfragen — Meier tritt für eine in ruhigeren Zeiten einzuführende Vermögenssteuer ein —, vor allem aber stehen die Verfassungsberatungen im Mittelpunkt, in deren Verlauf Meier den Antrag stellt, die Bürgerschaft solle nicht wie im Verfassungsentwurf vorgesehen, aus 300, sondern aus 150 Vertretern bestehen; denn auch dann noch werde sie im Verhältnis zu den vertretenen Staatsbürgern eine der größten gesetzgebenden Versammlungen der Welt sein. Damals drang Meiers Antrag nicht durch, aber seit 1852 wurde tatsächlich die Zahl der Bürgerschaftsmitglieder auf 150 beschränkt.

Als die erste nach der neuen Verfassung gewählte Bürgerschaft am 19. April 1849 zusammentrat, war Meier in Frankfurt, wurde aber trotz seiner Abwesenheit ins Bürgeramt gewählt, einen neugeschaffenen ständigen Ausschuß zur Leitung der Geschäfte der Bürgerschaft. Als er zurückkehrte, galt es den Austritt der Erbkaiserpartei zu rechtfertigen. Da nannte Wischmann, der einst Meier den Bremervördern vorgeschlagen hatte, die Ausgetretenen „Buben“. Meier verlangte einen Ordnungsruf für Wischmann. Dieser nahm darauf seinen Ausdruck in bezug auf H. H. Meier zurück, an dessen Anwesenheit er nicht gedacht habe! Ein Ordnungsruf aber erfolgte nicht mit der Begründung, „Bube“ sei im Sinne von „Knabe“ gemeint gewesen! So kroch die Demokratie vor ihrem Führer Wischmann.

In einer Versammlung, wo solch ein Geist herrschte, galt es für Meier wachsam zu sein, um unheilvolle Beschlüsse zu verhindern. Schon bald fand er Gelegenheit, sein diplomatisches Geschick aufzubieten, um einen drohenden Konflikt zwischen Senat und Bürgerschaft abzuwenden. Der Senat war dem Dreikönigsbündnis beigetreten und ersuchte um Ratifizierung des Vertrags. Die Demokratie aber setzte sich zur Wehr. Meier trat mit großer Wärme für das Bündnis ein: Deutschland müsse zunächst einmal wieder einen Reichstag haben, andernfalls werde der alte Bundestag wieder aufleben, sobald Österreich freie Hand habe. Man warf ein, die Zugehörigkeit zum Bündnis ziehe Bremens Eintritt in den Deutschen Zollverein nach sich. Da erklärte Meier, er sei anderer Meinung als die große Mehrheit der Bürgerschaft: wenn Bremen einen Freihafen mit freisinnigen Zusicherungen der umgebenden Staaten habe, so werde das für Bremen ein Vorteil sein. Aber alle Bemühungen Meiers, den Senatsantrag schmackhaft zu machen, waren vergeblich. Die Linke unter Wischmanns Führung lehnte den Eintritt ins Bündnis ab.

Als nun die Lage sich verschärfte und der Senat auf Mittel sann, die Zustimmung der Bürgerschaft zu erzwingen, trat H. H. Meier als Vermittler auf. Er konnte zwar nicht hindern, daß eine demokratische Siebener-Kommission eingesetzt wurde, um eine Antwort an den Senat zu entwerfen, ließ sich aber in diese Kommission wählen, wurde auch gewählt, blieb jedoch mit nur einem Gesinnungsgenossen in der Minderheit gegen die fünf anderen, setzte nun, ohne das Spiel verloren zu geben, einen neuen Entwurf einer Antwort an den Senat auf, mit dem er im Plenum dem Kommissionsentwurf entgegentrat, und erlebte die Genugtuung, daß die Kommissionsmehrheit unterlag und sein Antrag mit 118 gegen 103 Stimmen am 29. August 1849 angenommen wurde. Damit war der Beitritt des Senats zum Dreikönigsbündnis von der Bürgerschaft genehmigt.

Als die Sache völlig verfahren schien und die Mitglieder der Rechten die Flinte ins Korn warfen, bewahrte Meier seinen gesunden Optimismus. Der Wille zum Erfolg, diplomatisches Geschick und das Vertrauen aller in die Lauterkeit seiner Absichten führte den guten Ausgang herbei.

Ein ähnlicher Vorgang spielte sich im Juni 1850 ab. Die Einrichtung von Geschworenengerichten führte zu erneuten Reibungen zwischen Senat und Bürgerschaft. Da brachte die von Meier beantragte Einsetzung einer Deputation, in die auch er gewählt wurde, eine Verständigung über die strittigen Fragen.

Kurze Zeit danach veranlaßte ihn die Krankheit seines älteren Bruders und Teilhabers, des Eltermanns Diedrich Meier, aus der Bürgerschaft auszutreten, um seine ganze Kraft dem Geschäft widmen zu können. Aber bei Ergänzungswahlen trat er im Sommer 1851 wieder ein und wurde zum Vizepräsidenten der Bürgerschaft erwählt.

Bald sollten Bremen neue innere Kämpfe bevorstehen. Ende August 1851 hatte der Frankfurter Bundestag einen Ausschuß eingesetzt, dessen Aufgabe es war, freiheitliche Verfassungen der Bundesstaaten im reaktionären Sinne umzugestalten. Auf Grund der Forderungen dieses sogenannten Reaktionsausschusses beantragte der Senat nun eine Verfassungsänderung, die die Volkssouveränität der 48er Verfassung an der Wurzel treffen sollte. Es handelte sich um ein neues Wahlgesetz für Senat und Bürgerschaft, sowie um Neuwahl der Bürgerschaft auf Grund des geänderten Wahlrechts.

Es war eine billige Weisheit, zu erklären, daß der Bundestag wie der Senat sich mit diesen Forderungen ins Unrecht setze. Solchen ehrlichen Fanatikern des Buchstabenrechts erklärte Meier in der denkwürdigen Sitzung vom 8. Oktober 1851, er gebe in dieser Sache keinen Pfifferling um alle Rechtsdeduktionen, er frage sich nur, was für Bremens Wohl das Beste sei. In einer gewaltsamen Einmischung des Bundestags sah er die drohendste Gefahr für Bremen. Um sie abzuwenden, empfahl er, dem Senat eine Brücke zu bauen, zumal fremde Einmischung genau wie in den Tagen der Hundertvier (1534) nur zu einer Steigerung der Macht des Senats führen werde. Wenn die Demokratie jetzt den Bogen überspanne, so sei der Untergang Bremens als Republik zu befürchten. „Es kann sein, daß sich manche Ansichten dahin neigen, daß es besser ist, daß wir einem größeren Staate einverleibt werden. Ich bin aber unbedingt der Meinung, daß ich lieber unsere Selbständigkeit, so klein und unbedeutend sie sein mag, erhalten will. Sie werden sagen, Bremen als Handelsplatz, als große Stadt bleibt; gut, wenn nur das für Sie Wert hat, kann ich nichts dagegen sagen, für mich hat das andere aber mehr Wert.“

Meiers Befürchtungen waren durchaus nicht grundlos; denn als die Bürgerschaft die Vorschläge des Senats verwarf und auch weitere Verhandlungen fruchtlos blieben, erfolgte am 6. März 1852 die gefürchtete Einmischung des Frankfurter Bundestags. Hannover sollte einen Bundeskommissar zur Unterstützung des Senats entsenden, und ihm, wenn nötig, Truppen zur Verfügung stellen.

Am 20. März machten H. H. Meier und Gustav Kulenkampff noch einen letzten Versuch, die Bürgerschaft zum Nachgeben zu bringen. Umsonst, ihre Anträge fielen. Die Bürgerschaft wurde aufgelöst, und Generalmajor Jacobi erschien als Bundeskommissar.

Durch verhältnismäßig ruhiges Verhalten der Demokratie blieb Bremen vor noch ernsteren Folgen bewahrt. Am 14. Mai 1852 trat eine neue, nach dem oktroyierten Wahlrecht gewählte Bürgerschaft zusammen, in der Meier wieder das Amt des Vizepräsidenten erhielt. Ohne daß er seine politischen Anschauungen geändert hätte, war seine Stellung in diesem von der Reaktion geschaffenen Parlament ebenso weit nach links verschoben, wie er in dem aufgelösten demokratischen zuletzt nach rechts gedrängt gewesen war. Hatte er vorher manches Mal den Senat gegen übertriebene Forderungen der Demokraten in Schutz genommen, so fand sich nun wiederholt ein Anlaß, ihm freimütig entgegenzutreten. Denn Meier stand an der Spitze eines Bürgerschaftsausschusses, der die Berichte der Verfassungsrevisions-Deputation zu prüfen hatte. In dieser Stellung hat er bedeutsam an dem Zustandekommen der bis zur Revolution von 1918 geltenden Verfassung Bremens von 1854 mitgewirkt und zwar in liberalem Sinne. Einen zweimaligen Versuch des Senats, sich einen größeren Einfluß auf die Senatswahl zu verschaffen, wußte er im September und November 1853 zu vereiteln. Der Senat, so erklärte er, hoffe, die Bürgerschaft werde hierzu, wie zu so vielem, Ja sagen; aber in dieser Frage dürfe sie um kein Jota weichen, wenn ihr Einfluß nicht auf ein sehr geringes Maß beschränkt werden solle. Für diese Ansicht gewann er die Mehrheit. Ebenso war er der Wortführer einer großen Mehrheit gegen Anträge der Rechten, man solle die Juden von der Bürgerschaft und sogar vom Erwerb des Bürgerrechts ausschließen. Solche Ausnahmegesetze zu schaffen, widerstrebte seinen liberalen Anschauungen wie seinem Gerechtigkeitsgefühl.

Als Vorsitzender des erwähnten Ausschusses stellte er am 16. März 1853 einen Antrag, der im Falle der Annahme für die kirchlichen Verhältnisse Bremens von höchster Bedeutung geworden wäre. Um die dem Senat zustehende Ausübung des protestantischen Episkopatrechts zu ordnen, sollte eine aus Geistlichen und Laien zusammengesetzte dauernde kirchliche Behörde ins Leben gerufen und ihr ein die Lehre, den Kultus und die Disziplin umfassender Wirkungskreis gegeben werden. H. H. Meier wehrte sich gegen die Meinung, als wünsche er mit diesem Antrag ein Glaubensgericht niedergesetzt zu sehen. Das würde allen seinen Anschauungen von politischer und religiöser Freiheit und Duldsamkeit widersprechen. Vielmehr solle die zu schaffende Konsistorialbehörde gutachtlich berichten, so daß der Senat bei Entscheidung kirchlicher Fragen sich bei ihr Rat holen könne. Es liegt auf der Hand, daß der Fall Dulon[1]) den Anlaß zu Meiers Antrag gegeben hatte. Die Absetzung dieses kirchlich radikalen und politisch revolutionären Predigers, die im Jahre 1852 der Senat verfügt hatte, enthüllte den Mangel an Ordnung in den kirchlichen Verhältnissen Bremens. Es ging nach Meiers Ansicht nicht an, daß der Senat je nach der augenblicklichen Stimmung bald bei einer liberalen, bald bei einer orthodoxen Fakultät Gutachten einhole. Das Bestehen einer bremischen Konsistorialbehörde werde manche unangenehmen Vorfälle in Zukunft verhindern. Meiers Antrag scheiterte wie alle früheren und späteren Versuche, die man in dieser Hinsicht unternommen hat, an dem bequemen Schlagwort, eine solche Behörde werde eine päpstliche Gewalt ausüben.

Es war eine Ausnahme, wenn ein Antrag Meiers in jenen Jahren nicht angenommen wurde. Fast in jeder Sitzung redete er oder stellte Anträge, und fast stets fand sich eine Mehrheit für seine Meinung.

So hat er in den Jahren der Verfassungskämpfe seine Kraft in hohem Maße dem politischen Leben der geliebten Vaterstadt gewidmet. Als die Verfassung von 1854 geschaffen war und das Staatsleben in ruhigeren Bahnen sich bewegte, da traten bei H. H. Meier die kaufmännischen und wirtschaftlichen Fragen, die er freilich nie vernachlässigt hatte, beherrschend in den Vordergrund. Der Politiker in ihm wird für mehr als ein Jahrzehnt ganz in den Schatten gestellt von dem königlichen Kaufmann.

[1]) Dulon, Rudolf, 1807—1870, Pastor an Liebfrauen in Bremen, 1852 vom Senat wegen seiner von der christlichen Kirchenlehre abweichenden Gesinnung und seiner revolutionären Schriften abgesetzt, ging später nach Amerika.

4. Abschnitt.

Der königliche Kaufmann.

Die Wechselwirkung, die zwischen den geistigen oder wirtschaftlichen Strömungen einer Epoche und ihren führenden Männern besteht, ist eins der anziehendsten und umstrittensten Probleme der Geschichtsforschung. Bald scheint es der große Mann zu sein, der seine Zeit in die Bahn seines Willens zwingt, bald scheint eine große Zeit, d. h. ein Völkerfrühling, eine gesteigerte Lebensbetätigung einer Nation, den zur Führung berufenen Männern ihren Platz anzuweisen, ihnen ihre Lebensaufgabe vorzuzeichnen. Die „große Zeit" ist ein ungreifbares Etwas; führende Männer aber sind Fleisch und Blut, sind handelnde Persönlichkeiten. An sie hält sich die Nachwelt, wenn sie das Werden, Streben, Vollbringen, den Fortschritt einer Epoche erfassen will. Sie sind es, die das Lob wie der Tadel trifft.

Wer nun dächte nicht bei „führenden Männern" an den Staatsmann, den Feldherrn, den Dichter und Gelehrten? Daß aber auch der Kaufmann zu ihnen gehören kann, hat uns die Geschichte des 19. und beginnenden 20. Jahrhunderts gelehrt wie keine andere Zeit zuvor. Nicht dynastische oder nationale Fragen, sondern in erster Linie die wirtschaftlichen Probleme haben das Feuer des Weltkriegs von 1914 entzündet. Deutschland war eine wirtschaftliche Weltmacht im Laufe weniger Menschenalter geworden. Aus dieser Tatsache heraus erklärt sich die Schöpfung der deutschen Kriegsflotte. Aus beiden Tatsachen aber erklärt es sich, daß England das Hirn eines Bundes zur Niederzwingung Mitteleuropas wurde.

Darum wird die Nachwelt immer wieder den Spuren des wirtschaftlichen Aufschwungs Deutschlands nachzugehen haben. Sie wird die Wechselwirkung nachweisen zwischen dem Aufblühen von Industrie, Landwirtschaft, Handel, Verkehr, Schiffahrt, Kapitalbildung, aber sie wird nie verkennen können, daß es der entscheidende, die Weltmachtstellung Deutschlands bedingende Schritt war, als deutsche Seehandelsschiffe sich die Weltmärkte eroberten. Damit beginnt der deutsche Imperialismus. Wer ihn vernichten will, wendet seine Waffen nicht so sehr gegen Deutschlands Industrie und Landwirtschaft, als vielmehr gegen seine Handelsschiffe. Das „Navigare" ist die Vorbedingung zur Weltmacht; es erhebt diese hinaus über alle die Staaten und Völker, denen nur das „Vivere" beschieden ist.[1])

Unter diesem Gesichtspunkt lernen wir die nicht hoch genug einzuschätzende Bedeutung der Hansestädte Hamburg und Bremen für Deutschlands Weltstellung verstehen. Die Männer, die Handel und Schifffahrt dieser beiden Städte zur großartigen Entfaltung gebracht haben, gehören wahrlich mit zu den führenden Männern des deutschen Volkes.

Die Jahre, in denen es sich entschied, daß Bremen eine Welthandelsstadt wurde, sind die zwischen 1847 und 1857. In diesem kritischen Jahrzehnt seiner Geschichte hat kein Kaufmann Bremens Handel und Schiffahrt stärker beeinflußt als H. H. Meier, der Gründer der Bremer Bank und des Norddeutschen Lloyd. Mögen viele ihm vorgearbeitet, viele ihm geholfen haben, — er ist doch der Mann gewesen, der das Ersehnte und Erstrebte wirklich schuf und das Geschaffene zu erhalten und auszubauen verstanden hat.

1. Die Gründung der Bremer Bank.

Die Vorbedingungen zu diesen Schöpfungen lagen in den Zeitverhältnissen. In den 50er Jahren des 19. Jahrhunderts schwoll der Strom des wirtschaftlichen Lebens gewaltig an. War das schnellere Schlagen des Pulses überschäumende Lebenskraft oder war es Fieber? Ein so scharf beobachtender Publizist wie Otto Gildemeister[2]) belehrt uns in der Weser-Zeitung vom 11. April 1856,

[1]) Inschrift am Hause Seefahrt in Bremen: Navigare necesse est, vivere non est necesse.

[2]) Gildemeister, Otto, 1823—1902, berühmter Dante-, Byron- und Shakespeare-Übersetzer und bremischer Bürgermeister, war jahrelang in der Redaktion der 1844 gegründeten Weser-Zeitung tätig, die er bis ans Ende seines Lebens durch seine geistvollen Leitartikel stark beeinflußte in liberaler, schließlich in freisinniger Richtung; von 1857—1890 im Senat und nach 1866 Bremens Vertreter im Bundesrat.

der Aufschwung des Welthandels, dessengleichen auf Erden niemals dagewesen sei, das Aufblühen des Handels, der Schiffahrt, der Produktion fast in allen zivilisierten Ländern habe zwar fast den Eindruck des Schwindelhaften gemacht, sei aber dennoch von innerer Gesundheit und Solidität gewesen. Er hat recht, im Hinblick auf die Entstehung von Eisenbahnen, Telegraphen, Dampfschifflinien, Kohlenwerken und Banken von einer ungeheuren ökonomischen Revolution zu sprechen. Die große Krisis von 1857 hat diese Entwicklung wohl gehemmt, aber nicht abgeschnitten. Jene alle Länder erschütternde Krisis war eine Krankheit, die die Kraft des Wirtschaftslebens der Welt auf die Probe stellte; aber der im Kern gesunde Körper schied die Krankheitsstoffe aus und genas wieder.

Die nach hohen Zielen strebende Unternehmungslust der 50er Jahre machte sich zunächst am stärksten in Frankreich bemerkbar. Dort spielte seit 1851 Napoleon die Rolle des Friedebringers und Völkerbeglückers. Der Glanz seiner Monarchie sollte durch blendende wirtschaftliche Unternehmungen erhöht werden. Auf Betreiben Napoleons entstanden 1851 die Messageries Maritimes, 1852 der Crédit mobilier der Gebrüder Péreire mit dem für jene Zeit riesenhaften Aktienkapital von 60 Millionen Franken als Kraftzentrale für zahlreiche weitere kaufmännische Unternehmungen Frankreichs; 1855 erfolgte, ebenfalls durch die Brüder Péreire, die Gründung der Compagnie Générale Maritime (der späteren Compagnie Générale Transatlantique, die zunächst nur europäische Dampferlinien einrichtete). Wie die Revolutionen von 1830 und 1848, so steckte auch dies französische Beispiel großzügiger Gründungen Europa an.

Vor 1850 besaß Preußen außer der Preußischen Bank und der Seehandlung — den Schöpfungen Friedrichs des Großen — nur drei Banken, die auf Aktien gegründet waren. Das übrige Deutschland, einschließlich Österreich, scheint fünfzehn solcher Institute vor 1850 besessen zu haben, deren Geschäftsumfang zum Teil sehr bescheiden war. Von 1850 bis 1856 hat sich nun die Zahl deutscher Banken mindestens verdoppelt. Besonders die Regierungen der Kleinstaaten förderten ihre Entstehung. In vielen Städten schossen sie wie Pilze aus der Erde. In Berlin traten hinzu die Diskonto-Gesellschaft, die Berliner Handelsgesellschaft, der Berliner Bankverein, ja man dachte Anfang 1856 ernstlich an einen preußischen Crédit mobilier mit 30 bis 40 Millionen Talern Kapital[1]). Das Kapital dieser neuen deutschen Banken überstieg 200 Millionen Taler.

Auf Grund solcher Tatsachen ist man versucht zu glauben, diese Bankgründungen seien einer Laune des Zeitalters entsprungen, seien Nachäffungen nach Art des Baus kleinstaatlicher Fürstenschlösser des 17. und 18. Jahrhunderts, seien aus Größenwahn und Gründerfieber heraus geboren. Mag das vielleicht für die eine oder andere dieser Banken zutreffen, so haben sich doch die meisten als lebensfähig erwiesen und spielen zum Teil noch heute eine führende Rolle. Am Beispiel der Bremer Bank jedenfalls läßt sich nachweisen, daß sie aus jahrelanger reiflicher Erwägung heraus erwachsen ist und ein wahres Bedürfnis für den bremischen Handel war.

Zwar besaß Bremen seit 1817 die Diskonto-Kasse, deren Kapital von 300 000 Taler Gold 1854 auf 500 000 Taler erhöht wurde; aber den gesteigerten Ansprüchen des bremischen Handels genügte sie nicht. Immerhin hat sie ihm 39½ Jahre, bis Juli 1856, gute Dienste geleistet. Vor 1817 war der Diskont nicht selten 10 und 12% gewesen. Nach Gründung der Diskonto-Kasse stieg er nur noch einmal (Oktober 1818) auf 8%, in den folgenden Jahren auf 6 bis 6½ % und später, vor 1857, nicht mehr über 5 bis 5½ %.

Im Jahre der Eröffnung der ersten Dampferlinie zwischen dem europäischen Festland und Amerika, 1846/47, hat nun H. H. Meier das Statut einer in Bremen zu errichtenden Bank entworfen, wie er in einem der Handelskammer 1850 eingereichten Aufsatz erklärt. Das ist die erste nachweisbare Spur für die Gründung einer Bremer Bank.

Der Ausgangspunkt solcher Pläne war in jenen Jahren das Problem der Gold- und Silberwährung und des Münzfußes. Durch

---

[1]) Vgl. hierzu die Schrift „Die Gründung des Norddeutschen Lloyd", Bremen 1913, S. 9, von Hardegen.

die Frankfurter Reichsgründungsversuche von 1848 kamen diese Fragen in Fluß. Der Reichshandelsminister Duckwitz fragte beim Senat an, ob unter den Bremer Handels- und Verkehrsverhältnissen an eine Aufhebung der in Bremen seit mehr als 100 Jahren bestehenden Goldwährung und eine Einführung der Silberwährung mit dem preußischen 14 Taler-Münzfuß zu denken sei, damit Einheitlichkeit für ganz Deutschland erzielt werden könne. Ein aus Senatoren und Altermännern bestehender Ausschuß prüfte die Frage und verneinte sie. Aus den Verhandlungen aber ersieht man, daß Bremen mit Schwierigkeiten des Zahlungsverkehrs zu kämpfen hatte. Es bestand Mangel an Silbergeld, dessen Transport beschwerlich war; und Papiergeld, so meinte man, könne in einem Kleinstaat nicht zu so umfangreicher Geltung gelangen, wie der Verkehr es erforderte. Daher hielt man nach wie vor Gold für das zweckmäßigste Zahlungsmittel. Die Handelskammer setzte einen Ausschuß zur Prüfung der Währungsfrage ein, der im November 1850 vier Aufsätze veröffentlichte, welche zu den verschiedensten Resultaten kamen. Auch H. H. Meier schrieb im Dezember desselben Jahres eine Denkschrift über diesen Gegenstand, die im Entwurf neunzehn Folioseiten umfaßte. Er widerlegt manche der aufgestellten Behauptungen und weist die Vorteile der Goldwährung der Silberwährung gegenüber nach; dennoch könne zu gelegener Zeit unter den nötigen Vorkehrungen ein Übergang zur Silberwährung empfehlenswert sein, da sie für Kapital und Handelsverkehr Sicherheiten gegen bedeutende Verluste biete, die die Goldwährung nicht leiste. Es ist nicht klar, wie er diese Meinung begründen will; doch sieht er vermutlich eine Gefahr in der völligen Vereinzelung der bremischen Goldwährung innerhalb Deutschlands und erblickt in einer Anlehnung an die Silberwährung der übrigen deutschen Staaten jene größere Sicherheit für den Handelsverkehr. Seine Anschauungen über Bankfragen mögen in diesen Jahren manchen Wandel durchgemacht haben. So behandelt ein früherer Aufsatz, der anscheinend dem Jahre 1848 entstammt, die Frage der Notenausgabe und er trägt den Titel: „Papiergeld als Mittel gegen den Mangel an barem Geld für Bremen oder auch Änderung des Münzfußes".

Hier gibt Meier zunächst einen historischen Überblick über die Entwicklung des Papiergelds und kommt zu folgendem uns heute befremdlich genug erscheinendem Schluß: „Es wird kein wahrer Freund seines Vaterlandes, kein Staatsmann, der nur einigermaßen die Geschichte lesen und sich durch dieselbe belehren lassen will, zur Ausgabe von Papiergeld des Staates raten oder schreiten". Des weiteren sagt er: „Jedenfalls müßte, wenn unsere Verhältnisse durchaus eine Zettelbank geböten, die größte Vorsicht angewandt und möglichst sichere Garantien gegen eine willkürliche Emittierung gegeben werden, ehe man dazu schritte. Wir glauben nicht, daß es nötig ist. Wir haben durch unser ausgedehntes Kreditsystem und die bei demselben gebräuchlichen Warenwechsel des zur Erleichterung des Handels nötigen Papiergeldes reichlich, und Nutzen verspricht es uns bei unseren beschränkten Lokalverhältnissen wenig. Es fallen daher die Gründe dafür in großem Maße weg, und die Bedenken dagegen bleiben."

Die Frage der Gründung einer bremischen Bank ruhte eine Zeitlang; doch mag sie Meier wohl im stillen verfolgt haben. So führte der Präses der Handelskammer beim Festmahl in der Börse, veranstaltet zur Feier von Meiers achtzigstem Geburtstage, in seiner Rede auf den Jubilar in bezug auf die Gründung der Bremer Bank aus, Meier hätte für den Bremer Handel darin eine Gefahr erkannt, daß auswärtige Banken in Bremen Filialen eröffneten, um von dem aufblühenden Geschäft zu profitieren; denn er sagte sich, daß in schwierigen Zeiten die heimischen Institute nicht ausreichen würden, den Handel zu stützen und die Kapitalien der fremden Banken dann für Bremen sicher nicht zu haben sein würden. Von außen sollte schließlich der Anstoß zur endgültigen Begründung der Bank kommen.

Die 1853 errichtete Braunschweiger Bank betrieb im September 1855 die Gründung einer Filiale in Bremen und legte am 11. Oktober ihrer Generalversammlung diesen bald danach durchgeführten Plan sowie den Antrag vor, auf Goldwährung lautende Banknoten auszugeben.

Unter solchem Druck von auswärts bildete sich im September

1855 unter der Führung H. H. Meiers, der seit 1853 der Handelskammer angehörte, ein Komitee zur Begründung einer Bremer Bank, das aus neun Herren, Teilhabern erster Bremer Firmen, bestand. Es wurde nun auf der Grundlage eines Entwurfs des Dr. Klauhold ein Statut ausgearbeitet, dessen dritte Fassung am 30. Oktober 1855 mit einem ausführlich begründeten Gesuch dem Senat eingereicht wurde. Das Statut sah ein Aktienkapital von 2½ Millionen Taler Gold vor. Die Bank wünschte auf der bremischen Goldwährung beruhende und zu einem Drittel bar gedeckte Noten auszugeben. Giro-, Diskont- und Wechselgeschäft, Handel mit Wertpapieren, Heranziehung von Depositen sollten in den Geschäftskreis der Bank fallen. An den Senat wurde nun eine Reihe von Bitten gerichtet, die zum Teil zu längeren Verhandlungen Anlaß gaben. Es handelte sich vor allem um folgende Punkte: Verleihung der Rechte einer juristischen Person an die neue Aktiengesellschaft, staatsseitige Oberaufsicht, Befreiung der Banknoten von jeder Staatssteuer, Annahme der Noten als gültige Zahlmittel bei den bremischen Staatskassen.

Zur Prüfung des Gesuchs trat am 2. November eine Senatskommission unter dem Vorsitz des Bürgermeisters Diedrich Meier, H. H. Meiers Oheim, zusammen. In den drei folgenden Monaten bis Ende Januar 1856 fand nun eine lange Reihe von Sitzungen der Senatskommission, des Gründungskomitees und gemeinschaftlicher Sitzungen beider statt, in denen das Statut noch mancherlei Änderungen unterworfen wurde. So wurde z. B. den rechtlichen Organen der Aktiengesellschaft, Verwaltungsrat, Direktion und Generalversammlung, noch ein aus neun Mitgliedern bestehender Bankausschuß beigesellt. Um zwei Punkte aber wurde hart gekämpft. Das Gründungskomitee wünschte durch Generalversammlungsbeschluß später das Aktienkapital bis zu 5 Millionen Talern erhöhen zu können, ohne daß es dazu einer Genehmigung des Senats bedürfe. H. H. Meier wandte sich mehrmals auf privatem Wege an seinen Oheim, um diesen § 4 des Statuts durchzusetzen. Er bittet ihn, gütigst seinen Einfluß geltend zu machen, „daß wir § 4 aufrechterhalten können, da es in der Tat doch einerlei, ob der Senat jetzt oder später seine Einwilligung zur Erhöhung auf 5 Millionen Taler gibt. Ich lege besonderen Wert darauf, daß wir gleich zeigen, unsere Absicht sei eine Bank von 5 Millionen Talern zu begründen. Es wird die Beteiligung sowohl wie den Kredit der Bank fördern"[1]). Am folgenden Tage schreibt er ihm nochmals ausführlicher, das Komitee halte diese Summe für erforderlich für ein Institut, welches an die Spitze der Leitung des Geld- und Wechselumlaufs der zweiten Handelsstadt Deutschlands treten solle. Die Bremer Bank müsse einem konkurrierenden Institut wie der Braunschweiger Bank mit ihren 4 Millionen Talern gleichstehen. Wenn nun aber jede Kapitalerhöhung vom Senat genehmigt werden müsse, so könne die Zahl „5 Millionen Taler" im Statut überhaupt keine Erwähnung finden. Man fühlt heraus, daß der § 4 als eine stark ins Auge fallende Empfehlung gedacht war, um die Bedeutung der neuen Bank vor der Welt gleich in das rechte Licht zu setzen. Das wirkliche Grundkapital von 2½ Mill. Talern konnte den Eindruck erwecken, als sei die Bremer Bank weniger großzügig angelegt als andere damals begründete Institute. Nach längerem Widerstreben hat der Senat in diesem Punkte nachgegeben, dafür aber in der zweiten strittigen Frage seinen Willen durchgesetzt.

Er verlangte, daß keine auf einen geringeren Betrag als 5 Taler lautende Noten ausgegeben würden und daß deren Gesamtwert nicht mehr als 10 % des Aktienkapitals einschließlich des Reservefonds betragen dürfe. Das Komitee sträubte sich lange dagegen. Ja, sein juristischer Beirat fand in einer an die Senatskommission gerichteten Denkschrift scharfe Worte. Man könne dem Staate nicht das Recht zugestehen, die Größe der Banknoten zu bestimmen. Das seien Ausflüsse der weit verbreiteten Sucht der Vielregiererei. Von der Obrigkeit einer Handelsrepublik sei man zu erwarten berechtigt, daß sie sich von jeder Einmischung in die freie Gestaltung des Verkehrslebens fernhalte.

Da der Entwurf dieser Schrift in Meiers Nachlaß ist, im Staatsarchiv aber keine Spur davon zu finden ist, so geht man wohl in der Annahme nicht fehl, daß die Schrift nie eingereicht ist und auch

[1]) Brief vom 12. XII. 55 im Bremer Staatsarchiv.

hier wieder H. H. Meier den Gegensätzen ihre Schärfe zu nehmen und zwischen entrüsteten Mitgliedern des Komitees und dem Senat zu vermitteln verstanden hat.

Man fühlt immer wieder aus den Verhandlungen heraus, mit wieviel Sorge der vorsichtige Senat dem Bankunternehmen und seiner Notenausgabe entgegengesehen hat. Als die Bank, dem Beispiel anderer Institute folgend, das Staatswappen für ihren Stempel nahm, erfolgte sofort ein Polizeiverbot wegen Mißbrauchs der Staatsinsignien seitens Privater. Man fürchtete, die Bank könne als Staatsbank angesehen werden. Weder auf amtlichem noch privatem Wege durch den Oheim gelang H. H. Meier die Aufhebung dieses Verbots. Erst als durch Beifügung eines Merkurstabes und eines Ankers einer Verwechslung mit dem Staatssiegel vorgebeugt war, hatte der besorgte Senat Ruhe.

Am 30. Januar 1856 hat er der „Bremer Bank" die Rechte einer juristischen Person verliehen. An diesem Tage schrieb Meiers Freund Karl Mathy, damals Direktor der Diskonto-Gesellschaft, aus Berlin: „Deinem werten Brief von gestern entnehme ich die angenehme Nachricht, daß das große Klipperschiff „die Bremer Bank", an dessen Erbauung Du so rüstig gearbeitet hast, vorgestern, an dem Tage Karls des Großen, glücklich vom Stapel gelaufen und im Begriffe ist, seine erste Fahrt anzutreten. Der Himmel möge ihr mit Wind und Wetter günstig sein und durch sie Deiner Vaterstadt und Dir reichen Segen bringen!"

Man betrat in der Tat neues Land. In einer Reihe von Artikeln erklärte Otto Gildemeister den Lesern der Weser-Zeitung die hohe Bedeutung des neuen Unternehmens für ganz Nordwestdeutschland, sowie das Wesen der Banknoten. Vielleicht trug er so zu dem großen Erfolg der Aktienzeichnung bei. Am 27. Februar konnte er schreiben:

„Wir haben in diesen Tagen in Bremen ein Schauspiel erlebt, dessen Möglichkeit selbst die Sanguinsten unter den Sanguinen vor wenigen Wochen noch geleugnet haben würden.' Die Existenz einer bremischen Zettelbank, deren Gedeihen von manchen Sachkundigen für mindestens sehr zweifelhaft gehalten wird, deren Begründung die Unternehmer selbst als ein, wenn auch notwendiges, doch jedenfalls sehr gewagtes Experiment ansahen, ist durch eine so überraschende Teilnahme des Publikums gesichert worden, daß man fast glauben sollte, der Gedanke dieses Etablissements eröffne ein neues Kalifornien."

Von den 2½ Millionen des Stammkapitals waren ¾ Millionen von den Unternehmern und den Teilhabern der bisherigen Diskonto-Kasse übernommen. Die aufgelegten 1½ Millionen waren am 25. Februar von 1390 Zeichnern 256 fach überzeichnet mit fast 384 Millionen Talern.

Der große Erfolg war der Lohn für viel mühsame Arbeit, die das Gründungskomitee vollbracht hatte.

Daß es H. H. Meier als seinen Führer betrachtete, zeigte es durch seine Wahl zum Vorsitzenden, die am 24. Februar 1856 erfolgte, als es sich darum handelte, die Interimsscheine mit zwei Unterschriften zu versehen. Sie sollten von ihm und seinem Schwager Eltermann Gabain gezeichnet werden. In der voraufoegangenen Zeit hatte das Komitee, soweit erkennbar, einen erwählten Vorsitzenden nicht gehabt. Die Sitzungsprotokolle nennen nie einen solchen. Wie erwähnt, tritt aber H. H. Meiers Name bei den Verhandlungen stets in den Vordergrund.

Vom 24. Februar an ruht deutlich erkennbar die Hauptarbeitslast auf ihm, wenngleich es auch den anderen acht Herren, A. W. L. Brauer, Alex. Fritze, E. F. Gabain, Friedr. Möller, W. H. L. Oelrichs, J. L. Ruyter, Carl Tewes und Johs. Tideman, nicht an Arbeit fehlte.

Von den oben erwähnten, im Gesuch an den Senat ausgesprochenen Wünschen erledigte sich die Befreiung der Banknoten von der Stempelsteuer schnell. Ihre Zulassung bei den öffentlichen Kassen aber wurde erst am 20. Februar 1857 auf ein Gesuch Meiers hin von Senat und Bürgerschaft genehmigt. Die Ausgabe von 1 Taler-Noten lehnte auch 1858 noch der Senat ab, obwohl Senator Otto Gildemeister in einer umfangreichen Denkschrift dafür eintrat.

Die wichtigste Entscheidung, die das Gründungskomitee vor

Eröffnung der Bank noch zu treffen hatte, war die Wahl eines Direktors. Um über die ersten sechs Bewerber Erkundigungen einzuziehen, reiste H. H. Meier Mitte März 1856 nach Hamburg, Berlin und Leipzig und bezeichnete einen Hamburger Herrn als ganz besonders geeignet. Inzwischen aber lief die Meldung des Mannes ein, auf den dann die endgültige Wahl fiel. Es war Adolf Renken, bisher Prokurist des Bankhauses Gebr. Löbbecke & Co. in Braunschweig. Anfang Mai unterzeichnete Meier den endgültigen Vertrag mit ihm. Außer ihm wurden zwei Kassierer, zwei Buchhalter, ein Gehilfe und zwei Bankdiener angestellt, von denen der erste Kassierer und erste Buchhalter ein Gehalt von 1000 Talern, die beiden anderen die Hälfte erhielten, während der Gehilfe, der nach jahrzehntelanger Tätigkeit im Alter als Prokurist ausgeschieden ist, mit 300 Talern begann.

Nachdem eine Geschäfts- und Bureau-Ordnung festgestellt war, konnte die Bank am 1. Juli 1856 eröffnet werden. Die ältesten Noten der Bank tragen das Datum des 1. Oktober 1856. 33 Jahre, bis zum 1. Oktober 1889, sind Bremer Banknoten im Umlauf gewesen. Da das Gründungskomitee den ersten Verwaltungsrat bildete, dessen Vorsitzender H. H. Meier bis zum Jahre 1895 geblieben ist, so tragen alle Noten seinen Namenszug.

Nach dem Statut lag dem Verwaltungsrate die obere Leitung und Überwachung des gesamten Geschäftsbetriebes der Bank ob. Der Direktor war sein Geschäftsführer, der sich an die Weisungen und Beschlüsse des Verwaltungsrats zu halten hatte. So lag die verantwortliche oberste Leitung der Bank vier Jahrzehnte lang in H. H. Meiers Händen, der täglich im Bureau der Bank erschien und bei dem alle Fäden zusammenliefen. Der Verwaltungsrat war etwas anderes als der Aufsichtsrat einer heutigen Aktiengesellschaft. Die Stellung seines Vorsitzenden wäre am besten mit der eines Generaldirektors nach unseren Begriffen zu vergleichen. Diese Tatsache muß man im Auge behalten, wenn man die volle Bedeutung der Tätigkeit Meiers in der Bank würdigen will. Unter seiner Leitung hat die Bank dem bremischen Handel hervorragende Dienste geleistet und zum Aufschwung der Hansestadt sehr bedeutsam beigetragen.

Wenn sich die Gründer die Aufgabe gestellt hatten, eine Belebung des Handels durch Erleichterung des Geld- und Wechselverkehrs herbeizuführen, wie es im Statut heißt, so ist dieser Zweck erreicht worden. Hierfür einige Beispiele: der chronische Mangel an barem Geld wurde behoben, zumal auch durch die Notenausgabe. Der Depositenverkehr hat sich von August 1856 bis August 1857 vervierfacht. Durch diese Heranziehung größerer Kapitalien — 1859 betrug das Depositenkapital schon über 2 Millionen Taler — wurde der Diskontverkehr erleichtert. Die reicheren Mittel der Bank machten es ihr, im Gegensatz zur Diskontokasse, möglich, Vorschüsse gegen Verpfändung leicht realisierbarer Sicherheiten zu bewilligen. Mitten in einem Lande der Silberwährung vermochte Bremen die gefährdete, aber zukunftsreichere Goldwährung aufrechtzuerhalten.

Als auch das neue Reich zur Goldwährung überging, übernahm die Reichsbank die Aufgabe, den Geld- und Wechselverkehr Bremens zu bestimmen und zu regeln, sowie für ausreichende Zahlungsmittel zu sorgen. Bis zu den 70er Jahren hin aber war dies die Aufgabe der Bremer Bank.

Beinahe vierzig Jahre hindurch, die auch im deutschen Wirtschaftsleben reich an Wechselfällen waren, behielt H. H. Meier den Vorsitz im Verwaltungsrat, später im Aufsichtsrat der Bremer Bank. Er schied erst aus im Jahre 1895, als die kleinere Bank mit der größeren Dresdener Bank vereinigt wurde. Sie wird seitdem unter dem Namen Bremer Bank, Filiale der Dresdener Bank, Bremen, weitergeführt.

2. H. H. Meier & Co.

Obwohl Meier dieselbe leitende Stellung wie in der Bank seit 1857 auch im Lloyd eingenommen hat, so hat er darüber seine eigene Firma nicht vernachlässigt. Er besaß eine erstaunliche Arbeitskraft und die Fähigkeit zu organisieren. Mit klarem, nüchternem Verstand erkannte er stets das Wesentliche in den Dingen und wußte seinen Mitarbeitern die Anordnungen und Richtlinien zu geben, die sie befähigten, in seinem Sinn die Geschäfte zu führen.

Bei alledem war ihm die Kleinarbeit durch seinen eigenen kaufmännischen Werdegang so völlig vertraut, daß er nicht leicht in den Fehler verfallen konnte, Unmögliches zu verlangen.

Der Umfang der Geschäfte von H. H. Meier & Co. wuchs von Jahr zu Jahr. Ein klares, durch Zahlen gestütztes Bild von der Bedeutung der Firma vermögen wir uns leider nicht mehr zu machen. Die Geschäftsbücher, falls ältere überhaupt noch vorhanden waren, sind nach 1905 infolge der Auflösung der Firma vernichtet worden. Nur über das Reedereigeschäft ließen sich noch einige Übersichten zusammenstellen.

Nach dreißigjähriger Tätigkeit trat am 1. Januar 1848 Senator J. H. Adami aus der Firma aus. Die beiden Brüder Diedrich und Hermann Meier leiteten nun das väterliche Geschäft allein. Aber schon 1850 erkrankte Eltermann Diedrich, und kurz bevor er in sein großes, neues Haus am Wall 146 einziehen konnte, starb er am 9. Januar 1852. Damit wurde H. H. Meier der alleinige Inhaber der Firma und blieb fortan der Seniorchef. 1853 trat Anton Adami (geb. 1826), der Sohn des Senators, als Teilhaber ein. 1865 kam Meiers Vetter Heinrich Arnold Warneken hinzu, ein sehr fähiger Kaufmann, der bis 1886 seine Kraft der Firma widmete. Er hatte besonders das Warengeschäft, wie einst Senator Adami, unter sich und steigerte vor allem die Bedeutung des Tabakhandels der Firma. Seit 1873 war Meiers einziger Sohn, Dr. jur. H. H. Meier jr., der vierte Teilhaber und blieb nach dem Tode des Vaters 1898 der einzige und letzte Inhaber der Firma. Anton Adami war 1895 ausgeschieden und bis zu seinem Ableben 1903 nur noch als Kommanditist beteiligt.

Die Hauptblütezeit erreichte das Geschäft etwa in der Mitte des Jahrhunderts seines Bestehens und stand in den 50er, 60er und 70er Jahren auf seiner Höhe. Import als wichtigster, sodann Reederei und Export waren die Hauptzweige des Geschäftsbetriebs. In den 30er und 40er Jahren bildeten die wichtigsten Importgüter: Tran, Farbhölzer, Tabak, Baumwolle, Kaffee, Tee, Rum, Hopfen, Öl, Harz, Pottasche, Gewürze, Roggen. Zeitweise war die Firma auch am Walfischfang in der Südsee beteiligt. Während der Tranhandel langsam zurückging, gewann der Tabak steigende Bedeutung. Er kam in den verschiedensten Gattungen aus Nordamerika und Kolumbien. In den 70er Jahren brachten die Schiffe der Firma von einer Reise von den Vereinigten Staaten bis zu 4100 Ballen Baumwolle, bis zu 4800 Faß Petroleum mit. Über letzteren Import sagt ein Artikel der Weser-Zeitung zu H. H. Meiers halbhundertjährigem Kaufmannsjubiläum am 1. Januar 1884 folgendes: „Für die Entwicklung des Petroleumgeschäfts ist der Entschluß der Firma, ihre Schiffe zu diesem Transport herzugeben, bedeutungsvoll geworden. Früher scheute man sich, die schönen Bremer Segelschiffe dieser Ladung auszusetzen, und meinte, die „alten Kasten" fremder Flaggen seien für solchen „Schmierkram" gut genug. H. H. Meier & Co. waren, wie erwähnt, die ersten, welche sich diesem Vorurteil entzogen, und heute kann man wohl sagen, daß der Petroleumtransport die Basis der ganzen Bremer Segelschiffsreederei ist und der Gesundheit der Schiffe als sehr zuträglich gilt." Ferner wurden Häute und Felle aus Kolumbien und Venezuela, Reis aus Rangoon, Kaffee und Kakao aus Südamerika, Indigo, Chinarinde, Dividivi, Cochenille, Elfenbeinnüsse, Holz, Stuhlrohr usw. eingeführt.

Im Export hatte ursprünglich das Leinen eine große Rolle gespielt. Das hörte wohl seit den 40er Jahren auf. Später wurde dann Tonerde aus Großalmerode (östlich von Kassel) zu Schiff weserabwärts gebracht, in Bremen in Kisten verpackt und mit Leichtern nach Bremerhaven zum Schiff versandt. Aus eigenen Gruben wurde von Allendorf a. d. Werra Schwerspat als Exportartikel gewonnen. H. H. Meier gründete zu dem Zweck in den 60er Jahren die Allendorfer Gewerkschaft als Aktiengesellschaft. Zunächst erstreckte sich der Betrieb nur auf die Produktion durch Wasserkraft, bis eine Dampfmahlmühle eingerichtet wurde.

Für die Reederei spielten diese Exportartikel, zu denen eine Zeitlang auch Staßfurter Salz gehörte, wohl niemals die Rolle, die dem Auswanderergeschäft zukam. Bis zur Gründung des Lloyd war auch der Kajüts-Passagierverkehr von Wichtigkeit. Manche Schiffe erfreuten sich großer Beliebtheit, so z. B. die „Isabella", auf der man gern 100 Taler für die Überfahrt bezahlte. Die Schiffe von H. H. Meier & Co. gingen als regelmäßige Paketbote bis zum Beginn der Dampfschiffahrt über den Ozean und waren so auch für die Post von großer Bedeutung.

Die Dauer der Überfahrt von Bremerhaven nach New York schwankte zwischen 35 und 57 Tagen. Die Zahl der Passagiere, hauptsächlich Auswanderer, die wohl in Zelten oder Hütten auf Deck untergebracht wurden, betrug bei den älteren, kleineren Schiffen 100 bis 120, bei den größeren mehr als 300 Personen. Die letzteren hatten 20 bis 25 Mann Besatzung. Im Jahre 1839 fuhren 12 413 Passagiere von Bremen nach Nordamerika, (davon 3649 nach New York). Von dieser Zahl beförderten H. H. Meier & Co. 1009 (also etwa 8 %), davon 884 nach New York, die übrigen nach New Orleans. 1840 waren die entsprechenden Zahlen 1023 und 834. 1850 beförderte die Reederei 1235 Personen nach Nordamerika, von 25 318, die im ganzen von Bremen abfuhren (also etwa 5 %).

Die größte Zahl von Schiffen besaß die Firma 1857, nämlich zehn. Mit der Gründung des Lloyd geht die Zahl bald auf drei zurück, um dann offenbar infolge des amerikanischen Bürgerkriegs von 1864 an wieder bis auf acht zu steigen. Der größte Frachtraum war zwischen 1867 und 1870 vorhanden: 4500 Lasten = zirka 6750 Registertonnen. Das letzte Schiff, „Freihandel", wurde 1886 verkauft. Dampfer hat die Firma nie besessen. Der 1847 in Fahrt gestellte „Uhland" war mit seinen 620 Lasten damals das größte bremische Segelschiff und brachte der Firma stets reichen Gewinn. An Größe und äußerer Schönheit wurde er später 1864 von der „Constantia" übertroffen (794 Last). Sie war nie sonderlich vom Glück begünstigt und ist 1882 an Meiers 73. Geburtstag auf der Ausreise nach New Orleans im Kanal mit einem englischen Dampfer zusammengestoßen und unweit Eddystone gesunken. Die meisten Schiffe wurden für Rechnung der Firma gebaut, nur wenige von anderen Besitzern erworben. Auf der Werft von Johann Lange in Vegesack sind wohl die meisten entstanden. Als dort am 21. Februar 1839 das Schiff „Pauline" nach Adamis Gattin getauft wurde, dichtete der alte Freund des Meierschen Hauses Gustav Schwab die folgenden Verse:

Das Haus ist ausgebauet,
Hat weder Dach noch Grund.
Sein Grund, das ist die Woge,
Der bodenlose Schlund.

Sein Dach, das ist der Himmel,
Gewölbt mit Rot und Blau,
Taghell und sternengolden
Und wieder wettergrau.

Der, welcher ins Verborg'ne
Des Wassers Tiefen legt,
Ist's, der auf seiner Rechten
Dies Haus allmächtig trägt.

Er heftet ihm wie Flügel
Gefüllte Segel an;
In seinem Botendienste
Furcht es den Ozean.

Und so durch Wellenbrausen,
Und so durch Wellenruh
Führt es im Tausch die Schätze
Getrennten Ländern zu.

Verlaß dann diesen Hafen,
Den deutscher Fleiß gebaut!
Fort Schiff, und in der Weite
Der Welt Dich umgeschaut!

Nicht unser erstgebornes,
Doch auch ein liebes Kind:
Sei glücklich auf der Welle,
Wie Deine Brüder sind!

Zu unsres Bremens Ehre,
Zu Deiner Herren Glück,
Mit schwerer Ladung scheide
Mit schwerer komm zurück!

Ja, stolz auf Deine Flagge,
Auf Deinen Namen stolz,
Werd' ein erfahr'nes, edles,
Bewährtes Wogen-Holz!

Von der festlichen Taufe des „H. v. Gagern" auf derselben Werft ist früher schon die Rede gewesen. — Der Reederei von H. H. Meier & Co. sind einige andere Firmen Bremens gleichgekommen; stets übertroffen wurden alle von D. H. Wätjen & Co. Nächst letzterer Firma war in den Jahrzehnten des Glanzes das Meiersche Haus unstreitig eins der angesehensten Bremens. Dennoch darf man den Reichtum der Teilhaber nicht überschätzen. H. H. Meier ist nie ein Taler-Millionär geworden, wobei allerdings seine groß angelegte Lebenshaltung ins Gewicht fällt. So bestritt er auch, um nur eins zu erwähnen, Reisen, die er im Interesse der seiner Leitung unterstellten Unternehmungen machte, aus seinen eigenen Mitteln.

Umfang der Reederei von H. H. Meier & Co.

Bis 1827:	1 (?) Schiff	mit		?	Last
1827—1833:	2 Schiffe	mit		?	„
1834—1838:	3 „	„	ca.	500	„
1839—1841:	5 „	„	„	930	„
1842—1845:	7 „	„	„	1600	„
1846 :	8 „	„		2250	„
1847—1848:	9 „	„		2740	„
1849 :	7 „	„		2260	„
1850—1854:	9 „	„		3000	„
1855—1856:	9 „	„		2826	„
1857 :	10 „			3027	„
1858—1859:	8 „	„		2631	„
1860—1861:	5 „	„		1745	„
1862 :	3 „	„		1379	„
1863 :	3 „	„		1591	„
1864—1865:	5 „	„		2968	„
1866 :	7 „	„		3949	„
1867—1870:	8 Schiffe	mit		4502	Last = ca. 6750 R.tons
1871—1872:	6 „	„		3504	„
1873—1879:	4 „	„		2370	„
1880—1882:	3 „	„		1750	„
1883—1884:	2 „	„		956	„
1885—1886:	1 „	„		517	„

Schiffe von H. H. Meier & Co.

Name	Last	in Fahrt	Bemerkungen
1. Brigg Constitution	?	bis 1831	Außer Dienst gestellt.
2. „ Franklin	?	1827—29	Verloren.
3. Fregatte Isabella	150 (200)	1829—50	Verloren.
4. Bark New York	157 (190)	cr. 1831—45	Verkauft an Seekamp & Tewes.
5. „ Constitution	160 (180)	1834—59	—
6. Schiff Pauline	250 (260)	1839—45	Verkauft an Joh. Lange Sohns Wwe. & Co.
7. Bark J. H. Adami	180	1839—61	—
8. Schiff Meta	335 (300)	1842—57	Verkauft an W. Stiffer & Co.
9. Südsee-Walfischfänger Mozart	335 (300)	1842—48	—
10. Schiff Westphalia	270 (211)	1845—54	Verkauft an den Kapitän. 1842—44 in Fahrt für J. F. Adami.
11. „ Emigrant	400 (380)	1846—59	—
12. „ A. v. Humboldt	350	1846—49	In Panama an Goldsucher für 60 000 Doll., das 3 fache des Werts, verkauft.
13. „ Uhland	620	1847—79	Nach Finnland verkauft.
14. „ Agnes	310	1850—59	—
15. „ H. v. Gagern	500 (493½)	1850—62	—
16. Bark Kosmos	260	1850—62	—
17. Schonerbrigg Orient	96	1855—57	Verkauft.
18. Bark v. Vincke	201	1857—61	—
19. „ Harzburg	439	1863—84	Für 33 000 Mark verkauft.
20. „ Isabella	532	1863—70	24. Dezember 1870 bei Helgoland verloren.
21. Schiff Constantia	794	1864—82	16. Oktober 1882 infolge Zusammenstoßes mit einem Dampfer im Kanal gesunken.
22. „ Victoria	583	1864—72	Verkauft an Bastian & Schmidt.
23. Bark Freihandel	522	1866—86	Verkauft für 25 000 Mark.
24. „ Hiawatha	459	1866—70	Verkauft für 18 000 Taler Gold.
25. Schiff John Trucks, 1868 umgetauft in Anton	553	1867—72	Verkauft für 18 000 Taler Gold.

3. Die Gründung des Norddeutschen Lloyd[1]).

Alles, was von H. H. Meiers Wirksamkeit bisher berichtet werden konnte, wird weit in den Schatten gestellt durch die größte, folgenschwerste Tat seines Lebens, die Gründung des Norddeutschen Lloyd, eine Tat, die für die Weltgeltung Deutschlands zum höchsten Segen ausgeschlagen ist; und zwar nicht durch eine Laune des Geschicks, welches oft aus unscheinbaren, geringfügigen Dingen Großes werden läßt, sondern weil der Lloyd von vornherein auf breiter nationaler Grundlage aufgebaut war, dazu bestimmt, des deutschen Namens Ehre in der Welt zu vertreten. Nicht nur Bremens Wohl und Wehe ist aufs engste mit dem Lloyd verknüpft, sondern an diesem nationalen Unternehmen ist ganz Deutschland interessiert. Der Mann, der es geschaffen, geleitet, gefördert, immer großartiger ausgebaut hat, der Vater des Norddeutschen Lloyd, hat sich um seine Mitbürger und alle Deutschen ein unvergänglich großes Verdienst erworben. Auf ihn dürfen wir das leicht mißbrauchte Wort vom Königlichen Kaufmann mit Fug und Recht anwenden.

Als Vorläuferin des Lloyd haben wir im vorigen Kapitel die amerikanische Ocean Steam Navigation Company kennengelernt. Aus ihrer Betriebsführung haben die Bremer Kaufmannschaft und insbesondere H. H. Meier gewiß wertvolle Lehren gezogen. Die Gesellschaft hatte nicht den erwarteten Erfolg. Nur zwei Dampfer, „Washington" und „Hermann", wurden im Juni 1847 und im März 1848 in Dienst gestellt. Sie waren zwar größer als die Dampfer der englischen Cunard-Linie, fuhren aber langsamer als man berechnet hatte. Infolgedessen war der Kohlenverbrauch zu groß und die Verpflegung der Passagiere zu teuer. Auch

[1]) Dieser Abschnitt ist in erweiterter Form Ende 1912 schon im Druck erschienen (bei Gustav Winter, Bremen, 1913): „Die Gründung des Norddeutschen Lloyd" von Dr. Friedrich Hardegen. Neu sind die Ausführungen auf Seite 116, 117, 136—137.

machte die Zwischenstation Southampton durch Hafengelder und Agentur bedeutende Unkosten. Der Direktion warf man „chevalereske Sorglosigkeit der Amerikaner" vor. Da außerdem noch viele Reparaturen notwendig wurden, konnten in den ersten fünf Jahren keine Dividenden verteilt werden.

Da trat in dem guten Geschäftsjahr 1853 ein völliger Umschwung ein. Die Ocean Steam Navigation Company konnte 7% Dividende geben und in den drei folgenden Jahren sogar 10%; gleichzeitig wurden die Aktien fast wieder auf pari gebracht. Dennoch war die Gesellschaft durchaus angewiesen auf die Postsubvention der amerikanischen Regierung (100 000 Dollars für jeden Dampfer). Als diese den am 1. Juni 1857 zum zweitenmal ablaufenden Postvertrag nicht erneuerte, da ihr von einer andern Gesellschaft ein billigeres Angebot gemacht war, mußte die Ocean Steam Navigation Company liquidieren.

Aber die Notwendigkeit einer Postdampferlinie zwischen Deutschland und den Vereinigten Staaten war längst erwiesen. Eine einzelne Linie hätte sogar auf die Dauer den erstaunlich anwachsenden Verkehr kaum bewältigen können. So kann es nicht wundernehmen, daß viele Bremer Kaufleute sich in den 50er Jahren mit dem Gedanken trugen, neue Dampferlinien zu gründen.

Zwischen 1853 und 56 sind nicht weniger als sechs Pläne einer Dampfschiffverbindung Bremen-Amerika nachweisbar. So erwarben W. A. Fritze & Co. und Carl Lehmkuhl die Dampfer „Hansa" und „Germania" der zur Versteigerung gelangten deutschen Kriegsflotte und richteten damit im August 1853 eine neue Dampferlinie zwischen Bremen und New York ein. Aber schon 1854 wurden beide Schiffe von England für den Krimkrieg gechartert. Eine ebenso vorübergehende Erscheinung waren später die Fahrten der amerikanischen Dampfer „North Star", „Ariel" und „Vanderbilt" nach Bremen.

Seit 1853 beschäftigte sich auch H. H. Meier eifrigst mit Plänen zur Gründung einer neuen Dampferlinie nach Amerika. Möglicherweise ist die Anregung hierzu von London ausgegangen. Dort wünschte man eine neue Linie nach New York einzurichten, erhielt aber für diese Aktiengesellschaft keinen Freibrief, wenn nicht die Aktionäre mit ihrem Gesamtvermögen hafteten. Darauf begab sich einer der Herren, die in London dafür gewirkt hatten, nach Bremen und traf Vereinbarungen mit H. H. Meier, der seinerseits im August 1853 nach London reiste. Aus diesen Verhandlungen ging das Statut einer Aktiengesellschaft hervor, die den Namen erhalten sollte: „Bremisch-Englische Schraubendampfschiffahrts-Gesellschaft zwischen Europa und Nordamerika". Das vorläufig zu zeichnende Kapital sollte 900 000 Taler Gold betragen, das Grundkapital jedoch 3 Millionen Taler Gold.

Es sollten zunächst monatliche, dann vierzehntägige Fahrten von Bremen nach New York, sowie von London nach New York und Kanada, ferner wöchentliche Fahrten von Bremen nach London eingerichtet werden. Die Direktion sollte in Bremen ihren Sitz haben und aus sechs bremischen Bürgern bestehen. Die Hauptagentur in London sollte unter Aufsicht eines Komitees arbeiten, eines machtlosen Spiegelbildes der Bremer Direktion. Zu diesem Komitee nun wollten sich, wie H. H. Meier mit Bedauern feststellte, Leute ersten Ranges in London nicht hergeben, mit Leuten zweiten Ranges aber war Meier nicht gedient, und die Möglichkeit, aus den Komiteemitgliedern gleichberechtigte Direktoren zu machen, verbot das Bremer Gesetz. So stockten die Verhandlungen schon, als die orientalischen Wirren ausbrachen, die zum Krimkrieg führten. Damit mußte die Sache ruhen.

Die Gründung mit englischer Kapitalunterstützung entsprach eigentlich durchaus nicht dem nationalen Empfinden Meiers. Er meinte daher, es sei bei weitem vorzuziehen, wenn er ein selbständiges, vom Auslande unabhängiges Unternehmen schaffen könne, an dem auch die preußische Regierung interessiert werden sollte. Wenn diese für zehn Jahre eine Zinsgarantie von etwa 5 % nach Abzug von 10 % für den Reservefonds gäbe, so würde die neue Gesellschaft sich verpflichten, ihre Schiffe für den Fall eines Kriegs Preußen zur Verfügung zu stellen, so daß sie nach Abschätzung ihres Werts übernommen werden könnten. Es sollte sich um fünf Schraubendampfer handeln, die zusammen einen Wert von 1½ Millionen Talern darstellten.

England hatte das System der Zuschüsse in großartiger Weise ausgedehnt und verschaffte sich so im Kriege eine bedeutende Vermehrung seiner Flottenmacht. Die Vereinigten Staaten folgten dem Beispiel, und so, glaubte Meier, würde auch Preußen sich gern große Dampfer mit geübter Mannschaft sichern und das neue Unternehmen um so bereitwilliger fördern, als auch seine Industrie und die des Zollvereins großes Interesse daran haben mußten. Der Plan der Zinsgarantie mußte für Preußen immerhin annehmbarer sein, als der eines jährlichen Zuschusses für Postbeförderung. Hieran hatte Meier zunächst gedacht und darüber schon im Frühjahr 1853 mit dem preußischen Minister von der Heydt[1]) verhandelt, den er in Elberfeld traf, vermutlich bei seinen Freunden Simons oder Frowein. Der Minister aber scheint sich ablehnend verhalten zu haben. In Berlin bemühte sich Meiers Freund Kerst, an zuständiger Stelle für Meiers Pläne Interesse zu erwecken. Er schrieb ihm am 24. November 1853: „Aus den Zeitungen wissen Sie, daß seit Monaten Intriguen im Gange waren gegen und für die Bildung einer selbständigen Marineverwaltung. Seit Monaten war das Kriegsministerium angewiesen, sich lediglich auf die kuranten Sachen betreffs der Marine zu beschränken. Da war in Ihrer Angelegenheit wenig zu tun. Endlich ist der Ausspruch da, daß eine selbständige Marinebehörde hergestellt werden soll. Wir befinden uns aber mit unsrem Projekt durchaus nicht günstiger als vor Wochen. An geeigneter Stelle habe ich allerdings dasselbe vorgetragen und befürwortet, aber es ist niemand da, der Beschlüsse darüber geben kann. Leider aber habe ich wenig Hoffnung, daß es im Laufe des nächsten Jahres durchzubringen sein würde. Das Marine-Budget ist entsetzlich knapp zugeschnitten und für das nächste Finanzjahr an keine Erhöhung zu denken, und wenn man also auch dem Projekt geneigt ist, so ist man gehindert, darauf einzugehen wegen Mangel an Mitteln." Kerst fügte hinzu, daß auch der Handelsminister,

[1]) von der Heydt, Freiherr, 1801—1874, preußischer Staatsminister, erst im väterlichen Bankgeschäft in Elberfeld, 1848 Reichsminister für Handel und Gewerbe in Frankfurt, später Finanzminister, zum zweitenmal zur Zeit von 1866.

wenn er sich einer Zinsgarantie geneigt zeigen sollte, auf die größten Schwierigkeiten, namentlich beim Finanzminister, stoßen dürfte.

Es soll nicht unerwähnt bleiben, daß Meier den Bau eiserner Schraubenschiffe plante, obwohl es ihm bekannt war, daß das Urteil der Sachverständigen dahin neigte, die eisernen als durchaus unpraktisch für Kriegszwecke zu erklären. Wenn ihm also ein Vertrag mit der preußischen Regierung als unbedingt notwendig für das Zustandekommen des Unternehmens erschienen wäre, so hätte er für den Bau hölzerner Schiffe eintreten müssen. Ihm lag aber, wie er gesteht, nicht so sehr an einem Opfer der preußischen Regierung als solchem, sondern mehr an der Wirkung, die ihre Beteiligung auf den Kurs der Aktien ausüben mußte. Immerhin laufen schon in diesem Plane kaufmännische und nationale Gesichtspunkte ineinander.

Es ist selbstverständlich, daß ein Mann von der kaufmännischen Solidität und Vorsicht H. H. Meiers, wie er sie mit kühnem Wagemut zu vereinigen verstand, nicht Luftschlösser baute und Tinte und Papier mit Projekten vergeudete. Vielmehr säumte er nicht, seine Pfähle einzuschlagen und Fäden anzuspinnen, wo es ohne Gefahr und ohne Rückzug geschehen konnte.

Es ist äußerst charakteristisch für Meiers Art, daß er nicht gleich das Ganze mit einem Schlage durchsetzen wollte, sondern daß er, ohne das Endziel aus dem Auge zu verlieren, das jeweilig Erreichbare zunächst sicherte. Von dem neu gewonnenen festen Boden aus setzte er dann seinen Fuß weiter.

Erreichbar war es, in die Direktion der 1844 von Eduard Ichon gegründeten „Weser- und Hunte-Dampfschiffahrtsgesellschaft" einzutreten, die mit drei Dampfern die fehlende Eisenbahnverbindung zwischen Bremen, Oldenburg und Bremerhaven ersetzte. Erreichbar war 1853 die Durchführung eines langgehegten Planes bremischer Kaufleute eine Schleppschiffahrt auf der Unterweser einzurichten. Schon 1841 war ein Plan hierfür ausgearbeitet worden, der aber im Staatsarchiv begraben wurde. 1845 tauchte wieder ein derartiger Plan auf. Aber erst H. H. Meier war es im Verein mit Gustav Kulenkampff und Alexander Fritze beschieden, im Juni

1853 die „Schleppschiffahrtsgesellschaft auf der Unterweser" ins Leben zu rufen und Vorsitzer der Direktion zu werden. „Die Absicht des Unternehmens", so heißt es in der Eingabe an den Senat[1]), „ist teils, eins oder mehrere Boote zum Bugsieren von Bremerhaven nach See und zurück fahren zu lassen, teils, durch Dampfschlepper und verschlossene eiserne Schleppkähne den Transport der Waren an die Stadt zu beschaffen. In der ganzen Welt wird Schnelligkeit der Bewegung in Handel und Wandel immer nötiger, und namentlich bei einzelnen Konjunkturen der letzten Jahre hat es sich gezeigt, wie der Unternehmungsgeist des hiesigen Handelsstandes leider oft gehemmt ward durch Schwierigkeit und Kostspieligkeit der Kommunikationen, wie wir suchen müssen, durch Beseitigung dieser Übelstände in unserem Wetteifer mit anderen Handelsstädten zu siegen. Andererseits ist es zu bekannt, welcher Gefahr unsere Schiffe bei Eisgang ausgesetzt sind, wie lange oft widrige Winde die Auswandererschiffe im Hafen zurückhalten, um nicht schon in dieser Hinsicht einen sofort bemerkbaren Nutzen erwarten zu können."

Die Gründung der Schleppschiffahrtsgesellschaft rief eine solche Erregung unter den Kahnschiffern hervor, daß sie H. H. Meiers Haus an der Stintbrücke mit Blut bespritzten.

Die nächste erreichbare Stufe im Ausbau des jungen Unternehmens war die schon im zweiten Jahr des Bestehens erfolgende Erweiterung des Wirkungskreises der Gesellschaft durch Übernahme des Auswanderertransportes zwischen Bremen und Bremerhaven.

Erreichbar war es ferner für H. H. Meier, seinen Einfluß auch auf die Oberweser-Schiffahrt auszudehnen. Er wurde im Juli 1854 Mitbegründer der „Gesellschaft für eine Dampfschleppschiffahrt auf der Oberweser" und gehörte neben H. H. Schröder, Carl Tewes und anderen der aus sieben Mitgliedern bestehenden Direktion an.

H. H. Meier war der einzige, der in jeder der drei genannten Aktiengesellschaften Direktor war; er war das Bindeglied für alle drei; in ihm liefen ihre Interessen zusammen. Durch ein plan-

[1]) Bremer Staatsarchiv.

mäßiges Vorgehen war er so die einflußreichste Persönlichkeit in der damaligen bremischen Dampfschiffahrt geworden. Gleichzeitig war er der Seniorchef des Hauses H. H. Meier & Co., dessen Schiffe westwärts mit Auswanderern, ostwärts mit den Waren Amerikas den Ozean durchsegelten.

So war niemand in höherem Maße dazu berufen, die ersehnte neue transatlantische Dampferlinie zu schaffen, als er. Wie er sie ins Leben rufen wollte, erhellt aus der Stellung, die er sich innerhalb der drei genannten kleineren Dampfergesellschaften erobert hatte: er wollte diese verschmelzen und so eine feste Unterlage schaffen für den Neubau der überseeischen Dampferlinie. Daß dies — mindestens seit Anfang 1854, vielleicht schon eher, also noch vor der Konstituierung der Gesellschaft für die Oberweser — in seiner Absicht tatsächlich gelegen hat, bezeugt vor allem ein Brief des späteren technischen Lloyddirektors Th. Overbeck an H. H. Meier. Er ist zwar erst nach 1869 geschrieben, aber aus inneren Gründen beweiskräftig. In dem Briefe heißt es: „Ich bin im Frühjahr 1854 von Ihnen als Ingenieur für die Schleppschiffahrts-Gesellschaft auf der Unterweser, die Oberweser-Schleppschiffahrts-Gesellschaft und die Weser- und Hunte-Dampfschiffahrts-Gesellschaft engagiert worden und sprach Ihnen in den vorher über mein Engagement an Ihrem Comptoir gepflogenen Unterhaltungen mein Bedenken darüber aus, ob die fragliche Stelle mir auch wohl genügende geistige Beschäftigung bieten werde. Zur Beseitigung meiner Bedenken erwiderten Sie mir, daß die vorhandenen Gesellschaften nur Anfänge eines größeren Unternehmens sein würden, wenn die Verhältnisse eine Verwirklichung Ihrer Pläne möglich machen sollten. Sie sagten mir, daß Ihr Plan sei, zunächst die Schleppschiffahrt auf der Unterweser auf die Leichterfahrt zwischen Bremen und Bremerhaven auszudehnen (was auch bereits vor dem Beginn des Lloyd ausgeführt wurde) und später die Seedampfschiffahrt, und zwar mit England und Amerika, aufzunehmen. Kurz, Sie entwickelten mir Ihren Plan so, wie er nachher im großen und ganzen durch den Lloyd verwirklicht worden ist. — Aus diesen Mitteilungen, welche Sie mir gegen Ende 1853 oder Anfang 1854 machten, ging hervor, daß Ihr Plan ein bereits längere Zeit erwogener und durchdachter sein mußte, und ich entschloß mich nun, in der Voraussicht einer mir zusagenden Beschäftigung, die mir von Ihnen gebotene Stelle anzunehmen."

So erhebt dieser seinem inneren Zusammenhang nach durchaus glaubwürdige Brief die Vermutung zur Gewißheit, daß Meier schon 1854 die Lloydgründung in der Form ins Auge gefaßt hatte, in der sie 1857 verwirklicht wurde. Bekanntlich sind später nicht nur die genannten drei Gesellschaften miteinander verschmolzen worden, sondern es ist noch eine vierte, weit ältere hinzugekommen, die „Vereinte allgemeine Assekuranz-Anstalt für die Oberweser-Schiffahrt".

So wurde auch das Assekuranzgeschäft in den geplanten Wirkungskreis des neuen Unternehmens hineinbezogen. Der Anschluß dieser Gesellschaft lag sehr nahe, weil sie in engen geschäftlichen Beziehungen zur Oberweserschleppschiffahrts-Gesellschaft stand. Dies kommt schon in dem Umstand zum Ausdruck, daß die Herren Schröder, Tewes, Mummy und Grosse in den Direktionen beider Gesellschaften waren.

Während des Krimkrieges war an die Verwirklichung des Planes, eine transatlantische Dampferlinie zu schaffen, kaum zu denken. Auch waren die Bremer Kaufleute durch die Gründung der „Bremer Bank" sehr in Anspruch genommen. Vor allem aber zögerte Meier lange Zeit, mit seinem Plan hervorzutreten, weil er nicht die Gewißheit hatte, daß die Eisenbahn Bremen—Geestemünde gebaut würde. Nur allmählich machte er sich mit dem Gedanken vertraut, auf den Bahnbau nicht warten zu können. Es kam dann hinzu, daß der große Erfolg der Aktienzeichnung für die Bremer Bank ihn ermutigte.

Wahrscheinlich im Frühjahr 1856, nach dem Friedensschluß, entwarf er daher ein Statut der geplanten Schiffahrts-Gesellschaft. Ferner skizzierte er einen Vertrag mit Preußen, eine Zinsgarantie betreffend.

Auf das Umschlagblatt dieser Aktenbogen setzte er mit großer, klarer Schrift die Worte

Norddeutscher Lloyd,

die auf diesen Blättern vielleicht zum erstenmal einer Feder entflossen sind.

Bekanntlich war Edward Lloyd im 17. Jahrhundert Eigentümer eines Londoner Kaffeehauses, wo Schiffsangelegenheiten besprochen und Versicherungen abgeschlossen wurden. Aus diesem Keim erwuchs die berühmte Gesellschaft für Versicherung und Klassifizierung der Schiffe, die in anderen Staaten Nachahmung fand. Durch den Österreichischen Lloyd in Triest wurde der Name zuerst auf eine Dampferlinie übertragen, und von diesem Institut übernahm Meier das Wort Lloyd, wobei es, gleichviel ob bewußt oder unbewußt, auf ihn eingewirkt haben mag, daß der Name Lloyd mit der Vorstellung transatlantischer Dampfer für ihn seit seiner italienischen Reise verknüpft sein mußte [1]).

Wenn nun Meier seinen Lloyd einen Norddeutschen nennt und nicht schlechthin von einem Deutschen Lloyd spricht, so geschieht das offenbar aus Rücksicht auf den Triester Lloyd. Denn Österreich gehörte zum damaligen Deutschland noch hinzu, das also nicht nur im Norden, sondern auch im Süden das Meer erreichte. Wie von Triest aus ein süddeutscher Lloyd das Mittelmeer befahren ließ, so sollten von Bremen aus die Schiffe des Norddeutschen Lloyd den offenen Ozean durchfurchen.

Meier blieb nicht dabei stehen, das Statut zu entwerfen, er begann auch schon die Beschaffung der Kapitalien ernstlich ins Auge zu fassen. Anfang Juli 1856 setzte er seinen Freund Karl Mathy, also die Direktion der Diskonto-Gesellschaft, von seinem Plan in Kenntnis. Die erste Antwort war wenig ermutigend.

Mathy schrieb am 11. Juli 1856 aus Berlin: „Ich zweifele, ob für Deinen trefflichen Gedanken eines Norddeutschen Lloyd am hiesigen Platze wesentliche Teilnahme zu finden sein wird. Sand und See begrenzen sich, aber sie vermischen sich nicht. Unternehmungen zur See finden darum in der Regel hier nur geringen Anklang, und es würde, um einen Versuch zu machen, jedenfalls

---

[1]) Vgl. Seite 47.

abzuwarten sein, welchen Erfolg Deine Versuche wegen einer Zinsgarantie haben werden."

Bald danach war Mathy mit seiner Frau im befreundeten Meierschen Hause in Bremen. Bei Gelegenheit dieses Besuches gab Meier das Statut seines Lloyd Mathy mit nach Berlin, damit er den Plan mit David Hansemann[1]), der in erster Linie maßgebenden Persönlichkeit innerhalb der Diskonto-Gesellschaft, die er 1851 gegründet hatte, besprechen könne. Hansemann trat aber eine längere Badereise an, so daß Mathy am 30. August dem schon einige Zeit auf Antwort wartenden H. H. Meier mitteilen mußte, daß die Angelegenheit sich noch um Wochen verzögern könne. Mathy meint, daß auch ohne Beteiligung der Diskonto-Gesellschaft der Lloyd eine solide Grundlage und große Entwicklungsfähigkeit besitze, und fährt fort:

„Es freut mich, daß Du entschlossen bist, vorwärts zu gehen; das Glück wird Dir und seiner Gewohnheit, die Kühnen zu unterstützen, treu bleiben. Doch wirst Du wohltun, nicht auf eine preußische Zinsgarantie zu rechnen; selbst wenn das Ministerium wollte, was ich bezweifle, so könnte es nicht auf die erforderliche Zustimmung der Kammern zählen. Soll ich vielleicht bei einer anderen hiesigen Gesellschaft vorsichtige Erkundigungen einziehen, ob sie bei dem Norddeutschen Lloyd sich beteiligen wolle? Beide, Handelsgesellschaft und Bankverein, sind neu und suchen Beschäftigung."

Als H. H. Meier diesen Brief Mathys erhielt, hatte sich ihm gerade ein neuer Weg geboten, um mit der im Juli 1856 begründeten Berliner Handelsgesellschaft in Verbindung zu treten.

Eduard Crüsemann[2]), ein Protégé des Geheimrats Conrad

---

[1]) Hansemann, David, 1790—1864, bedeutender Kaufmann und Politiker, Gründer der Aachener Feuerversicherungsgesellschaft, Förderer des Eisenbahnwesens, 1848 preußischer Finanzminister und Gründer der Berliner Diskonto-Gesellschaft.

[2]) Crüsemann, Eduard, 1826—1869, Sohn eines Berliner Großkaufmanns, kam jung nach Bremen und eröffnete dort Anfang der fünfziger Jahre ein Import- und Reedereigeschäft. Seine vorhergegangene Reise nach Nord- und Mittel-Amerika hatte ihm die Überzeugung gegeben von der Notwendigkeit festerer Handelsbeziehungen zwischen Bremen und den

von der Handelsgesellschaft, hatte sich an H. H. Meier als den markantesten Vertreter der Bremer Kaufmannschaft gewandt, um ihn für eigene Pläne der Gründung eines Handels- und Schiffahrtsinstitutes zu gewinnen.

Er plante ein Geschäft unter der Firma „Bremer Handelskompanie", das mit einem Aktienkapital von 3 Millionen Talern „regelrechte Reederei, Seeversicherung, Kommissionsgeschäft und regelmäßige Postverbindung mit drüben im großen Maßstab" betreiben sollte (Brief vom 1. Mai 1856 an seinen Vater). Später (am 30. August, als er Meiers Lloydplan schon kennengelernt hatte) formulierte er seinen Plan folgendermaßen: „Die Kompanie wird Handels-, Bank-, industrielle Geschäfte aller Art, Reederei, Schiffbau, See- und Fluß-Assekuranzgeschäfte betreiben, direkte Dampfschiffahrtslinien selbst einrichten, sich bei bestehenden beteiligen oder sie übernehmen, sowie überhaupt die Unternehmungen machen, die den Zweck der Gesellschaft, Industrie, Handel und Schiffahrt zu heben, fördern."

Hier tritt uns nicht die Art und Weise Meiers entgegen, der auf praktische Durchführbarkeit sah und an Vorhandenes anknüpfte, sondern aus diesen Worten redet zu uns der Zeitgenosse und gläubige Schüler der Gebrüder Péreire; vom Gründungsfieber der 50er Jahre ist Crüsemann angesteckt. Ein wahres Universalinstitut will er schaffen, das Industrie, Handel, Schiffahrt, Schiffbau, Bankgeschäfte in seine Kreise ziehen und unmittelbar betreiben soll. Der spätere Norddeutsche Lloyd mit sämtlichen Tochterinstituten würde ungefähr dem entsprechen, was Crüsemann plante. Ein so komplizierter Organismus läßt sich aber nicht von heute auf morgen schaffen; aus der Arbeit eines halben Jahrhunderts war er hervorgegangen.

Zunächst war Crüsemann seinen Weg allein gegangen und hatte selbständig sein Ziel verfolgt, ohne sich mit den leitenden Bremer Kaufleuten in Verbindung gesetzt zu haben. Im August war

---

Vereinigten Staaten. Als Direktor des Norddeutschen Lloyd erwarb er sich die größten Verdienste um dessen Organisation und wurde viel zu früh aus seiner erfolgreichen Wirksamkeit hinweggerafft.

der Zeitpunkt gekommen, wo er mit seinen Plänen hervortrat, und zwar wandte er sich an H. H. Meier.

Wir dürfen zwischen den Zeilen eines Briefes, den Crüsemann an seinen Vater schrieb, herauslesen, daß er von Meiers Absicht, einen Norddeutschen Lloyd zu gründen, nichts gewußt hat, daß er in dem guten Glauben vor Meier hingetreten ist, ihn für eine ganz neue, originelle Idee gewinnen zu müssen. Crüsemann schreibt (August 1856): „Konsul Meier hörte meinen Vortrag schweigend an. Er fühlte wohl nur zu gut, daß Hansa und Germania[1]) als einzige Retter unseres Verkehrs mit New York Bremens nicht mehr würdig sind und daß der Hafen in Bremerhaven, der im Bau ist, doch auch benutzt werden sollte. Daß er mit dem Gedanken der Belebung der Schiffahrt Bremens umgegangen ist, ging daraus hervor, daß er sofort die Koalition der bestehenden Flußschiffahrts-Gesellschaften mit der Assekuranz-Anstalt für die Oberweser ins Auge faßte, die die Grundlage zu der neuen Gesellschaft eventuell geben könnte."

Crüsemann muß einen vortrefflichen Eindruck auf Meier gemacht haben, sonst hätte der Konsul ihn nicht sogleich in seine Pläne eingeweiht. Sein klarer Blick erkannte, daß er dem entschlossenen, zielbewußten jungen Mann vertrauen und ihn für seine Pläne verwenden konnte.

Nach dieser für die Geschichte des Lloyd denkwürdigen Unterredung gab Meier die von ihm ausgearbeiteten Statuten Crüsemann zur Einsicht. Deren Hauptinhalt übernehmend, machte Crüsemann nun den Versuch, das Statut des Lloyd mit dem der „Bremer Handelskompanie" zu verschmelzen. Die neue Ausarbeitung übersandte er Meier mit einem längeren Schreiben, in dem er die Gründe für die am Lloydstatut vorgenommenen Änderungen auseinandersetzte.

Die genannte Ausarbeitung Crüsemanns stellt nun keineswegs das endgültige Lloydstatut dar, auch ist von seinen Vorschlägen, die er in jenem Brief macht, kaum die Hälfte zur Annahme gelangt.

---

[1]) Die Schiffe der Firma W. A. Fritze & Co.

Darum sei nur kurz erwähnt, daß er Meier veranlassen wollte, die Aktien nicht in der Stille zu sammeln, sondern das Ganze auf die Börse zu bringen. Ferner wünschte er eine Erhöhung des Grundkapitals, ein eigenes Warengeschäft, um für die Schiffe stets genügende Frachten zu haben, die Einbeziehung von Kommissions- und Bankgeschäften in den Wirkungskreis der Gesellschaft u. a. Er spricht sich ebenso wie Mathy gegen die von Meier geplante Zinsgarantie auf die Dampfschiffahrt aus, von der übrigens im Statut nicht die Rede war, sondern in einer besonderen Skizze, und kritisiert vor allem die Stellung, die dem Verwaltungsrat und der Direktion in Meiers Statut zugedacht war. Schließlich spricht er die Erwartung aus, daß er und seine Berliner Geschäftsfreunde unter die Zahl der Gründer aufgenommen werden würden, und erbittet für sich selbst den Direktorposten. „Ich weiß, Herr Konsul, daß ich meine Hand nach einem hohen Posten ausstrecke. Ich werde aber alles, was in der Macht eines jungen, tätigen, treuen und vorsichtigen Menschen liegt, aufbieten, das Vertrauen, welches man in mich setzen würde, zu rechtfertigen. Wenn ich nicht selbst die Kraft in mir zu fühlen wähnte, an der Hand so gediegener Männer, als der, aus denen der Verwaltungsrat bestehen wird, diesen erhabenen Platz würdig auszufüllen, so würde ich gewiß nicht wagen, meine Stimme zu erheben oder auf das Vertrauen meiner Berliner Freunde, welches sie mir durch ihre Unterstützung beweisen, Gewicht zu legen."

So weit waren Ende August 1856 die Dinge gediehen. Der lange wohlerwogene Plan H. H. Meiers hatte durch Crüsemann einen neuen kräftigen Anstoß erhalten, der ihn der Verwirklichung näherbrachte. Es galt nun, das Nützliche und die Sache Fördernde der Crüsemannschen Vorschläge in den Lloydplan hineinzuarbeiten und alles, was über das erreichbare Ziel hinausschoß, zurückzuweisen; es galt vor allem, in Verhandlungen mit den Direktionen der vier zu vereinigenden Gesellschaften zu treten. Diesen Arbeiten hat H. H. Meier sich im September und Oktober unterzogen. Der jugendlichen Ungeduld Crüsemanns ging alles nicht schnell genug. „Die Herren sind hier nicht allein sehr bedächtig, sondern auch ziemlich langsam.“ Er bittet H. H. Meier, ihm über die Unbehaglichkeit hinweghelfen zu wollen, welche er seinen Berliner Freunden gegenüber längst fühle, die er seit so langer Zeit in völliger Unkenntnis über seine Schritte und Tätigkeit gelassen habe. So war Crüsemann zwar keine tonangebende, aber doch eine anspornende Persönlichkeit in dieser Zeit, in der der Lloydplan ausreifte.

Das revidierte endgültige Statut des Norddeutschen Lloyd, wie es noch vor Mitte November an auswärtige Banken verschickt werden konnte, fußt durchaus auf dem ersten Entwurf H. H. Meiers, aus dem die Mehrzahl der Paragraphen wörtlich übernommen wurde, während an vielen der übrigen nur kleine stilistische Änderungen vorgenommen wurden. Aber folgende einschneidende Änderungen finden sich: das Grundkapital, das im Entwurf zwei Millionen Taler Gold betragen sollte, wurde auf vier Millionen festgesetzt, so daß es noch um eine Million die von Crüsemann für seine Handelskompanie geplanten drei Millionen überstieg. Am interessantesten ist die veränderte Stellung, die dem Verwaltungsrat und der Direktion zugewiesen wurde.

Die Statuten der drei Dampfschiffahrtsgesellschaften, die sich im Lloyd vereinigten, kannten keinen Verwaltungsrat. Die Generalversammlung wählte aus ihrer Mitte die Direktoren, deren es bei der Weser-Hunte-D.-G. vier nebst einem besoldeten Geschäftsführer gab; bei der Unterweser-Schleppschiffahrt waren anfangs drei, dann fünf unbesoldete Direktoren, und bei der Oberweser-Schleppschiffahrt gar sieben. Die Direktionen wählten aus ihrer Mitte den Vorsteher, der auch in den Generalversammlungen den Vorsitz führte.

In seinem Entwurf zum Lloydstatut hatte nun H. H. Meier zwischen die Generalversammlung und fünf unbesoldete Direktoren, die eine Tantième erhalten sollten, noch einen Verwaltungsrat eingeschoben, dessen 18 Mitglieder von der Generalversammlung gewählt werden sollten und die ihrerseits wieder aus ihrer Mitte die fünf Direktoren wählten. Die Direktion war demnach der geschäftsführende Ausschuß des Verwaltungsrats, der lediglich ein überwachendes Organ sein sollte, ähnlich dem heutigen Aufsichtsrat.

Bei der Direktion aber lag in diesem Entwurf die eigentliche Leitung der Gesellschaft; sie wählte aus ihrer Mitte den Vorsitzer, der bezeichnenderweise auch dem Verwaltungsrat präsidieren mußte. Letzterer war eben nicht viel mehr als eine Ersatzreserve für die Direktion.

Es unterliegt wohl keinem Zweifel, daß H. H. Meier für sich selbst den Posten des Vorsitzers der Direktion in Aussicht genommen haben muß. — An dieser Organisation der Verwaltung des Lloyd übte Crüsemann eine berechtigte Kritik. Er schrieb am 30. August 1856 an H. H. Meier:

„Was die Verwaltung anbetrifft, so ist sie nach meinem Plane von dem Statut des Norddeutschen Lloyd verschieden. Die Art der Verwaltung, wie Sie dieselbe beabsichtigen, scheint mir zu schwierig, weil so viele Stimmen sich darinzumischen haben. Danach werden die Dienste des Verwaltungsrates sehr gering sein, und da er keine Remuneration erhält, so dürften die damit übernommenen Pflichten nicht gerade sehr eifrig wahrgenommen werden. Geben wir uns in dieser Beziehung keiner Täuschung hin: es existieren überall schon in unserem Staat Ämter, die nicht besoldet werden, genug, die die Zeit unserer Kaufleute in Anspruch nehmen, ich erinnere nur an die schwach besetzte Bürgerschaft, und wenn Sie auch wirklich Kaufleute finden, die sich dem Geschäfte unterziehen, werden sie immer standhalten? Und ich erlaube mir die bescheidene Frage, was nützt ein Verwaltungsrat, der nicht in allen Geschäften au fait ist und sich denselben mit ganzer Seele hingibt? Meiner Ansicht nach müssen die Herren des Verwaltungsrats nicht nur die Kontrolle ausüben und gemachte Vorschläge beurteilen, begutachten, sondern selbst darüber nachdenken, was der Gesellschaft ersprießlich und welche Geschäfte ihr frommen können; dafür muß aber ein Nutzen sein. Ferner die Direktoren. Sie stipulieren deren fünf und glauben, daß diese noch kaum hinreichen werden. Es ist schon schwer, daß zwei Leute ein und dieselbe Meinung von einer Sache haben; um wieviel mehr würden die Ansichten von fünf Personen, selbst wenn sie verschiedenen Branchen vorständen, auseinandergehen und eine energische, einheitliche Lei-

Wappen des Norddeutschen Lloyd

„In unserm Wappen — ein Anker, der den Bremer „Schlüssel kreuzt und den ein Eichenkranz umschließt — „sehen Sie unsern Wahlspruch: In dem Anker halten „wir die Hoffnung fest, daß der Schlüssel uns die Verkehrs- „wege eröffnen werde, die wir mit deutscher Mannes- „kraft, Ausdauer und Treue festhalten wollen."

Worte H. H. Meiers,

gesprochen an Bord des Dampfers „Bremen" vor seiner ersten Ausfahrt am 12. Juni 1858.

tung, die Seele des ganzen Betriebes, benachteiligen. Außerdem ist die Remuneration der Direktoren nicht so verlockend, daß sich unsere ersten und gewiegtesten Geschäftsleute dazu hergeben würden, die, um das Etablissement gut zu führen, an eben nichts weiter denken müßten, als an die Geschäfte der Companie. Ich möchte Sie ersuchen, Herr Konsul, sich diese Sache wiederholentlich zu überlegen und zu bedenken, daß die Direktoren in Gemeinschaft mit dem Verwaltungsrat die Seele des ganzen Geschäfts ausmachen, sie müssen ihre große Aufgabe erkennen und nur dafür leben. Infolgedessen muß ihnen auch ein genügender Lohn werden. Kein Mensch arbeitet gern ohne Vorteil; der Verdienst ist der Stachel, der ihn treibt, und die Ehre, eine solche Stelle würdig auszufüllen, ist die Stimme, die ihn mahnt, einen sicheren und vorsichtigen Weg zu wandeln. Ich glaube, daß zwei Direktoren, wenn von tüchtigen fach- und sachkundigen Beamten für die einzelnen Branchen unterstützt, hinreichend sind für die Leitung, besonders wenn sie vom Verwaltungsrate so unterstützt werden, wie ich angedeutet habe."

Crüsemann wollte also einerseits die Bedeutung des Verwaltungsrats heben, andrerseits die Stellung eines Direktors selbständiger und verantwortungsreicher machen. In demselben Brief erbittet er für sich den Direktorposten.

Über diese Anregungen Crüsemanns geht nun das endgültige Lloydstatut noch bei weitem hinaus. Die Stellung des Verwaltungsrats, der fortan aus zwölf Mitliedern besteht, die Tantième erhalten, wird nicht nur gehoben, sondern er wird geradezu zu dem einflußreichsten, dem *eigentlich regierenden Organ der Gesellschaft* gemacht, so daß seine Machtstellung die des heutigen Aufsichtsrats bei weitem übersteigt. Ein entscheidender Teil der Befugnisse, die in Meiers Entwurf der Direktion zugedacht waren, werden dem Verwaltungsrat übertragen, der nicht nur die Oberaufsicht, sondern geradezu die *Leitung der Geschäfte* in Händen hat. Die Direktion ist nunmehr ein vom Verwaltungsrat abhängiges Exekutivorgan der Gesellschaft. Sie besteht aus einem oder mehreren *besoldeten* Direktoren und deren Stellvertretern. Der Direktor wird also ein festbesoldeter Angestellter des Verwaltungsrats. Wie der Posten des Direktors auf den noch jugendlichen Crüsemann zugeschnitten war, so auf H. H. Meier der des Vorsitzers des Verwaltungsrats.

Der schwierigste und aufreibendste Teil der Arbeit, der H. H. Meier sich im Interesse Bremens und Deutschlands unterzogen hatte, fehlte noch. Es galt die endgültige Zustimmung der Direktionen der an der Gründung beteiligten Gesellschaften, sowie ihrer Generalversammlungen zu erlangen; vor allem aber hieß es das Gründungskapital zu beschaffen. Auf staatliche Unterstützung, deren sich die Ocean Steam Navigation Company erfreut hatte, wurde nicht mehr gerechnet, und sie ist auch nicht erfolgt.

Es ist schon erzählt, daß Meier im Juli 1856 sich mit der Diskonto-Gesellschaft in Verbindung gesetzt hatte. Auf sie setzte er seine größten Hoffnungen nach wie vor. Ehe er selbst nach Berlin fuhr, reiste Anfang Oktober Crüsemann dorthin, um von ihm im Frühjahr begonnene Verhandlungen mit der Handelsgesellschaft mündlich fortzusetzen. Es war hart für Crüsemann, von Geheimrat Conrad hören zu müssen, die Gründung sei augenblicklich nicht ratsam, „da die finanziellen Verhältnisse fast aller Börsen den Unternehmungsgeist gelähmt hätten und somit nachteilig auf die Beteiligung einwirken dürften". — Dazu kam noch, daß das Ministerium kurz vorher den Wunsch ausgesprochen hatte, die Berliner Banken möchten nicht als Gründer auswärtiger Institute auftreten. Dieser Bescheid war für Crüsemann um so unangenehmer, als er gefürchtet zu haben scheint, daß er, der als Protégé der Handelsgesellschaft galt, den Direktorposten nicht erhalten würde, wenn diese ihr Kapital zurückhielt. Nach dieser erfolglosen Reise Crüsemanns versuchte H. H. Meier selbst sein Glück in Berlin. Ende Oktober suchte er Hansemann auf und hatte mehrere Besprechungen mit ihm, die aber ebensowenig zu einem Ergebnis führten wie seine erneuten Verhandlungen mit der Handelsgesellschaft und dem ebenfalls im Sommer 1856 gegründeten Berliner Bankverein. Mißgestimmt kehrte Meier heim. Aber er ließ den Mut nicht sinken. Wiederholt versuchte er, in längeren schriftlichen Auseinandersetzungen Hansemann von der Rentabilität des Lloyd zu überzeugen.

Denn er wußte, wenn er diesen tonangebenden Mann gewann, würden die beiden anderen Banken sich ebenfalls beteiligen. Er legte ihm dar, daß die vier begründenden Gesellschaften sich in blühendstem Zustande befänden, daß von jedem Vorteil für die Gründer abgesehen sei, daß der Lloyd nicht allein im bremischen, sondern im allgemeinen deutschen Interesse ins Leben gerufen werden solle. Hansemanns Einwände, die transatlantische Dampfschifffahrt werde sich nicht rentieren und die Lloydaktien seien kein gutes Börsenpapier, sucht er in überzeugender Weise zu entkräften durch Hinweis auf die letzten glänzenden Geschäftsjahre der Ocean Steam Navigation Company und auf den Paragraphen des Statuts, der den Aktionären auch während der Bauzeit der Ozeandampfer 5% Zinsen für ihr Kapital zusichere, so daß sie keinen Augenblick ihre Zinsen zu entbehren hätten.

Aber es war vergeblich, daß Meier hoffte, jede der drei Berliner Gesellschaften werde sich mit 500000 Talern beteiligen. Nur zu einer geringfügigen Kapitalzeichnung kam es schließlich, nachdem sich die Verhandlungen bis Ende Januar 1857 hingezogen hatten. Ähnlich verliefen die Verhandlungen mit vielen anderen Bankhäusern, an die Meier sich wandte. Unermüdlich verfaßte er umfangreiche Briefe an die maßgebenden Finanzmänner, denen er gleichzeitig das Lloydstatut, den ausführlichen, wie es heißt von Otto Gildemeister verfaßten Prospekt des Unternehmens, sowie ein Exposé Crüsemanns einsandte.

Um eine Beteiligung der Rheinlande herbeizuführen, schrieb Meier an den Schaaffhausenschen Bankverein in Köln, wo er mit Mevissen[1]) und Deichmann befreundet war, die ihrerseits wieder auf Oppenheim einwirken sollten. Sie waren zugleich Gründer der Darmstädter Bank. Auch an diese wandte sich Meier, um die Kölner und Darmstädter zu gemeinsamer Beteiligung zu ermutigen. Er erklärte, auch mit kleineren Summen von 50000 Talern

[1]) von Mevissen, Gustav, 1815—1899, deutschnationaler Politiker, Gründer des Schaaffhausenschen Bankvereins in Köln, Präsident der rheinischen Eisenbahn-Gesellschaft, zum erblichen Mitgliede des preußischen Herrenhauses berufen.

zufrieden sein zu wollen, wenn Deichmann sich nur überhaupt beteilige, durch dessen großen Einfluß das Interesse auf allen Börsen gefördert werden würde.

Auch bei den Industriellen des bergischen Landes suchte Meier Interesse für den Lloyd zu erwecken, der seiner Ansicht nach dazu berufen sei, der Industrie unschätzbare Dienste für den Export zu leisten. Er schieb an seinen Jugendfreund Moritz Simons in Elberfeld, der wiederum auf das Bankhaus von der Heydt hätte einwirken können. Aber die Elberfelder hielten ihre Taschen zu.

Kein Mißerfolg brachte Meier von seiner Überzeugung ab, daß das deutsche Binnenland bis zur Schweiz hin — selbst dorthin schrieb er — für den Lloyd interessiert werden müsse. Den Generalkonsul Hirzel in Leipzig bat er, in Sachsen seinen Einfluß geltend zu machen. Immer wieder suchte er solchen Finanzgrößen der deutschen Sonderstaaten klarzumachen, daß es sich bei der Lloydgründung nicht um ein rein bremisches, geschweige denn um sein persönliches Interesse handele, sondern um ein deutsches. In diesem Sinne schreibt er auch dem Geheimen Finanzrat Lang in Hannover, der vor allem seinen vielvermögenden Einfluß für den Bau der Eisenbahn nach Geestemünde in die Wagschale werfen soll: „Meines Erachtens wird der Lloyd, wenn er in dem Sinne, wie ich ihn begründe, ausgeführt und geleitet wird, einen ganz bedeutenden Einfluß auf die materielle Entwicklung der Weseruferstaaten ausüben und dem Handel und Verkehr derselben einen kaum geahnten Aufschwung geben. Von diesem Gesichtspunkte bin ich bei der Begründung ausgegangen und habe nicht die Mühe und Arbeit gescheut, welche sie erfordert."

Es war in der Tat eine gewaltige Arbeit, die Meier neben seinen laufenden Geschäften in diesen Monaten bewältigte. „Ich sitze bis über die Ohren in Geschäften und weiß ich nicht, wie mir die Zeit hingeht." Die gesamte Korrespondenz mit allen schon genannten Bankhäusern, neben denen noch die Banken von Meiningen Weimar, Dessau, das Haus Rothschild in Frankfurt und Mendelssohn in Berlin zu nennen wären, führte Meier persönlich [1]); keine

[1]) Das Kopierbuch ist erhalten.

Stenographistin und keine Schreibmaschine konnte ihm zur Hilfe kommen. — Heute waren diesem, morgen jenem Bankhause große Summen, oft von mehreren hunderttausend Talern, fest an Hand gegeben, bald war von Köln, bald von Frankfurt, Darmstadt oder Dessau ein wichtiges Telegramm zu erwarten, das alle bisherigen Berechnungen über den Haufen werfen konnte.

Das Unvorhergesehene spielte auch bei dieser Kapitalbeschaffung eine große Rolle. Häuser, auf die Meier fest gebaut hatte, ließen ihn entweder ganz im Stich oder beteiligten sich mit geringen Summen, während er mit der „Kreditanstalt für Industrie und Handel" in Dessau, die von Minister v. Goßler und Bürgermeister Oechelhäuser geleitet wurde, vor Mitte Januar 1857 einen Vertrag über 1½ Millionen Taler abschließen konnte. Obwohl Meier es stets auf das entschiedenste zurückwies, den sich beteiligenden Banken irgendwelche Vergünstigungen auf Kosten der Aktionäre zu gewähren, so wurde doch in Anbetracht der hohen Beteiligung der Dessauer Kreditanstalt insofern eine Ausnahme gemacht, als ihr zugestanden wurde, daß ihre Zweigniederlassung in New York die Lloydagentur erhalten sollte. Dies ist auch tatsächlich geschehen. Erst 1861, als nach Ausbruch des Bürgerkriegs der Träger jener New Yorker Zweiganstalt fallierte, wurde die Agentur dem Hause Oelrichs & Co. übertragen.

Sehr gut war auch die Beteiligung in Bremen selbst, wo unter Einschluß des Kapitals der vier begründenden Gesellschaften, das ungefähr 333000 Taler betrug, in kurzem 1½ Millonen Taler gezeichnet waren. Am 20. Dezember 1856 schrieb Meier: „Hier werden die Leute schon hitzig und ich werde geplagt von Leuten, die jedenfalls Aktien al pari zugesichert haben wollen, so daß auch wohl hier etwas Schwindel hineinkommen wird." Ähnlich am 9. Januar: „Jedenfalls hat die Sache hier einen sehr großen Anklang gefunden, und ich hätte nie geglaubt, daß die Bremer Börse sich so lebhaft und mit einer solchen Gunst dafür interessieren würde, und sie ist doch am besten imstande, die Rentabilität zu beurteilen."

Auf diese günstige Zeit, in der Meier sich den besten Hoffnungen hingeben konnte, sollte schon nach einem Vierteljahr der erste starke Rückschlag erfolgen. Ein Frankfurter Spekulant wollte Aktien im Werte von 200 000 Talern aus unbekannten Gründen trotz bester Geschäftslage des Lloyd um jeden Preis verkaufen, wodurch der Kurs der Lloydaktien auf 90 sank. Das war der Anfang eines ständigen Kursrückgangs, der den Lloyd schließlich in eine Lage brachte, aus der ihn nur das kaufmännische Geschick H. H. Meiers und dessen unerschütterliches Vertrauen in eine bessere Zukunft errettete. — Bezeichnend sind die Worte, die Meier am 15. April 1857 nach dem Rückgang der Aktien auf 90 an einen Frankfurter Herrn schrieb. Nach einer längeren Darlegung des Sachverhalts heißt es dort:

„Wenn ich nun noch einige persönliche Bemerkungen daran knüpfen darf, so sind es erstens, daß, wie die Sache liegt, meine Ehre engagiert ist, das Unternehmen mit Erfolg durchzuführen, ich daher meine ganze Energie daran setzen werde und durch meine langjährige Erfahrung in Reederei als auch Assekurenzgeschäft dazu befähigt mich glaube, namentlich, wie Sie wissen, das New Yorker Geschäft genau kenne; zweitens, daß bis dahin ich das Glück gehabt habe, (daß) eine jede Sache, bei deren Leitung ich beteiligt, gut ging oder gut wurde, nachdem ich hinzutrat, welches ich vorzugsweise dem zuschreibe, daß ich solche Sachen, wenn ich sie übernehme, mit derselben Energie und ebenso wie meine eigenen mit Hintenansetzung aller persönlicher Interessen behandle."

Das sind Worte voll Selbstbewußtsein und Unerschütterlichkeit, ohne die kein Mann etwas Großes schaffen wird. — Soviel über die Kapitalbeschaffung, sozusagen die auswärtige Gründungspolitik H. H. Meiers. Eine nicht minder schwierige Aufgabe hatte er gleichzeitig innerhalb der begründenden Gesellschaften zu lösen. Vor allem mußten die Direktionen für seinen Plan gewonnen werden, was in mündlichen Verhandlungen geglückt ist, über die wir keine Kunde haben. Sodann war noch Widerstand seitens der Generalversammlungen der Aktionäre zu befürchten. Besonders schwierig war es, die oldenburgische Regierung, die $^1/_6$ der Aktien der Weser-Hunte-Dampfschiffahrts-Gesellschaft besaß, zu gewinnen. Wochenlang ließ die Regierung auf ihre Zustimmung warten, die endgültig erst am 30. Dezember erteilt wurde. Da Meier bei einer persönlichen Besprechung in Oldenburg am 20. November eine ermutigende Anerkennung seiner guten Sache erfahren hatte, so sah man dies als eine vorläufige Zusage an, und am 26. November genehmigten die Direktionen der vier Gesellschaften das Lloydstatut endgültig.

So konnte am 29. November die breite Öffentlichkeit mit dem Lloydplan bekanntgemacht werden. An diesem Tage brachten das „Bremer Handelsblatt", die „Weser-Zeitung" und die „Preußische Correspondenz" in Berlin die erste Notiz über den Lloyd. Gleichzeitig unterrichtete Crüsemann die Leitung der „Berliner Börsenzeitung" von dem „rein deutschen, großartigen Unternehmen".

In der erwähnten Versammlung der Direktionen wurde von jeder Gesellschaft je ein Mitglied ernannt, die zusammen ein Gesuch an den Senat zum Zweck der Erlangung der Rechte einer juristischen Person für den Lloyd einreichten. Es waren die Herren H. H. Meier, J. G. Kulenkampff, H. H. Schröder und C. Tewes.

Eine Kommission des Senats, in der außer dem Präsidenten die Senatoren Dr. Albers, Hartlaub und Diedrich Albers sich befanden, berichtete dem Senate folgendes:

„Eine Anstalt wie die hier beabsichtigte hat nicht nur im Interesse des Staats kein Bedenken, sondern es unterliegt auch keinem Zweifel, daß sie auf unseren Handelsverkehr einen wohltätigen und höchst bedeutenden Einfluß äußern müßte. Es ist daher sehr wünschenswert, daß das Unternehmen zustande komme und wird daher dieses sowie die demnächstige Wirksamkeit des Instituts vom Senate soviel nur tunlich zu begünstigen sein."

Auf Grund dieses Berichtes beschloß der Senat am 8. Dezember 1856 das Statut zu genehmigen und der Gesellschaft die Gewährung der Rechte einer juristischen Person in Aussicht zu stellen. Daraufhin fanden im Laufe des Dezember die Generalversammlungen statt, in denen die Aktionäre einstimmig ihre Einwilligung aussprachen. Die Direktionen der begründenden Gesellschaften wählten Ende Dezember den provisorischen Verwaltungsrat mit H. H. Meier als Vorsitzer.

Zum Direktor wurde Eduard Crüsemann ernannt, der am 20. Januar an H. H. Meier schrieb: „Erlauben Sie mir, Ihnen meinen aufrichtigsten Dank für Ihre einflußreiche Unterstützung auszusprechen, sowie dem Gefühle des Stolzes auf die Ehre, deren ich durch die Wahl teilhaftig geworden, und der Freude, daß mein rastloses Streben mich dem gewünschten Ziele nahegebracht, Worte leihen zu dürfen."

Nachdem mehr als die Hälfte des Aktienkapitals gezeichnet und die erste Einzahlung erfolgt war, erteilte der Senat am 18. Februar 1857 dem Lloyd die Rechte einer juristischen Person. Daraufhin konstituierte sich am 20. Februar die Gesellschaft.

Vier Wochen nach der ersten Einzahlung wurde statutengemäß eine Generalversammlung zur Wahl des definitiven Verwaltungsrats auf den 17. März einberufen, in der dieselben Herren wie bisher gewählt wurden mit Ausnahme von J. G. Kulenkampff und L. Mummy. An Stelle dieser Herren traten als Vertreter der Dessauer Kreditanstalt Minister von Goßler (bis 1860) und Bürgermeister Oechelhäuser (bis 1859) in den Verwaltungsrat ein.

Anfang April reisten H. H. Meier und J. H. Frerichs mit Overbeck als technischem Fachmann nach England, um Werften zu besichtigen und die Kontrakte für die ersten transatlantischen Dampfer des Lloyd abzuschließen.

So war denn ein großes nationales Unternehmen mit hervorragendem kaufmännischen Geschick und zäher Willenskraft ohne jede staatliche Unterstützung ins Leben gerufen. Besonders auf den letzteren Punkt sei nachdrücklich hingewiesen. Wenn Meier auch anfangs geglaubt haben mochte, ohne eine Zinsgarantie der preußischen Regierung den Lloyd nicht gründen zu können, so lähmte doch die Erkenntnis, hierauf kaum hoffen zu dürfen, seine Tatkraft in keiner Weise. Denn schon Mitte Mai 1856 erhielt er Nachrichten aus Berlin, die ihm Klarheit darüber gaben, daß es dort nicht nur an bereiten Geldmitteln mangele, sondern auch die Notwendigkeit der Genehmigung einer Garantie durch den Landtag hindernd im Wege stehe. Als daher im Sommer 1856 Meier sich zuerst an die Großbanken wandte, bildete die Hoffnung auf eine Unterstützung der preußischen Regierung keinesfalls die Grundlage seiner Lloydgründungspläne. Ohne diese Rückendeckung und Empfehlung durch Preußen war zwar die Beschaffung des Gründungskapitals schwerer. Aber vor Schwierigkeiten scheute Meier weder zurück, noch erwiesen sie sich als unüberwindbar. Auch ohne Preußens Regierung und ohne die irgendeines anderen Staates gelang das große Werk.

Wie sehr das unbedingte Vertrauen in Meiers Persönlichkeit die Grundlage des Erfolges bildete, ersieht man aus einem Brief des hanseatischen Ministerresidenten Rudolf Schleiden[1]). Auf die Nachricht hin, daß die Lloydgründung gesichert sei, schrieb er am 30. Januar 1857 aus Liverpool an Meier: „Bei solcher Energie und solchem Patriotismus, wie Sie und Ihre Kollegen im Verwaltungsrat von neuem bewiesen haben, muß das großartige Unternehmen guten Fortgang haben. Die Herren Bould und English, gegen die ich der Sache erwähnte, sagten aus einem Munde, in Ihren Händen könne der Sukzeß nicht ausbleiben. Ich kann deshalb nur die bereits ausgesprochenen guten Wünsche und die Versicherung wiederholen, daß ich meinerseits tun werde, was in meinen Kräften ist, um die Amerikaner zu kräftigem Zusammenwirken mit Ihnen zu veranlassen."

Daß auch abgesehen von der Gründung des Lloyd H. H. Meier das höchste Verdienst um die Entwicklung des Unternehmens zuzusprechen ist, kann nicht zweifelhaft sein. Denn die Tatsache ist unbestreitbar, daß er es gewesen ist, in dessen Hand während der ersten Jahrzehnte, tatsächlich bis in die 80er Jahre hinein, rechtlich bis zu seinem Austritt 1888, die entscheidende Leitung gelegen hat. Der Vorsitzer des Verwaltungsrats war in jener Zeit die ausschlaggebende Persönlichkeit. Die Direktoren traten dahinter zurück. Sie waren lediglich Mitarbeiter und ausführende Organe. So war es sogar in den zwölf Jahren, in denen der Di-

[1]) Schleiden, Rudolf, 1815—1895, geborner Schleswig-Holsteiner, Jurist, nach der Erhebung der Herzogtümer von der provisorischen Regierung nach Frankfurt a. M. und Berlin gesandt. Seit 1853 Vertreter Bremens in Washington, seit 1863 daselbst Ministerresident für die drei Hansestädte, dann in London bis Juli 1866. Mitglied des Reichstags 1867—1873.

rektorposten dem ebenso klugen wie umsichtigen und weitblickenden Eduard Crüsemann anvertraut war. In erhöhtem Maße war es der Fall, als weniger bedeutende Persönlichkeiten zu Direktoren ernannt werden mußten. Ein Umschwung trat erst ein — und zwar ganz allmählich und keineswegs plötzlich —, als dem schon alternden H. H. Meier die Zügel der Regierung des Lloyd durch den stürmisch vorwärtsdrängenden Direktor Lohmann[1]) abgenommen wurden. Aber im ersten Vierteljahrhundert seines Bestehens lag die Leitung des Lloyd beim Vorsitzer des Verwaltungsrats, also bei H. H. Meier, der — wenn ein ungefährer Vergleich mit den heutigen Verhältnissen gestattet ist — seinem Einfluß nach Präsident des Aufsichtsrats und Generaldirektor in einer Person war.

4. Die Krisis von 1857.

Die groß angelegten Institute, die Meier in seiner Vaterstadt geschaffen hatte, wurden bald auf eine harte Probe gestellt.

Noch im Gründungsjahre des Lloyd 1857 brach die große wirtschaftliche Krisis aus, die in den wichtigsten Handelsländern der Welt die Spreu vom Weizen sonderte. Denn viel Unkraut war in den fruchtbaren 50er Jahren mit emporgeschossen. Die große Krisis war die Feuerprobe, in der die gediegenen Firmen sich bewährten, die auf Wagehalsigkeit und unlauteren Machenschaften aufgebauten aber zusammenbrachen.

In den Vereinigten Staaten begann diese finanzielle Katastrophe ihre Verheerungen anzurichten, verschonte aber bezeichnenderweise ein solides Haus wie die Meiersche Parallelfirma Oelrichs & Co., die mit einem Verlust von 10 000 Dollars davonkam. Dann sprang der Brand nach England und Schottland über. Ein furchtbarer Ansturm auf die Banken erfolgte, eine nach der anderen brach zusammen. Das von dem Bremer Daniel Meinertzhagen geleitete Haus Fredk. Huth & Co. in London, mit dem H. H. Meier &

[1]) Lohmann, Johann Georg, 1830—1892, Kaufmann in Bremen und in Bahia, Direktor des Norddeutschen Lloyd von 1874—1892, eine energische, kraftvolle Persönlichkeit, von dem im Buch noch häufig gesprochen wird.

Co. von alters her in Verbindung standen, hielt sich jedoch vortrefflich. Meinertzhagen schrieb am 23. November 1857 an Meier: „Wir haben wie Sie gegen etwaige Verluste ein tüchtiges Jahr dagegenzusetzen", nämlich einen Reingewinn von mindestens 100 000 Pfund Sterling.

Allmählich griff die Krisis auch nach Deutschland über und forderte in Wien, Berlin und vor allem in Hamburg die schwersten Opfer. Wie aus den Kurven eines Seismographen ist die Erschütterung aus Mathys Briefen an Meier herauszulesen. Im Juni 1857 schreibt er: „In Deutschland lauert mancher verhaltene Schwindel, dazu noch russischer und französischer, auf den ersten günstigen Augenblick zum Losbrechen." Im Juli: „Die Stimmung ist gegenwärtig so außerordentlich flau, daß es eigentümlicher Reize bedarf, um ein neues Effekt zu präsentieren, ohne ausgelacht zu werden. Ich glaube aber, daß der Norddeutsche Lloyd solche Reize hat: solide Basis, geschickte Leitung, hohe Rente, billiger Preis." Anfang August nennt er Meier im Hinblick auf seine Bemühungen, den Kurs der stark fallenden Lloydaktien zu heben, einen ausgezeichneten Börsen-Strategen, warnt ihn aber zugleich eindringlich vor der mit 1½ Millionen Talern am Lloyd interessierten Dessauer Kredit-Anstalt, die für die Berliner Börse eine wahre Mißkredit-Anstalt sei. Tatsächlich teilte diese Bank dann Ende Oktober Meier mit, daß sie ihren Verpflichtungen, weitere Einzahlungen auf die Lloydaktien zu machen, nicht nachkommen könne.

Am 20. November schreibt Mathy, er habe mit Sorge Meiers gedacht, seit sich die Yankees wieder auf das Prolongieren oder Nichterfüllen ihrer Verbindlichkeiten in großem Maßstabe verlegt haben. „Ist jedoch Bremen bis jetzt mit heiler Haut und blauem Auge davongekommen, dann ist wohl anzunehmen, daß höchstens noch Prolongationen, aber keine akuten Schläge mehr nachkommen, da die Yankees das fehlende Kapital in Form von Baumwolle, Tabak, Getreide und Gold aus dem Boden graben und herbeiführen."

Aber schon wenige Tage später verschlechterte sich die Lage in Deutschland außerordentlich. Die Krisis brach mit voller Wucht herein. Da hat H. H. Meier sich in der Tat als ausgezeichneten Finanzstrategen erwiesen. Ihm war es zu danken, daß Bremen von allen großen deutschen Handelsplätzen am wenigsten von der Krisis berührt wurde.

Die Bremer Bank sollte jetzt ihre Aufgabe erfüllen, dem Bremer Handel eine Stütze zu sein. Dazu bedurfte sie neuen Kredit und Gold. Als Meier am 30. November von der Diskonto-Gesellschaft Mathys ablehnendes Telegramm erhielt: „Wir können in diesem Augenblicke unsere Akzepte nicht vermehren", wandte er sich an Fredk. Huth & Co. in London. Der Zufall hatte es gefügt, daß Anfang September D. Meinertzhagen ihm folgendes geschrieben hatte: „Wenn Sie sich unsretwegen nicht ganz ruhig fühlen, d. h. nicht gern zu viel an einen Nagel hängen, so habe ich kein Wort zu sagen, denn es würde mir schlecht anstehen, irgend eine wenn auch überflüssig scheinende Vorsichtsmaßregel zu tadeln, aber sehr leid sollte es mir tun, wenn Sie glaubten, daß uns Ihre Kredite zu viel werden könnten; wünschen Sie über irgend eine Summe mit uns übereinzukommen, so sind wir dazu gern bereit: wir würden mit dem größten Vergnügen für 50—60 000 Pfund für Sie unter Obligo treten, auch mehr, wenn Umstände es Ihnen wünschenswert machten."

Diese Umstände traten nun ein, freilich nicht für H. H. Meier & Co., sondern für die Bremer Bank. Seinen persönlichen Kredit warf Meier in die Wagschale für die Bank und somit für die bremische Kaufmannschaft. Er erbat am 1. Dezember einen Kredit von 100 000 Pfund Sterling und erhielt am 3. Dezember das Telegramm: „Accept proposal for fifty thousand Pounds without conditions, for the rest under certain conditions explained by post."

Wenn also auch Meinertzhagen für die Bank nicht weiter als bis zu 50 000 Pfund Sterling gehen wollte, es sei denn unter solidarischer Verantwortlichkeit von H. H. Meier & Co., Gebr. Kulenkampff oder anderer erster Häuser, und für den Rest andere Londoner Banken heranzuziehen gedachte, so war doch durch diesen Kredit schon die Bank und Bremens Kaufmannschaft sichergestellt. Um den Goldbestand der Bank nicht weiter zu gefährden und wenn möglich zu erhöhen, bat Meier in einer öffentlichen Bekanntmachung das Publikum, das bare Geld der Bank anzuvertrauen, welche volle Sicherheit gewährleiste. Inzwischen hatte er durch Lloyddampfer Gold aus London holen lassen. Am 6. Dezember trafen 30 000 Pfund Sterling Gold in Barren von der Union-Bank ein, die sofort von der hannoverschen Münze in Goldmünzen bezahlt wurden. Silber hingegen konnte Meier nicht erhalten. Meinertzhagen schrieb am 7. Dezember, er höre, „daß die Union-Bank kein Silber schicken will. Silber ist überhaupt nicht zu haben. Wenn Hamburg eine Goldwährung hätte, würde es sich jetzt besser stehen". In demselben Briefe heißt es: „Wären Sie nicht an der Spitze der Bank, so würde ich bitten, selbst den Kredit von 50 000 Pfund Sterling nicht weiter zu benutzen. Doch ich verlasse mich fest darauf, daß, wenn Sie einmal irgend ein Risiko sähen, Sie uns sofort decken würden."

Man sieht, Bremen konnte sich glücklich schätzen, daß ein Mann von so festgegründetem kaufmännischem Ansehen an der Spitze der Bank stand. In Meier verkörperte sich die allgemeine Vertrauenswürdigkeit und Gesundheit des Bremer Handels. Jener Kaufmann hatte recht, der 1874 den Ausspruch tat[1]): „Wenn ich nichts wüßte von H. H. Meier als das, was er in der Krise von 1857 für uns getan, müßten wir ihm stets dankbar sein; er hat sich damals die Bürgerkrone um Bremen verdient."

Wie ein Mann von der Bedeutung David Hansemanns über Bremen dachte, zeigt Mathys Brief an Meier vom 12. Dezember 1857: „Herr Hansemann ist erfreut über die mannhafte, besonnene und verständige Haltung Bremens, die zu dem Benehmen Hamburgs einen wohltuenden Gegensatz bildet. — — — Darf man jetzt schon Bremen Glück wünschen, das Schlimmste überstanden zu haben? Wenn dies, so dürfte von Hamburgs bisherigem Überfluß ein Teil künftig seinen Weg nach der Weser nehmen. Das Vertrauen auf Hamburg ist doch für lange Zeit erschüttert."

Bei alledem ist zu bedenken, daß in Hamburg der Staat helfend

---

[1]) Von einem Wähler, „Die Wahrheit über H. H. Meier". Bremen 1874, Seite 11.

eingriff, während in Bremen die Börse jede Einmischung des Staats ablehnte. Sie folgte damit der von H. H. Meier damals ausgesprochenen Losung: Selbst ist der Mann!

Die schwere Belastungsprobe für Bremen, insbesondere für die Bank und den noch in den schwierigen Anfängen stehenden Lloyd war glänzend bestanden. H. H. Meier war in die Bresche gesprungen. Er hatte sich die Bürgerkrone verdient.

5. Verschiedenes aus der Wirksamkeit der fünfziger Jahre.

Die große Stellung, die seit den fünfziger Jahren H. H. Meier unter den Bremer Bürgern einnahm, brachte es mit sich, daß in zahlreichen Fällen sein Rat und seine Unterstützung erbeten wurde, wenn es sich darum handelte, neue Unternehmungen ins Leben zu rufen, Handel, Schiffahrt und Verkehr zu fördern. Welcher Anteil ihm an manchen Schöpfungen jener Jahre zukommt, ist heute schwer nachzuweisen. Denn mündliche Verhandlungen mit den Herren der Handelskammer, der Börse, der Deputationen oder des Senats haben keinen schriftlichen Niederschlag gefunden, und nur kurze Bemerkungen in Briefen oder Akten deuten uns an, daß Meier an diesem und jenem Unternehmen in führender Weise beteiligt war.

So hat er z. B. 1852 die Gründung der „Neuen Sparkasse" in Bremen gefördert, nachdem er schon 1847 bei der Einrichtung eines Arbeiter-Unterstützungsvereins seiner Geldspende den Vorschlag hinzugefügt hatte, den Unterstützungs- in einen Sparverein umzuwandeln.

1854 gehörte Meier zu den Männern, die die „Hamburg-Bremer Feuerversicherungs-Gesellschaft" ins Leben riefen. Auf bremischer Seite war er die treibende Kraft, lehnte aber wegen Überhäufung mit Geschäften die Wahl ab, als der provisorische Verwaltungsrat in den endgültigen umgewandelt wurde.

Seit demselben Jahre waren Duckwitz als Vorsitzender und Meier als Rechnungsführer der Deputation für die Häfen und Hafenanstalten eifrig am Werk, die Erbauung eines Leuchtturms an der Wesermündung durchzusetzen. Schon 1823 hatte das Collegium Seniorum zum gleichen Zwecke Untersuchungen angestellt, und 1824 hatte der Senat Verhandlungen mit dem Großherzog von Oldenburg begonnen. Dieser aber war auf Bremen, besonders seit der Aufhebung des Elsflether Zolls, schlecht zu sprechen und erhob unter anderem den Einwand, ein steinerner Turm könne bei einer Blockade vom Feind als Festung benutzt werden. Die zum Bau bereits angeschafften Steine wurden 1832 für eine Steinböschung zu Bremerhaven verwandt. Auf Meiers Betreiben und seinen Ratschlägen folgend, griff nun seit Juni 1854 die genannte Deputation das wichtige Werk von neuem herzhaft an. Im April 1855 kam man zu einer Einigung mit Oldenburg, auf dessen Hoheitsgebiet der Turm gebaut werden mußte. Im Sommer 1855 begann der Bau nach van Ronzelens Plänen auf der Stelle der alten Bremer Bake. Die Oktoberstürme brachten schwere Beschädigungen, so daß erst im Spätherbst 1856 der „Leuchtturm auf dem Hohenweg" in Betrieb gesetzt werden konnte.

Um das Zustandekommen dieses Werks konnte H. H. Meier ein persönliches Verdienst für sich in Anspruch nehmen. In einem Brief vom 28. April 1857 an H. v. Gagern, in dem er dem Freunde auf dessen Bitte über seine Wirksamkeit in den fünfziger Jahren berichtet[1]), heißt es: „Auf Flugsand am Eingang unsrer Weser leuchtet ein hoher Leuchtturm mit weitstrahlendem Lichte den heimkehrenden Schiffern zu allen Jahreszeiten seit vorigem Herbst entgegen, ein Werk, mit vielen Schwierigkeiten verbunden, welches unter mancher Opposition mir gelang durchzusetzen." — In der Tat konnte niemand ein größeres Interesse am Bau des Leuchtturms und der bald folgenden telegraphischen Kabelverbindung des Turms mit Bremen haben, als der Mann, der seit 1853 mit seinen Lloydgründungsplänen beschäftigt war. So fügt sich in Meiers Schaffen ein Baustein ergänzend an den anderen.

Eine telegraphische Verbindung Bremens mit England herzustellen, ließ Meier sich 1858 angelegen sein. Durch Vermittlung seines Geschäftsfreundes Daniel Meinertzhagen trat er mit der

[1]) Im Gagernschen Familienarchiv.

„Submarine Telegraph Company between Great-Britain and the Continent of Europe“ in London in Verbindung, um diese Gesellschaft zu veranlassen, ein Kabel von England nach Helgoland zu legen, das dann unter Umgehung Hannovers mit dem Hoheweg-Leuchtturm und so mit Bremen in Verbindung gebracht werden sollte. Die Verhandlungen, die zunächst Meinertzhagen in London und dann Meier in Bremen mit dem Sekretär der englischen Gesellschaft führte, verliefen jedoch ergebnislos.

Seit 1849 die Frankfurter Nationalversammlung, einen Antrag Meiers unterstützend, sich gegen die Kaperei ausgesprochen hatte, hörte diese wichtige Frage des Seerechts nicht auf, die Gemüter zu beschäftigen, bis die Pariser Deklaration von 1856 die Kaperei tatsächlich beseitigte. Die Vereinigten Staaten unterzeichneten diesen Vertrag nicht. Ihnen genügte dieser ungeheure Fortschritt nicht, sie wünschten vielmehr auch eine Abschaffung des Prisenrechts der Kriegsschiffe, um die Freiheit der Meere für alles Privateigentum sicherzustellen. Preußen unterstützte diesen Gedanken durch den Mund seines früher bereits erwähnten Gesandten von Gerolt in Washington. Als auf den Krimkrieg so schnell der französisch-englische gegen China gefolgt war und das Jahr 1859 den Kampf Napoleons gegen Österreich, sowie eine Mobilmachung der preußischen Armee gebracht hatte, war es allen an Handel und Schiffahrt interessierten Kreisen erneut klar geworden, wie sehr das Damoklesschwert der Schutzlosigkeit des Privateigentums zur See in den sich immer erneuernden Kriegszeiten über Schiffahrt und Handel schwebte. Da traten auf Veranlassung H. H. Meiers Kaufleute und Reeder in Bremen zusammen und faßten am 2. Dezember 1859 die unter dem Namen des „Bremer Programms“ berühmt gewordenen Beschlüsse, die in dem Satze gipfeln: „Die Unverletzlichkeit der Person und des Eigentums in Kriegszeiten zur See, unter Ausdehnung auf die Angehörigen kriegführender Staaten, soweit die Zwecke des Kriegs sie nicht notwendig beschränken, ist eine unabweisliche Forderung des Rechtsbewußtseins unsrer Zeit.“ Zur Durchführung der Beschlüsse wurde ein Ausschuß eingesetzt, der u. a. „in ausgedehntem Maße an solche Kreise und Personen Deutschlands und des Auslandes, die an der Wohlfahrt des Seeverkehrs eng beteiligt sind", die Aufforderung ergehen lassen sollte, im Sinne der Bremer Beschlüsse tätig zu sein. Denn man war damals der Ansicht, daß infolge der italienischen Wirren ein neuer europäischer Kongreß bevorstehe, auf dem die Seerechtsfragen, ähnlich wie 1856 in Paris, hätten aufgerollt werden können. H. H. Meier fiel die Aufgabe zu, an den berühmten Führer der Freihandelsbewegung Richard Cobden zu schreiben, um dessen mächtigen Einfluß für die Sache zu gewinnen. Der Ausschuß sei völlig überzeugt — so schreibt Meier in englischer Sprache — daß vielleicht kein andrer in Europa geeigneter sei, jetzt das Rechte zu treffen, und daß Cobden[1]) durch fördernde Teilnahme neue Lorbeeren seinem Ruhm in den Annalen der Zivilisation und Menschlichkeit hinzufügen werde. Nachdem in dem Schreiben weiterhin erwähnt ist, daß der Ausschuß zustimmende Erklärungen aus England, Frankreich, Deutschland, Rußland, Schweden, Norwegen, Dänemark, Belgien, Italien und Spanien erhalten habe, heißt es:

„Aus privaten, aber vollkommen zuverlässigen Quellen wissen wir, daß alle Regierungen der Aufnahme des Grundsatzes[2]) in das internationale Seerecht gern zustimmen würden, mit Ausnahme Englands, dessen Ministerium durch den Mund Lord Palmerstons sich dagegen ausgesprochen hat, und des französischen Kaisers, dessen Absicht und Ansichten in dieser Frage uns unbekannt sind. Doch sprach Napoleon I. in Talleyrands Botschaft vom 20. November 1806, die am 5. Dezember 1806 im „Moniteur" veröffentlicht wurde, sich schon entschieden dafür aus. Jedenfalls zweifeln wir nicht, daß sowohl in Frankreich wie in England die Flotte sich dagegen auflehnen wird. Denn wenn wir recht unterrichtet sind, sind dies die zwei Gründe, die Lord Palmerston sehr beeinflußten, der auf einer Versammlung in Liverpool 1856 sich dafür aussprach,

[1]) Cobden, Richard, 1804—1865, berühmter Vertreter des Freihandels. Als Präsident der Handelskammer von Manchester Gründer der Anti-cornlaw-league, darnach einflußreicher Parlamentarier, eintretend für Hebung des Volkswohls und Förderung der Friedensgesellschaften.

[2]) Gemeint ist die Unverletzlichkeit der Person und des Eigentums zur See in Kriegszeiten.

nämlich die Admiralität, die sich einer Änderung widersetzt, weil die britische Vorherrschaft zur See hierauf begründet ist und insbesondere auf der Beute aus der Wegnahme des feindlichen Privateigentums; (wir erlauben uns, für den Fall, daß Sie sie noch nicht kennen, sowohl die geschickt abgefaßte Denkschrift der Handelskammer von Liverpool und Manchester beizulegen, als auch einige Artikel der Manchester Times und des Economist, um den Irrtum dieser Ansicht zu zeigen); der zweite Grund soll darin bestehen, daß die Regierung der Vereinigten Staaten augenblicklich wenig geneigt zu sein scheint, einer Änderung zuzustimmen, obwohl die vorige Regierung sie vorschlug.

Hinsichtlich der Vereinigten Staaten sind wir sehr enttäuscht. Wir haben großen Beistand und Unterstützung von ihnen erwartet; statt dessen stoßen wir mehr oder weniger auf Widerstand. Dennoch fahren wir fort, in jenem Land zu werben, und geben die Hoffnung nicht auf, den Widerstand zu überwinden.

Es scheint, daß die Reeder der Vereinigten Staaten herausgefunden haben, daß sie beim gegenwärtigen Stand des internationalen Seerechts, wie es nach der Pariser Deklaration vom 16. April 1856 in Geltung ist, große Vorteile im Erlangen von Frachten über europäische und besonders britische Schiffe besitzen, sobald irgendwelche politische Schwierigkeiten auftauchen, und die Gewinne aus der Kaperei führen in eine Versuchung, die sie davon zurückhält, sich dafür einzusetzen, eine Änderung in den Anschauungen der Regierung der Vereinigten Staaten hervorzurufen. Beide Gründe sind hinfällig, wenn die Unverletzlichkeit des Privateigentums auf hoher See in Kriegszeit ausgesprochen wird. Politische Schwierigkeiten würden keinen Unterschied machen, wenn das Eigentum auf britischen Schiffen ebenso unverletzlich ist wie auf amerikanischen; und wahrscheinlich würde es nur wenig Kaperschiffe geben, wenn nur Kriegsschiffe zu nehmen wären. Wir sind daher der Meinung, daß die europäischen Regierungen allein die Frage entscheiden könnten und daß Bruder Jonathan selbstverständlich folgen würde, um so mehr, wenn sie bestimmen würden, daß Kapern von Privateigentum als Seeraub behandelt werden würde."

So erfreulich es für die Bremer Herren sein mochte, daß Richard Cobden in seiner Antwort ihren Beschlüssen zustimmte, so war doch ihrer werbenden Tätigkeit das nächste Ziel, die Beeinflussung des erwarteten Kongresses der Großmächte, genommen, da ein solcher Kongreß nicht zustande kam.

Einige Jahre später schrieb Meier über die Aussichten, die 1859 bestanden, in einem englisch abgefaßten Briefe: „Die ‚Times‘ spotteten über unsere Anstrengungen; die Parteien, die mit der Flotte zusammenhingen, erklärten, Englands überlegene Stellung zur See sei auf der Wegnahme des Privateigentums und auf Prisengeldern begründet, während andere Zeitungen, wie die ‚Manchester Times‘, die einige Briefe von mir veröffentlichten, und einige Handelskammern unsere Bestrebungen unterstützten. Wenn der Kongreß sich versammelt hätte, so zweifele ich nicht, daß die Maßregeln, die wir getroffen hatten, bei allen seefahrenden Nationen zweiter Ordnung Unterstützung gefunden und zur Annahme dieses gerechten Grundsatzes geführt haben würden.“

Sollte es je dahin kommen, daß der Grundsatz der Freiheit der Meere in der Welt den Sieg davonträgt, so möge man dankbar auch H. H. Meiers gedenken, der als Vorkämpfer des Bremer Programms für Ideale eintrat, deren Verwirklichung den nächsten Menschenaltern nicht gelingen wollte.

6. Harzburg.

Wer sich mit H. H. Meiers Leben beschäftigt, wird immer von neuem staunen über die Schaffensfreudigkeit dieses Mannes. Rastlos hat er gewirkt. Immer neue Ziele faßte er ins Auge. Planvoll diente stets eine Schöpfung der anderen zur Stütze. Weder ein verwöhnter Liebling der Götter, noch ein Sklave der Arbeit, lenkte nicht Laune oder Zwang seine Schritte. Angeborene Freude am Schaffen, verbunden mit nüchterner Erkenntnis des Zweckmäßigen und Durchführbaren, ließ ihn zu Taten schreiten. Das Leben war für ihn nicht zum Genießen, der Reichtum nicht zum Ausruhen da. Leben und arbeiten war ihm eins. Sein Herz hing nicht am Reichtum, so sehr er den behaglichen Glanz schätzen mochte, den er ihm ermöglichte. Er arbeitete nicht, um Schätze zu sammeln und von Renten zu leben, sondern der Reichtum, der ihm jahrzehntelang zuströmte, war ihm nur Mittel und Werkzeug zu neuen Schöpfungen, die Hunderten und Tausenden von Händen Brot gaben, der Vaterstadt und dem Vaterlande zu Nutz und Segen gereichten.

In Bremen war er Großkaufmann und Reeder, Leiter einer bedeutenden Bank und einer zu Weltruf emporsteigenden Dampfschiffahrtsgesellschaft. Großgrundbesitzer und Industrieller wurde er in Harzburg.

Ein prächtiges Landhaus mit Parkanlagen, eine Gutswirtschaft von 600 Morgen Ackerland, ein Hüttenwerk mit Erzgruben und eine Bierbrauerei, das sind die Schöpfungen, die H. H. Meiers Namen mit Harzburg eng verknüpfen.

1853 kam er zum erstenmal an diesen damals noch recht unbedeutenden Ort. Sein siebenjähriger Sohn Hermann war wochenlang krank gewesen, und der Arzt hatte Berg- oder Seeluft verordnet. Da die Eltern Bergluft vorzogen, so war der Harz das gegebene Ziel. Denn ein Bremer, der Wald- und Höhenluft genießen will, sucht dies ihm zunächst liegende Gebirge auf. Im Hotel Juliushall des damals „Flecken Neustadt" genannten Ortes, der mit sechs anderen Dörfern das Amt Harzburg bildete, nahm man Wohnung und wiederholte den Aufenthalt im folgenden Sommer 1854. Als die Familie 1856 sich wieder in demselben Gasthof anmeldete, waren keine guten Zimmer mehr zu haben. Nur eine recht ungeeignete Unterkunft bei einem Bündheimer Mauermeister fand sich, und das führte zu dem Entschluß, eine eigene Sommervilla zu erbauen. Wie einst bei H. H. Meiers Vater, als er das Landhaus im Horn erwarb, so gaben also auch hier Gesundheitsrücksichten den Anstoß zur Begründung eines Sommersitzes. Wer heute von der Höhe des Burgbergs auf Harzburg niederblickt, wird inmitten der roten Dächer der Stadt eine weite grüne Fläche erkennen. Es ist der Park von Meiers Haus Radau, das zwischen hohen Bäumen hervorblickt. 1856 waren dort nur sumpfige Wiesen, Getreide- und

Kartoffelfelder. Zwischen ihnen wanderten H. H. Meier und seine Gattin umher und wählten einen Platz mit prächtigem Blick auf die Berge. Etwa 3½ Morgen erwarben sie von verschiedenen Eigentümern, riefen Heinrich Müller [1]), der damals der berühmteste Architekt Bremens war, zum Bau des Landhauses herbei und ließen den Garten vom Braunschweigischen Hofgärtner Ebert im englischen Parkstil anlegen. Das einfache, vor den Umbauten an die Schweizer Bauart erinnernde Haus hatte unten ein Küchengeschoß, darüber lagen die Eß- und Wohnräume mit einer Terrasse, ferner ein kleines Arbeitszimmer und drei Schlafzimmer. Im Obergeschoß enthielt der höhergeführte Mittelbau ein großes Fremdenzimmer. Abgesehen von dem am Bahnhof liegenden Haus eines Herrn von der Braunschweiger Eisenbahn war jahrelang das Meiersche Haus die einzige Privatsommerwohnung in Harzburg. Die Leute nannten es kurzweg „Die Filla". Die Bewohner hießen „Kunsuls"; die Kinder wurden der „junge Kunsul" und „Kitti Kunsul" genannt.

Anfang der 60er Jahre erfolgte die erste Erweiterung von Haus und Garten. Ein großer Wohnsaal und verbesserte Wirtschaftsräume wurden angebaut. In dem vergrößerten Garten schuf der berühmte Herrenhauser Gärtner Schaumburg eine zweite, besonders schöne Teichanlage. In den 70er Jahren, als Harzburg an Bedeutung wuchs, kaufte Meier immer mehr angrenzendes Land hinzu, um sich die einzigartig schöne Aussicht auf die Berge nicht verbauen zu lassen. Zugleich war es eine gute Kapitalanlage, da der Ort sichtlich aufblühte. So wurde 1876 der Park etwa 29 Morgen groß. Die Berge, die immer den Abschluß des Bildes geben sollten, schienen hinzuzugehören, da kein Haus sich in das Gesamtbild störend einschob. Auch als in späteren Jahren der Park durch Grundstücksverkäufe, ja schließlich sogar durch Anlegung einer Villen-

[1]) Müller, Heinrich, 1819—1890, Architekt in Bremen, eine geniale Kraftnatur, aus dem Volke hervorgegangen, von vielseitigster Regsamkeit, langjähriger Präsident der Gesellschaft „Künstlerverein". Seine Hauptwerke außer der Neuen Börse und vielen Privathäusern: die Rembertikirche, der Domanbau — 1915 durch Feuer zerstört — und die Börse in Königsberg.

straße verkleinert wurde, hat der prächtig entwickelte Baumwuchs es ermöglicht, das frühere schöne Bild zu erhalten. Noch immer kann der Beschauer von der Terrasse des Hauses aus glauben, daß der Garten in den Wald des Burgbergs übergehe. Ja, die Anlage ist so glücklich, daß die nahe Straße zum Bahnhof vom Hause her nicht bemerkt werden kann und daß umgekehrt der am Gartentor mit seinem Pförtner- und Gärtnerhäuschen Vorübergehende nicht ahnt, welch herrlicher Besitz, dem Blick verborgen, sich im Hintergrunde ausdehnt.

Schon 1874 gab Heinrich Müller im Fremdenbuch von „Haus Rädau" — so hieß seit 1871 der Meiersche Sommersitz nach dem nahe fließenden Rädaubach — als Zweck seines Besuchs an: „Um Rat zu erteilen, auf welche Weise zweckmäßig die Enveloppe zu verbessern sei, welche nicht mehr genügt, ein seltenes, stets wachsendes Geschenk der gütigen Vorsehung: — das häusliche Glück von „Radau" — sicher einzuhüllen".

Der einzige Sohn des Hauses, Hermann, hatte 1872 Käthchen Koop aus Bremen geheiratet. Seine Schwester Käthi fand 1878 in Julius Smidt, einem Enkel des großen Bürgermeisters, ihren Gatten. Da war der Wunsch begreiflich, Haus Radau zu vergrößern; denn daß beide Ehen kinderlos blieben, war nicht vorauszusehen.

Ende 1875 wurde mit dem Umbau begonnen, und Ende Juli 1876 zog H. H. Meier mit den Seinen in das neue Haus ein. Es war ein weiträumiger, großartiger Landsitz geworden, von einem Turm überragt, der eine zweite Treppe enthielt. An den Wohnsaal schloß sich ein Speisesaal für Festlichkeiten. Die übrigen Räume des Hauptgeschosses waren geblieben, aber über ihnen war das Obergeschoß nun vollständig ausgebaut und enthielt eine Flucht von Schlaf- und Wohnräumen, auch einen Billardsaal. War Haus Radau vorher ein Fachwerkbau gewesen, so war jetzt Stein gegen das Fachwerk gemauert und so ein massiver Bau geschaffen. Der Gartenseite des Hauses war eine breite Terrasse vorgelagert. Die gemütliche ländliche Villa hatte sich in den großzügig angelegten Herrensitz eines königlichen Kaufmanns verwandelt. Das helle Gelb der ledergepolsterten Möbel wahrte den sommerlichen Charakter. Helles Licht flutete in die schön abgemessenen Räume und beleuchtete eine Fülle von Gemälden oder Marmorbildwerke von Steinhäusers Meisterhand.

Vom Kriegsjahr 1870 abgesehen, in dem der Aufenthalt im Juli jäh abgebrochen wurde, hat H. H. Meier mit den Seinen jeden Sommer in Haus Radau verlebt. Den Jungborn ihrer Eltern, so hat die Tochter mit Recht diesen Landsitz genannt. Solange die Kinder in Bremen zur Schule mußten, war man mehr oder weniger an die Ferienzeiten gebunden. Später kam man im Juni nach Harzburg und kehrte Anfang Oktober in die Stadt zurück. Für Meier selbst war der Aufenthalt durch seine zahlreichen geschäftlichen Reisen häufig unterbrochen; denn er scheute bis ins hohe Alter keine Reisemühen und benutzte viel die Nächte zur Fahrt. Ein eigentlicher Ruhesitz ist Harzburg somit nie für Meier gewesen. Auch in der sommerlichen Erholungszeit mußte er schaffen und arbeiten. Er hatte durch seine Landankaufspläne für die Mathildenhütte den braunschweigischen Landesökonomierat, späteren Kammerpräsidenten Griepenkerl [1]) kennengelernt und war mit ihm in freundschaftliche Beziehungen getreten. Dieser überredete ihn sehr, ein zum herzoglichen Domänenamt Harzburg gehöriges Vorwerk im Radautal zu kaufen, das 1860 auf Antrag der herzoglichen Kammer öffentlich meistbietend veräußert werden sollte. Das Vorwerk, das 135 Morgen groß war, bestand aus Gärten, Ackerland, Wiesen, Wohn- und Meiereigebäuden, Schaf- und Schweineställen usw. Vom Angergrund konnten 20 Morgen für den Bau des Hüttenwerks benutzt werden. Es ließ sich durch angrenzendes Land leicht vergrößern und eine Brauereigerechtigkeit durfte dort ausgeübt werden. So entschloß sich Anfang Oktober 1860 Meier zum Kauf und zahlte für das Vorwerk 18 000 Taler. Durch weitere Erwerbungen brachte er das „Gut Radau“, wie er es nannte, mit viel nicht bebautem Unland allmählich auf eine ansehnliche Größe und

[1]) Griepenkerl, Erich, 1813—1888. Nach dem Studium der Rechte in der Braunschweigischen Landes-Ökonomiekommission, später Kammerpräsident, erwarb sich große Verdienste um die Entwicklung der braunschweigischen Landwirtschaft.

hatte schließlich 600 Morgen unterm Pflug. Er ließ das Gut unter seiner Leitung durch einen Inspektor bewirtschaften. Wenn auch im Lauf der Jahre mancherlei Ställe und Scheunen errichtet wurden, so ist doch im großen und ganzen das Gut ein Stiefkind der Interessen Meiers gewesen. Ohne Schaden oder Gewinn davon gehabt zu haben, verkaufte er es im August 1891 für 350 000 Mark an den Klostergutspächter Friedrich Huehne aus Lochtum.

Weit größeres Interesse als dem Gut selbst brachte Meier der darauf errichteten Bierbrauerei, der Radau-Brauerei, entgegen, für die er zum Schmerz des Inspektors mehr Geld aufwandte als für das Gut. Die verhältnismäßig kleine Brauerei wollte nie recht in Blüte kommen. Aber Meier liebte dies Sorgenkind in ganz besonderer Weise. Er glaubte, jedermann müsse sein Bier vortrefflich finden. Aber außer ihm selbst wollte es wenigen Menschen schmecken. Um es keimfrei und haltbar zu machen, ließ er es pasteurisieren. Es sollte auf allen Lloyddampfern, auch im Tropenklima, getrunken werden. Aber es bereitete hartnäckig aller Welt Ärger, vom blind in das Bier verliebten Erzeuger bis zum unglücklichen Konsumenten. Dennoch hat Meier die Brauerei bis an seinen Tod behalten.

Die bedeutendste Schöpfung Meiers in Harzburg ist die Mathildenhütte. Wer von Vienenburg mit der Eisenbahn kommt, sieht sie kurz vor dem Bahnhof Harzburg zur Linken liegen. In dem Jahrzehnt freilich, in dem sie Meiers Eigentum war, ist sie wesentlich kleiner gewesen. Nur ein Schornstein war vorhanden, wo jetzt zahlreiche qualmende Schlote ein großes industrielles Werk andeuten. Entsprechend hat sich die Zahl der Hochöfen vermehrt. Ein Hügel deckt Harzburg gegen Lärm, Qualm und Anblick des Werkes.

Seit 1859 trat Meier dem Plane näher, eine Eisenhütte zu errichten. Die Anregung ging von dem 36jährigen Hauptmann a. D. Wilhelm Castendyck, einem Fachmann des Bergbauwesens, aus. Gegen Meiers anfängliche Bedenken machte er geltend, daß das Geschäft in Harzburg dadurch rentabel zu werden verspreche, daß die Koksfrachten mäßig und die Eisenerze so billig und dabei so leichtschmelzig seien wie an wenigen Orten. Die niedrigen englischen Konkurrenzpreise schreckten ihn nicht; vielmehr glaubte er, England verkaufe nur so lange billig, bis die junge rheinisch-westfälische Eisenindustrie erlegen sei, um alsdann eine starke Preissteigerung vorzunehmen.

Im Mai 1860 entschloß sich Meier, an die Ausführung des Plans zu gehen, gewann Castendyck als Hüttendirektor und beauftragte ihn, mit den Braunschweiger Behörden zu verhandeln. Die Regierung begünstigte den Plan und erteilte am 24. September 1860 die Konzession zur Anlage eines Eisenhüttenwerks, das nun auf einem Stück des gleichzeitig erworbenen Vorwerks errichtet wurde. Am Hochzeitstage Meiers, am 15. August 1861, wurde die Hütte feierlich eingeweiht. Schon früh um 6½ Uhr brachte die Harzburger Musik vor dem mit Eichenlaub geschmückten Hause Radau ein Ständchen. In bekränzten Wagen fuhr man zur Hütte hinunter. Dort boten fremde und Harzburger Gäste, Flaggen und Girlanden, eine bekränzte Lokomotive auf der Anschlußbahn der Hütte, Meister und Arbeiter im Festgewand, Bergknappen mit ihrem Steiger in Bergmannstracht unter den Klängen der Musik ein buntes Bild. Nachdem der Mauermeister seine Rede vom Herzen hatte, gab Castendyck einen Überblick über die Entstehungsgeschichte und bat, dem Werke einen Namen zu geben. Darauf taufte Meier seine neue Schöpfung auf den Namen „Mathildenhütte". Frau Mathilde zündete darauf das Feuer des ersten Hochofens an. Eine noch heute vorhandene Gedenktafel erinnert an den festlichen Tag mit folgender Inschrift: „Die Hütte ist in den Jahren 1860 und 1861 unter bereitwilliger Förderung der Herzoglich braunschweigischen Regierung und unter Leitung des Hüttendirektors Wilhelm Castendyck vom Consul H. H. Meier aus Bremen errichtet. Bei Vollendung des Baues gab er seiner Gattin, Frau Mathilde, zu Ehren am 15. August 1861, ihrem achtzehnjährigen Hochzeitstage, der Hütte den Namen: Mathildenhütte. Gott segne und schütze sie!"

Das Rohmaterial für den Hüttenbetrieb lieferten mehrere Eisensteingruben, von denen die nach Castendycks Gattin genannte Grube „Friederike" sich als die bei weitem ergiebigste herausstellte. Mancherlei Schwierigkeiten waren in den ersten Jahren zu besiegen, aber dennoch brachte jedes Jahr einen weiteren Ausbau des Werks. 1868 setzte ein starker Aufschwung ein. Die Erzeugung von Roheisen und Gußwaren war in diesem Jahre mehr als doppelt so groß wie 1867, um sich 1869 noch einmal gegen das Vorjahr fast zu verdoppeln. Die mit der Ausdehnung des fern von Bremen liegenden Werks sich mehrende Arbeit und Verantwortung bestimmten dann H. H. Meier, der zudem durch seine vielseitige Tätigkeit stark in Anspruch genommen war, die Hütte im Juli 1872, in den Zeiten des wirtschaftlichen Aufschwungs, mit gutem Gewinn zu verkaufen. Eine Gruppe von Herren erwarb das Werk im Namen einer zu gründenden Aktiengesellschaft für 500 000 Taler, eine Summe, die das zehnfache des ursprünglichen Anlagekapitals darstellte. So großartig hatte das Unternehmen in einem Jahrzehnt sich entwickelt.

Gut Radau und die Brauerei sorgten dafür, daß auch fernerhin Meier in den Sommermonaten Befriedigung seines Tätigkeitsdranges finden konnte. Gerade eine Betrachtung seines Harzburger Lebens zeigt die Vielseitigkeit Meiers.

Karl Mathy, der im Sommer 1862 mit seiner Gattin nach Haus Radau[1]) eingeladen war, beleuchtet diesen Punkt, wenn er schreibt: „Mir wird es ein besonderer Genuß sein, Dich in den Reichen der Ceres und des Vulkan ebenso mächtig wirken zu sehen, wie auf dem unermeßlichen Gebiete Neptuns und unter Merkurs wechselvollem Regimente. So vielseitige Tätigkeit ist staunenswert."

Nun, wie wir sahen, hat er dem Reiche Vulkans bei guter Gelegenheit den Rücken gekehrt. Auch der Dienst der Göttin Ceres war ihm nicht eigentlich Herzenssache, doch gehörte es wohl für ihn in den Rahmen des Lebens eines großen Herrn, auch ein Gutsbesitzer zu sein. Die wahren Götter seines Lebens blieben doch immer Neptun und Merkur. Was für Schiller in seinen Tagen nur ein fernes Idealbild deutscher Zukunft sein konnte, das wurde seit der Mitte des 19. Jahrhunderts in steigendem Maße stolze Wirklichkeit:

---

[1]) Haus Radau blieb im Besitz der Familie bis 1919 und wurde dann von der Stadt Bad Harzburg angekauft. Der Garten wurde öffentlicher Stadtpark.

„Fern auf der Reede ruft der Pilot, es warten die Flotten,
Die in der Fremdlinge Land tragen den heimischen Fleiß.
Andre ziehen frohlockend dort ein mit den Gaben der Ferne;
Hoch von dem ragenden Mast wehet der festliche Kranz.
Siehe, da wimmeln die Märkte, der Krahn von fröhlichem Leben,
Seltsamer Sprachen Gewirr braust in das wundernde Ohr.
Auf den Stapel schüttet die Ernten der Erde der Kaufmann,...
Hoch mit erfreuendem Gut füllt Amalthea das Horn."

Wenige Männer haben so viel dazu beigetragen, das Dichterwort zur Tatsache auch auf deutschem Boden werden zu lassen, wie der Gründer des Norddeutschen Lloyd.

---

5. Abschnitt.

Bis 1866.

Es wird wenige in der Politik tätige Männer geben, deren Ansichten während eines langen Lebens keinen Schwankungen unterworfen wären. Wenn auch die politischen Grundanschauungen H. H. Meiers, die er sich vor allem in Amerika gebildet hatte, liberal waren und er dem Liberalismus stets treu geblieben ist, war er doch nie ein starrer Doktrinär, der jede Forderung des Liberalismus auch zu der seinigen gemacht hätte. In manchen wichtigen Fragen des wirtschaftlichen und politischen Lebens hat er seine Anschauungen langsam gewandelt und der Forderung der Zeit angepaßt. Wir sahen, wie aus dem Republikaner der Märztage der Anhänger der Erbkaiserpartei wurde, oder wie sein zeitweiliges Entgegenkommen gegenüber den Anhängern der Silberwährung einer unbedingten Befürwortung der Goldwährung wich. Er hatte einen feinen Instinkt dafür, wann die Zeit für die Lösung irgendeiner schwebenden Frage reif war, und trat dann selbst um den Preis eines Opfers seiner bis dahin vertretenen Anschauungen mit voller Wucht als Führer auf dem Wege des Fortschritts hervor. So ging es auch in der Frage der Gewerbefreiheit.

Sie war seit den Tagen der großen französischen Revolution eine der bedeutsamsten, die von berufenen und unberufenen Politikern erörtert wurde.

Die französische Herrschaft von 1810 bis 1813 hatte auch Bremen die Gewerbefreiheit gebracht, aber wie im benachbarten Hannover und Oldenburg wurde in der Zeit der Restauration auch in Bremen die alte Zunftordnung wieder eingeführt. Da die demokratische Verfassung von 1849 den Grundsatz der Gewerbefreiheit anerkannte, so beschäftigte sich die Bürgerschaft im Herbst 1851 mit einer Neugestaltung der Gewerbeordnung. Damals erklärte Meier, er halte zwar die Gewerbefreiheit für das theoretisch Richtige und er wünsche auch ihre Anbahnung, aber unter Berücksichtigung der bestehenden Verhältnisse wolle er nicht zur unbedingten Gewerbefreiheit übergehen. So opferte er damals eine der Hauptforderungen des Liberalismus realpolitischen Erwägungen. Die Bürgerschaft nahm am 6. Oktober 1851 eine Gewerbeordnung an, die den Zunftzwang und die Vorrechte der Innungen — so hießen die Zünfte — bestehen ließ.

Um die tief einschneidende Bedeutung der folgenden Ereignisse richtig würdigen zu können, müßte man sich den in Jahrhunderten entstandenen Bau des Zunftwesens zu vergegenwärtigen suchen. Allein schon die Aufzählung der Zunftnamen läßt eine Ahnung von der verwirrenden Fülle des Urväterhausrats im Gewerbewesen aufkommen. Außer dem bedeutsamen Krameramt, dessen Haus zu den schönsten Renaissance-Bauten Bremens gehört, und den Sozietäten der Tuchhändler und der Bierbrauer bestanden, nach dem Eingehen des Fischeramts, in den 50er Jahren noch die Innungen der Blechenschläger, Buchbinder, Drechsler, Filt- und Hutmacher, Glaser, Goldschmiede, Gürtler, Kimker, Tonnenmacher, Knopfmacher, Schnürmacher, Korbmacher, Kürschner, Kupferschmiede, Lohgerber, Maurer, Nadelmacher, Rademacher, Reepschläger, Sattler, Schlosser und Schmiede, Schneider, Schuhmacher, Strumpfwirker, Tischler, Weißbäcker, Zimmerer. Sie alle behielten 1851 Arbeits- und z. T. Verkaufsprivilegien. Außerdem gab es die Baumseidenmacher, Kannengießer, Kuchenbäcker, Perückenmacher, Töpfer,

Tuchbereiter, Tuchmacher, Weißgerber, Bäcker und Schlächter. Für die beiden letztgenannten Gewerbe galt die Vorschrift, daß für je 1200 Seelen eine Weiß- und eine Grobbäckerei, für je 2000 Seelen eine Schweineschlächterei zu rechnen sei. Einige Gewerbe, wie die der Maler, Stuhlmacher, Bildhauer, Uhrmacher, Färber u. a., waren schon frei, und die Buchdrucker, Branntweinbrenner u. a. bedurften nur einer Konzession.

Man versteht, daß auch Männer des Fortschritts wie H. H. Meier sich zunächst scheuten, diesen Bau mittelalterlicher Gotik, den das Zunftwesen gleichsam darstellte, niederzureißen. Aber der Entschluß mußte gefaßt werden. Es war eine unabweisbare Forderung des Liberalismus. Als dies Meier zur Gewißheit geworden war, ist er es gewesen, der 1857 die Frage der Gewerbefreiheit von neuem aufwarf und sie Ende 1860 zum Siege führte.

In der Bürgerschaftssitzung vom 8. Juli 1857 reichte er den Antrag ein, die Bürgerschaft wolle zur Revision der im Jahre 1851 angenommenen Gewerbeordnung eine Deputation einsetzen, um einen Übergang zur Gewerbefreiheit einzuleiten und im Falle des Einverständnisses des Senats ihre Mitglieder dazu ernennen.

Am 30. September kam dieser Antrag zur Besprechung. In längerer Rede legte Meier seine Ansichten dar. Er sei persönlich uninteressiert, habe aber das Ganze im Auge. Er werde sich jetzt bei vielen mißliebig machen, aber später würden die Gewerbetreibenden ihm danken.

Wie berechtigt die ständigen Klagen über die Zünfte waren, zeigt der folgende von Meier erwähnte Fall: Ein Zimmermann hat tüchtige fremde Gesellen. Da kommt ein Bremer Gesell, ein Trinker, der den Meister, der ihn nicht brauchen kann, verklagt, daß er ihm Arbeit geben müsse. Der Meister, vom Gericht gezwungen, setzt ihn auf dem Zimmerplatz auf einen Stuhl, läßt ihn der Arbeit der anderen zusehen und zahlt ihm Tagelohn. Als der Gesell wiederum klagt, wird der Meister gezwungen, ihm angemessene Arbeit zu geben, obwohl er ihn nicht gebrauchen kann. — Ein weiteres Beispiel führte Meier an: Einen Stuhl mache der Tischler, aber das Bein müsse der Drechsler machen, der dann den Tischler, der den Stuhl zu bestimmter Zeit liefern muß, im Stich lasse. Freie Konkurrenz betrachtete Meier als einen Ansporn für die Energie des einzelnen. Er wünschte sie für Bremen, damit es wieder Bedeutendes leiste und man seine Möbel nicht mehr in Berlin zu kaufen brauche. In stundenlanger Debatte malten die Gegner der Gewerbefreiheit ihrem Befürworter nun die Schrecknisse des kommenden Proletariats und die Aussicht auf eine Revolution hin. Meier aber wollte von solchen Gefahren nichts wissen und glaubte ebensowenig, daß die Gewerbefreiheit einen Anschluß an den Zollverein nötig mache, da ja die ganze Welt dem bremischen Gewerbe offenstehe. Inzwischen hatten die Reihen der Bürgerschaftsmitglieder sich gelichtet, und mit einer Zufallsmehrheit von 32 gegen 30 Stimmen kam Meiers Antrag zu Fall. Ein halbes Jahr später, am 3. März 1858, wurde jedoch die von ihm gewünschte Deputation zur Revision der Gewerbeordnung eingesetzt, die dann zweiundeinhalb Jahre mit ihren Beratungen verstreichen ließ.

Erst im Herbst 1860 wurde deren Ergebnis vorgelegt. Die Mehrheit der Deputation, von Senator Feldmann und Richter Dr. Noltenius geführt, war für Aufhören des Zunftwesens und der Gewerbeprivilegien, wünschte aber eine Übergangszeit; die Minderheit verteidigte die Zunftverfassung. Als nun am 14. November 1860 die Verhandlungen in der Bürgerschaft begannen, trat H. H. Meier mit einem Antrag hervor, dessen Inhalt dem Grundgedanken eines Gutachtens entsprach, das die Handelskammer am 16. Juli 1860 über die Neugestaltung des Gewerbewesens erstattet hatte und zu dem sich auch der Kaufmannskonvent bekannte. Der von 52 Bürgerschaftsmitgliedern unterstützte Antrag Meiers stellte sich weder auf den Boden der Mehrheit noch der Minderheit der Deputation, obwohl doch die Vorschläge der Mehrheit im wesentlichen dem entsprachen, was Meier 1857 gewünscht hatte. Damals ein Anhänger eines langsamen Übergangs zur Gewerbefreiheit, vertrat er jetzt den Standpunkt ihrer sofortigen Einführung. Denn er war der Ansicht, daß durch die jahrelangen Verhandlungen und lebhaften Erörterungen in der Öffentlichkeit die Frage so sehr geklärt sei, daß man keiner Übergangszeit bedürfe, sondern sofort zu endgültigen Zuständen gelangen könne. Da ja aber vor allem die Übergangszeit im Interesse der Gewerbetreibenden geplant gewesen war, so war er sich klar darüber, daß man ihm Mangel an Folgerichtigkeit vorwerfen werde. Er scheute daher nicht das offene Bekenntnis, daß seine Ansichten in diesem Punkte sich geändert hätten. Denn wenn er irgendeine Ansicht als irrig erkenne, so würde er nicht aus alberner Konsequenzmacherei dabei beharren; es sei dann seine Pflicht, offen zu bekennen: ich habe mich geirrt und bin zu einer besseren Überzeugung gekommen. Die Verhandlungen zogen sich durch mehrere Sitzungen noch wochenlang hin, und das Ergebnis der Abstimmung am 29. Dezember 1860 war, daß Meiers Antrag mit nur 5 Stimmen Mehrheit gegen 69 Stimmen der Anhänger des Zunftwesens den Sieg davontrug. Diesem für die bremische Geschichte hochbedeutsamen Beschluß stimmte der Senat grundsätzlich zu, hatte jedoch Bedenken wegen des plötzlichen Übergangs zur Gewerbefreiheit und versuchte, eine Übergangszeit von fünf Jahren zu schaffen. Aber H. H. Meiers Ansicht über diesen Punkt siegte in der Sitzung vom 20. März 1861, in der er selbst nicht anwesend war, und die Bürgerschaft verwarf den Senatsantrag mit 100 gegen 16 Stimmen. Eine Woche später trat der Senat den Bürgerschaftsbeschlüssen bei und veröffentlichte am 4. April 1861 das neue Gesetz.

So hatte also H. H. Meier für die Einführung der Gewerbefreiheit nicht nur 1857 die entscheidende Anregung gegeben, sondern hatte dann 1860 als Wortführer der Bremer Kaufmannschaft auch die Genugtuung, daß sie in der Form seines Antrags zum Gesetz erhoben wurde. So waren sie denn aufgehoben, die Privilegien der Innungen und Gewerbetreibenden, des Krameramts, der Tuchhändlersozietät, der Bierbrauersozietät, sowie die Beschränkungen in der Zahl der Bäcker und Schlachter. Für den Meister waren bestimmte Lehr- und Wanderjahre sowie ein Meisterstück nicht mehr erforderlich; er brauchte nur das bremische Bürgerrecht zu erwerben und sich in die Meisterliste seines Handwerks eintragen zu lassen. Die Stellung der Lehrlinge zu den Meistern beruhte, ebenso wie die Annahme von Arbeitsgehilfen, fortan auf freien Verträgen.

Jene letzte Beschränkung hinsichtlich der Erwerbung des Bürgerrechts wurde von der Gewerbeordnung des Norddeutschen Bundes 1869 aufgehoben.,

Wirft man die Frage auf, welchen Einfluß die Einführung der Gewerbefreiheit auf das Gedeihen des bremischen Handwerks gehabt habe, so ist — bei voller Würdigung der Tatsache, daß manches Gute aus der alten Zunftverfassung mit hat untergehen müssen — die beste Antwort die Feststellung, daß die Zunftmeister, die 1857 und 1860 die entschiedensten Gegner Meiers gewesen waren, später seine Reichstagskandidatur unterstützten. So erfüllte sich die Voraussage Meiers, man werde ihm dereinst Dank wissen.

* * *

Wie sehr H. H. Meier der regsamste Vertreter, ja der Führer der Bremer Kaufmannschaft geworden war, das bewies — wenn für den Gründer der Bank und des Lloyd ein solcher Beweis noch vonnöten ist — der Bau der neuen Börse.

Die alte Börse, die neben dem Rathaus auf dem heutigen Kaiser Wilhelm-Platz stand und dem Staat gehörte, genügte den Kaufleuten schon lange nicht mehr. Bremen war ein Welthandelsplatz geworden, sein Börsenverkehr konnte sich nicht mehr in den engen, alten Räumen abspielen, er bedurfte einer weiten, hohen Halle. Es widerstrebte der Kaufmannschaft, sich aus Staatsmitteln, wie Bürgermeister Duckwitz es plante, einen Neubau errichten zu lassen. Man mußte versuchen, aus eigener Kraft die bedeutenden Mittel zu beschaffen. Daher versuchten 42 Bremer Kaufleute, unter denen H. H. Meier sich nicht befand, 1853 eine Aktiengesellschaft „Börsen-Verein" ins Leben zu rufen, die ein genügendes Baukapital aufzubringen gedachte. Dieser Versuch schlug fehl, und es vergingen Jahre, bis im Mai 1857 die Handelskammer die Sache in die Hand nahm und eine Besteuerung des Börsenbesuchs vorschlug, um einen Baufonds oder doch Zinsen für ein anzuleihendes Kapital zu gewinnen. Der Senat hatte gegen einen Versuch nichts einzuwenden, die Bürgerschaft und der Kaufmannskonvent ebensowenig; so wurde denn vom 1. Januar 1858 an, zunächst für fünf

Jahre, eine Steuer von den Börsenbesuchern erhoben, die es ermöglichen sollte, unabhängig vom Staat einen Neubau zu errichten. Nachdem so die finanzielle Grundlage geschaffen war, beschäftigte sich eine Börsenkommission der Handelskammer in aller Stille mit der Auswahl eines Platzes und dem Entwurf von Plänen. In dieser Zeit finden wir auch H. H. Meier am Werk. Er stand schon 1857 mit Heinrich Müller in Verbindung, der ihm im Sommer 1857 Pläne zum Bau einer Börse vorlegte und dem später ohne jedes Preisausschreiben der Bau übertragen wurde. Mit großer Vorsicht und Heimlichkeit mußte verfahren werden, um durch Besichtigungen und Vermessungen von Häusern und Grundstücken keine Preistreibereien zu erzeugen. So schlug im Juli 1857 Müller vor, ein vielbesprochenes Eckgrundstück zu kaufen und schleunigst zu bebauen, nur um den offenbar nicht unbegründeten Gerüchten den Boden zu entziehen, daß jene Stelle für den Börsenbau in Betracht komme. Aber erst nach Überwindung der großen Geldkrisis kamen im Laufe des Jahres 1859 die Überlegungen in schnelleren Fluß. Am 20. Oktober 1859 entschied sich die Kommission für den Platz, eins der ältesten Häuserviertel Bremens zwischen Dom und Markt. In aller Stille wurden die Häuser von Kommissionsmitgliedern aufgekauft, die im Falle des Mißlingens persönlich den etwa entstehenden Schaden zu tragen hatten. Ein charakteristisches Beispiel für die Uneigennützigkeit der Bremer Bürger in Sachen des Gemeinwohls! Anfang 1860 hatte man für 295 000 Taler Grundstücke gekauft. Nun konnte man mit dem Plan vor die Öffentlichkeit treten. Zum Glück für die Käufer erteilten Senat und Bürgerschaft ihre Genehmigung, so daß im Winter 1860/61 der Abbruch eines altehrwürdigen Stadtteils erfolgte. Der feurige Heinrich Müller hatte nur sein großes Ziel im Auge und zerstörte so u. a. rücksichtslos zwei der schönsten Patrizierhäuser Bremens. Eine spätere Generation, die sich wohl vergeblich fragt, warum der reiche Fassadenschmuck nicht erhalten und an anderer Stelle wieder verwandt wurde, hat ihnen oftmals nachgetrauert. Über dem Trümmerfeld errichtete Heinrich Müller, viel angefeindet von seinen

Berufsgenossen, bewundert von der Mitwelt, den gewaltigen gotischen Bau der Bremer Börse.

Eine Fülle von Arbeit erwuchs H. H. Meier in den Jahren der Entwürfe und des Baus. Wieder stellte er seine kaufmännische Erfahrung, sein finanzielles Geschick, seine unverwüstliche Arbeitskraft in den Dienst der Gesamtheit. Denn er war die Seele der Kommission, die den Bau leitete, zumal seit er 1863 während der Hauptbauperiode Präses der Handelskammer gewesen war. Persönlich kletterte er auf die hohen Baugerüste hinauf und verdankte eines Tages nur dem schnellen Zugreifen Müllers, daß er nicht strauchelnd in die Tiefe stürzte. Als endlich der Bau vollendet war, bereitete Meier für den 5. November 1864, den Geburtstag des alten, 1857 verstorbenen Smidt, die Einweihungsfeierlichkeiten vor. Von der alten Börse bewegte sich der feierliche Festzug über den Markt zum neuen Gebäude. H. H. Meier hielt im Namen der Handelskammer die Festrede, in der er eine Geschichte des Baus gab und dem Schöpfer des Werks hohen Beifall zollte: „Er hat sich ein Denkmal gesetzt, welches unserer Vaterstadt — so Gott will — auf Jahrhunderte zur Zierde gereichen wird; sein Name wird von Enkeln und Urenkeln mit aufrichtiger Bewunderung genannt werden." Die Rede schloß mit einem feierlichen Mahnwort: „Eine schönere Zierde als der äußere Schmuck wird der rechte Geist der Bremer Kaufmannschaft der neuen Börse verleihen, wenn sie nach wie vor vor allem Treu und Glauben als obersten Grundsatz festhält, wenn nicht allein die Eigenschaften, die dem Kaufmann Erfolg sichern, Fleiß, Sparsamkeit, Unternehmungsgeist, von Kenntnissen und Vorsicht getragen, sondern auch Gemeinsinn, Ehrenhaftigkeit, Opferwilligkeit alles Gute, Nützliche und Schöne zu fördern, ihn kennzeichnen. Dann wird der Segen Gottes, der bis dahin, lassen Sie es uns mit tiefstem Dank gegen den Höchsten aussprechen, in so reichem Maße der geliebten Vaterstadt zuteil geworden ist, auch ferner nicht ausbleiben. Vergessen wir nicht, daß unser glückliches Gemeinwesen nur durch seinen Handel Bedeutung hat, daß in der Tat es auf demselben beruht, es daher nicht ein Verdienst, sondern nur Pflicht ist, in diesem Geist zu handeln. Daß dieser Geist stets Bremens Kaufmannschaft beseelen möge, das walte Gott!"

Aus H. H. Meiers-Mund waren solche Worte nicht leerer Schall; er lebte wie er sprach. Kein unerreichbares Idealbild eines Kaufmanns stellte er auf, sondern forderte nur das von den anderen, was er selber ihnen vorlebte. Er hatte Treu und Glauben, Fleiß und Unternehmungsgeist,[1] Kenntnisse und Vorsicht, Gemeinsinn, Ehrenhaftigkeit und Opferwilligkeit. Daß neben soviel Licht auch Schatten war, darf nicht wundernehmen; er konnte rücksichtslos durchgreifen, er setzte sich manches Mal über abweichende Meinungen selbstbewußt hinweg, was sich im Alter zum Eigensinn steigerte, und mußte es hinnehmen, daß man das Bewußtsein seiner männlich schönen Erscheinung und den berechtigten, aber stets naiven Stolz auf seine Leistungen als Eitelkeit geißelte, die er doch nie in dem Sinne besaß, daß er seine Verdienste überschätzt hätte. Diese sind vielmehr von einer neuen Generation, die nur den 80jährigen Greis kannte, häufig genug unterschätzt worden.

Der festliche Tag der Börseneinweihung war für Meier der Höhepunkt und vorläufige Abschluß seiner Tätigkeit in der Handelskammer, der er von 1853 an die gesetzlich zulässigen zwölf Jahre hindurch angehört hatte. Im Jahre 1863 führte er das jährlich wechselnde Präsidium der Handelskammer.

Mit Beginn seines Amtsjahres entwickelte er in wohldurchdachter Rede seine Anschauungen über das, was Bremens Kaufmannschaft erreicht hatte und was zu erreichen sie nunmehr bestrebt sein müsse. Hatte das abgelaufene Jahr manch erfreulichen Fortschritt gebracht, vor allem die Eisenbahnverbindung mit den beiden bremischen Häfen Vegesack und Bremerhaven, so gab doch die Tatsache, daß zum erstenmal der bremische Auswandererverkehr vom hamburgischen übertroffen worden war, zu ernsten Erwägungen Anlaß. Die starke Auswanderung hatte die Bremer darüber hinweggetäuscht, daß es der Stadt an deutschem Ausfuhrhandel aus einem reichen und leicht zugänglichen Hinterland fehlte. Bremen befinde sich, so meinte Meier, in einem Sack, aus dem es herauszukommen suchen müsse. Daher wünschte er eine eifrige Förderung des Eisenbahnbaus. Die Verbindung mit Oldenburg—Brake stand schon in Aussicht, aber weit wichtiger war es, Bremen mit dem westfälischen und rheinischen Industrie- und Kohlengebiet in Verbindung zu setzen und den von Münster her heranzuführenden Schienenstrang nach Hamburg weiter zu lenken. Nur so konnte Bremen in den großen west-östlichen Verkehr hineingezogen werden. Aber noch weiter reichten Meiers Verkehrspläne. „Denken Sie sich", so sagte er, „den Rhein-Weser-Elbe-Kanal, der von Ruhrort durch die Kohlendistrikte über Osnabrück etwa bei Minden in die Weser mündet, mit Abzweigung von Osnabrück über Quakenbrück—Oldenburg nach Brake, um diesen Hafen bei den niedrigen und dennoch rentabeln Kanaltransportkosten von $^{7}/_{10}$ Pfennig pro Zentner pro Meile, zu einem Exporthafen deutscher Kohlen, ja vielleicht deutschen Eisens und Stahls zu machen, so dürfte in der Tat Bremen der Mittelpunkt und Knotenpunkt eines großartigen Verkehrs werden, wenn Gott unser deutsches Vaterland vor Krieg bewahrt; dann dürfte auch der deutsche Ausfuhrhandel über Bremen sich naturgemäß entwickeln."

Es waren keine leeren Phantasien, die Meier hier der Handelskammer vortrug. Am 14. Juni 1862 hatte die erste Sitzung des Komitees zur Herstellung des norddeutschen Kanals vom Rhein nach der Elbe stattgefunden, und H. H. Meier war einstimmig zum Mitglied dieses Komitees gewählt worden, an dessen Spitze die Großindustriellen von Essen, Dortmund und Düsseldorf standen. In seiner Antwort an den Vorsitzenden, Dr. Fr. Hammacher[1]) in Essen, lehnte Meier die Wahl dankend ab, da er mit Geschäften überhäuft sei und daher an den Beratungen nicht teilnehmen könne. Aber er versprach, das Unternehmen in jeder Weise zu unterstützen. Auf einer Reise durch England, Schottland und Wales hatte er sich eben noch überzeugt, von welch großartiger Bedeutung für die industrielle Entwicklung die zahlreichen Kanäle trotz der riesigen Ausdehnung der Eisenbahnen waren. Daher sah er in diesen billi-

[1]) **Hammacher, Friedrich, Dr. jur., 1824—1904, ein Führer in der rheinisch-westfälischen Montanindustrie, nationalliberales Mitglied des Abgeordnetenhauses und des Reichstags und Mitbegründer der Partei.**

gen Wasserverbindungen eine Notwendigkeit für Deutschland, wenn es mit Ehren aus dem industriellen Wettkampf der Nationen hervorgehen und seine reichen geistigen und materiellen Mittel zu voller Geltung bringen solle. So verfolgte Meier denn die Arbeit des Kanalkomitees mit größtem Interesse, freute sich, daß die Vorarbeiten für die Rhein-Weser-Strecke 1864 vollendet waren, und sah mit Bedauern, wie Hannover weniger aus sachlichen als aus politischen Gründen den Vorarbeiten für die Weser-Elbe-Strecke seinen Widerstand entgegensetzte. Niemand aber hätte wohl damals geglaubt, daß noch ein halbes Jahrhundert vergehen würde, bis Rhein und Weser verbunden waren, und daß bei Erreichung dieses Ziels die Fortführung des Kanals zur Elbe noch in weiter Ferne liegen würde.

Wenn Meier daran lag, durch Bau von Eisenbahnen und Kanälen den deutschen Ausfuhrhandel auf Bremen zu lenken, so mußte folgerichtig zu gleicher Zeit dafür gesorgt werden, daß Bremens Weg zum offenen Meer verbessert und immer mehr gesichert wurde. So stellte er denn die Korrektion der Weser und die Errichtung eines zweiten Leuchtturms als das Ziel hin, nach dem die Handelskammer streben müsse. Auch diese Pläne sind erst nach Jahrzehnten verwirklicht worden.

Noch in einem anderen Teil seiner programmatischen Rede, mit der er sein Präsidiumsjahr in der Handelskammer eröffnete, sah Meier zukünftige Entwicklungen voraus. Er glaubte zu erkennen, daß die Politik nicht nur kleiner Handelsstaaten, sondern auch der größten Staaten vorzugsweise durch ihre Handels- und Verkehrsinteressen bestimmt werde. In erster Linie dachte er dabei an Napoleon III. „Selbst der in der Politik unumschränkte Herrscher Frankreichs horcht sorgsam auf die Stimme und beachtet scharf die Bedürfnisse des Handels und Verkehrs und läßt sich in seiner Politik dadurch leiten." Wenn schon der Emporkömmling und Militärmonarch so handelt — das ist Meiers Gedankengang —, um wieviel mehr werden es Regierungen tun, die nicht genötigt sind, napoleonische Macht- und Ruhmespolitik zu befolgen, sondern einzig das Wohl des Volkes im Auge haben. In der Tat ist die unlösbare

Verknüpfung der Politik mit Wirtschafts-, Handels- und Verkehrsinteressen das Kennzeichen des Zeitalters geworden, das den Weltkrieg hervorbrachte. Daß in einer Hansestadt wie Bremen die Handelskammer eine bedeutsame Rolle auch in der Politik dieses Kleinstaats spielen müsse, war für Meier eine Selbstverständlichkeit. „Ich behaupte, daß kein Stück Politik im bremischen Staat, der nur durch seinen Handel Wichtigkeit und Bedeutung hat, ohne den Einfluß und gegen den Willen der Handelskammer ins Leben treten sollte. Allerdings sind unser Einfluß und unsere Mitwirkung nicht bestimmend, nicht beschließend, sie sind nur moralischer Art. Diese aber immer mehr zu sichern und noch weiter zu erlangen, ist nach meinem Dafürhalten eine fortwährende und eine der ersten Aufgaben der Handelskammer und ihrer Mitglieder. Sie werden um so sicherer erreicht, je Tüchtigeres wir leisten und je weniger wir nach entscheidenden Machtbefugnissen streben.... Ein kleiner Handelsstaat, wo jedes andere materielle Interesse gegen das des Handels verschwindet, muß auf das Organ seines Handels und Verkehrs hören, wenn dieses Organ dieselben richtig erkennt und mit patriotischer Hingebung zu fördern sucht."

Wie wertvoll und fast unentbehrlich H. H. Meiers Persönlichkeit der Handelskammer geworden war, zeigt der Umstand, daß er nach seinem Ausscheiden Ende 1864 schon nach Jahresfrist von neuem gewählt wurde und von 1866 bis zum Juni 1874 weiter 8½ Jahre dieser Körperschaft angehörte, deren Präses er 1872 zum zweiten Male gewesen ist.

1862 fiel ihm als Vizepräses der Handelskammer die wichtige Aufgabe zu, Bremen auf dem Deutschen Handelstage zu vertreten.

Jedermann weiß, daß der politischen Einigung des deutschen Volks die Begründung und der Ausbau des Zollvereins im höchsten Maße vorgearbeitet hat. Weniger aber pflegt man von der ein Menschenalter später einsetzenden bedeutsamen Wirksamkeit für ein nationales, einheitliches deutsches Wirtschaftsleben zu reden, die der Handelstag entfaltet hat. 1860 hatten die Vertreter der preußischen Handelskammern unter David Hansemanns Vorsitz in Berlin gemeinsam getagt. Im deutsch gesinnten Baden aber entstand zuerst der Plan, die Vertreter des Handels von Gesamtdeutschland zu einer Tagung zu vereinigen. Es war ein Ereignis von nationaler Bedeutung, als im Mai 1861 zu Heidelberg der erste allgemeine Deutsche Handelstag unter Hansemanns Vorsitz stattfand. Er erklärte sich zum Organ des gesamten deutschen Handels- und Fabrikantenstandes und setzte einen „bleibenden Ausschuß" von 15 Mitgliedern, mit einem Zentralbureau in Berlin, ein.

Im März 1862 wählte dieser Ausschuß H. H. Meier zu seinem Mitglied. Der hervorragendste Kaufmann der außerhalb des Zollvereins stehenden Hansestädte stellte damit seine Erfahrung und sein für Ausgleich von Gegensätzen besonders geeignetes diplomatisches Geschick in den Dienst der nationalen Vertretung seines Standes.

Bald genug kam die Gelegenheit, sich in diesem Sinne zu betätigen. In einer Frage von ebenso hoher politischer wie wirtschaftlicher Bedeutung fiel dem Handelstag die Aufgabe zu, sein Votum in die Wagschale zu werfen. Seit Anfang 1861 hatte Preußen als Vormacht des Zollvereins mit Frankreich über den Abschluß eines Handelsvertrags beraten und im März 1862 einen Vertrag zustande gebracht, in dem der Geist der liberal-freihändlerischen Ära lebte, der damals seinen Siegeszug durch Europa antrat. Dieser Vertrag bedurfte der Zustimmung der Zollvereinsstaaten, von denen jedoch die süddeutschen mit Rücksicht auf Österreich Bedenken trugen, ihn anzuerkennen. Denn Österreich erhob lebhaften Einspruch dagegen. Machte doch dieser Vertrag, der den Grundsatz der Meistbegünstigung enthielt, eine Erneuerung des zwischen dem Zollverein und Österreich bestehenden Vertrages ebenso unmöglich, weil er einen Eintritt der gesamten Donaumonarchie in den Zollverein ausschloß. Der Vertrag war also unter anderem eine politische Machtprobe Preußens gegenüber Österreich. Dieses ging daher darauf aus, nunmehr seinen Eintritt in den Zollverein durchzusetzen oder aber den Zollverein, diesen Ausdruck preußischen Einflusses in Deutschland, zu sprengen. Die Großdeutschen, denen ein wirtschaftliches 70-Millionen-Reich als Ideal vorschwebte, und wohl zumeist auch die Schutzzöllner, waren daher die Gegner des preußisch-französischen Vertrages, während die Kleindeutschen und die Freihändler sich warm für ihn einsetzten.

Die großen Gegensätze in der nationalen wie in der Wirtschaftspolitik mußten aufeinander prallen, als im Oktober 1862 der zweite Deutsche Handelstag in München zusammentrat. H. H. Meier, der zum zweiten Vizepräsidenten erwählt wurde, gehörte zu denen, die den preußisch-französischen Vertrag als einen Fortschritt betrachteten. Freilich verkannte er nicht gewisse Mängel, die er gern beseitigt gesehen hätte, wenn es möglich wäre. Auf das eindringlichste aber forderte er den Handelstag auf, vor allem den Blick auf die überwiegenden Vorteile zu lenken und sich durch die Mängel nicht zur Verwerfung des Vertrags verleiten zu lassen. Denn eine Verwerfung hätte bedeutet, daß der deutsche Kaufmannsstand sich für Österreich und den süddeutschen Partikularismus eingesetzt und gegen die preußische Politik Front gemacht hätte. Ein Zusammenbruch des Zollvereins wäre die Folge gewesen. Meier bekannte: „Auch mir liegt die Erhaltung des Zollvereins so sehr am Herzen wie nur irgendeinem, denn ich glaube, sollte er zerrissen werden, so wird es nicht bei der Zolltrennung in Deutschland bleiben, es wird viel weiter gehen, es wird ein Riß durch Deutschland gehen, der ein großes Unglück für Deutschland sein würde." Er bat die Versammlung, rein sachlich, nüchtern und praktisch zu urteilen und nicht theoretische Gesichtspunkte in den Vordergrund zu rücken. Denn wäre er ein Theoretiker des Freihandels, so könnte er sehr wohl für Österreichs Eintritt in den Zollverein und die Schaffung eines Versorgungsgebiets von 70 Millionen Menschen eintreten. Als Praktiker aber erkannte er, daß eine Vereinigung des Zollvereins und der Monarchie zurzeit nicht zweckmäßig und tunlich sei. Später einmal unter anderen Verhältnissen möge das wirtschaftliche 70-Millionen-Reich vielleicht entstehen können, zur Zeit aber würde es vollkommen stagnieren.

Wiederum sprach der praktische Politiker, der mit gegebenen Wirklichkeiten rechnet, aus Meier, als er der Versammlung darlegte, daß Preußen von dem Vertrag gar nicht mehr zurückkönne, daß also alles Protestieren nichts nützen, nur viel schaden könne.

Wenn der Zollverein dem Handelsvertrag mit Frankreich die Genehmigung versage, so bleibe Preußen dennoch mit seinem Wort verpflichtet, der Zollverein aber sei damit gekündigt und erlösche also 1865. Nicht ohne eine Spitze gegen David Hansemann, der zu den Gegnern des Vertrags gehörte, erklärte Meier: „Wenn ich mich auf den Standpunkt der (preußischen) Regierung stelle — das kann ich zwar nicht, ich bin ein schlichter Kaufmann, ich habe nicht wie unser verehrter Präsident in den höheren diplomatischen Kreisen gewirkt und stehe nicht mit ihnen in Beziehung —, aber das muß ich Ihnen doch sagen, meine Herren, wenn ich mich persönlich und moralisch soweit verpflichtet habe, etwas zu tun einem Dritten gegenüber, so sollte mich nichts abbringen von dieser Verpflichtung, obgleich ich vielleicht juristisch mit Recht zurücktreten könnte."

Mit nur vier Stimmen Mehrheit — bei der weiteren Abstimmung waren es 14 Stimmen — siegten die Anhänger des preußisch-französischen Handelsvertrags über ihre Gegner und stärkten somit der preußischen Politik den Rücken.

Neben von Beckerath[1]) war Meier als einer der Hauptverfechter der schließlich siegenden Sache auf dem Münchener Handelstag aufgetreten. Als nach seinem Mißerfolg in München Hansemann den Vorsitz im bleibenden Ausschuß des Handelstags niedergelegt hatte, trat sein siegreicher Gegner v. Beckerath an seine Stelle. Doch schon im Herbst 1863 schied dieser wegen Krankheit aus, und sein Stellvertreter Liebermann führte die Geschäfte, bis am 9. November 1864 H. H. Meier zum Vorsitzenden gewählt wurde.

Damit trat zum erstenmal ein Mann an die Spitze des Deutschen Handelstags, der nicht den Zollvereinsländern angehörte, ein Umstand, der bei der preußischen Regierung Bedenken erregt zu haben scheint. Denn am 17. November schreibt Meier in einem an den preußischen Handelsminister Graf Itzenplitz gerichteten Brief:

„Gestatten E. Exzellenz mir noch eine persönliche Bemerkung, die ich auch schon gegen Herrn Ministerialdirektor Delbrück mir zu

---

[1]) von Beckerath, Hermann, 1801—1870, Bankier in Krefeld und liberaler Politiker mit schwungvoller Beredsamkeit.

machen erlaubte; man hat gegen meine Wahl als Präsident des Ausschusses den Einwand erhoben, daß ich als Repräsentant Bremens nicht geeignet erscheine, den Vorsitz einer Korporation, die vorzugsweise die Zollvereinsinteressen zu fördern berufen sei, zu führen und die Angelegenheiten derselben zu leiten, indem andere Interessen mich leiten würden; worauf ich zu erwidern hätte, daß ich in meinem öffentlichen Leben mich nie durch eigene Interessen habe leiten lassen, daß aber als Industriellem des Zollvereins, indem ich auf meinem Gut im Braunschweigischen Bergbau und Eisenhütte habe, mir, wenn es sein muß, auch die persönlichen Interessen nicht fehlen. Dagegen scheint mir, wenn E. E. mir das Vertrauen schenken werden, daß ich den Präsidialeinfluß als Nichtpreuße viel fester im Interesse einer guten Sache, die E. E. gefördert zu sehen wünschen, den nichtpreußischen Angehörigen gegenüber werde geltend machen können, als wenn ich die Ehre hätte, Preuße zu sein."

Man begreift, daß Meier viel daran liegen mußte, jedes Mißtrauen der preußischen Regierung zu zerstreuen, wenn seine Wirksamkeit an der Spitze der deutschen Kaufmannschaft erfolgreich sein sollte. Überdies entsprach es ja durchaus seinem in München eingenommenen Standpunkt, wenn er im engen Einvernehmen mit der Berliner Regierung zu arbeiten gedachte.

In seiner neuen Stellung hatte Meier die umfangreichen Vorbereitungen für den dritten Deutschen Handelstag zu leiten, der unter seinem Vorsitz vom 25. bis 28. September 1865 in Frankfurt a. Main tagte. Infolge der veränderten Zeitumstände waren diesmal nur vier Österreicher, zwei aus Triest, einer aus Wien und einer aus Linz, erschienen. Das Jahr 1866 warf seine Schatten voraus.

Wirtschaftspolitisch stand die Tagung im Zeichen des Freihändlertums, das von Jahr zu Jahr siegreicher vordrang, ja sogar an die Pforten Rußlands pochte. Der Geist des Manchestertums erfaßte die Besten der Zeit. Männer wie H. H. Meier sind in jener Epoche so voll davon erfaßt worden, daß ein Abweichen ihnen späterhin zur innerlichen Unmöglichkeit wurde. Als Präsident des

Frankfurter Handelstags stand Meier 1865 an der Spitze dieser liberalen Freihändler Deutschlands. Es war ein Höhepunkt seines Lebens.

Ohne seine Erfahrungen aus den bremischen Bürgerschaftsverhandlungen wäre es ihm wohl nicht gelungen, seine nicht leichte Aufgabe als Vorsitzender mit soviel Ruhe und Geschick und mit gelegentlichem Humor zu erfüllen. Die Angelegenheiten des Zollvereins standen im Mittelpunkt der Beratungen. Man nahm Stellung zu den Handelsverträgen, die der Zollverein mit Rußland und der Schweiz abzuschließen sich anschickte, und empfahl den Abschluß eines Vertrags mit Italien. Mit Nachdruck forderte man die Schaffung einer einheitlichen Verfassung des Zollvereins noch vor Ablauf der 1864 auf zwölf Jahre erneuerten Verträge, ferner die Herstellung einer deutschen Münzeinheit mit der Mark zu 100 Pfennigen als Rechnungseinheit und einer dem 20-Frankstücke entsprechenden Vereins-Goldmünze.

Aus den übrigen Verhandlungen sei ein Antrag das Konsulatswesen betreffend hervorgehoben. H. H. Meier war hierfür Referent und gab daher für die Dauer der Beratung dieses Punktes den Vorsitz an den Vizepräsidenten Liebermann ab. In seinem Referat entschied er die Frage, ob es zweckmäßiger sei, Berufskonsuln oder kaufmännische Konsuln anzustellen, in dem Sinne, daß alles auf geeignete Persönlichkeiten und nicht so sehr auf das System ankomme. Doch glaubt er, daß im besonderen Handels- und Schiffahrtsinteressen durch kaufmännische Konsuln besser gefördert würden. Er empfiehlt, im Hinblick auf überseeische Länder, wo nicht unbedingt gesicherte Rechtszustände herrschen, ein gemischtes System von fach- und kaufmännischen Konsuln. Für größere Gebiete, in die ein Land einzuteilen sei, möge man Fachkonsuln ernennen, denen dann in den verschiedenen Häfen dieser Gebiete kaufmännische Vizekonsuln zu unterstellen wären. Vor allem aber verlangt Meier eine gemeinsame konsularische Vertretung aller Zollvereinsstaaten bzw. Deutschlands. Doch verkennt er nicht die ungeheuren Schwierigkeiten der Ernennung, der Instruktionserteilung, der Anerkennung durch andere Regierungen; er weiß, daß die gemeinsame Flagge und die Kriegsflotte, die Schutz gewähren soll, noch fehlen. Mochte auch die überwiegende Mehrheit Meiers Ausführungen beipflichten, so waren doch alle Beschlüsse unfruchtbar, so lange Deutschland nur ein geographischer Begriff war. Wer aber ahnte damals, daß schon nach Jahresfrist durch den Willen eines Titanen und die Kriegskunst eines Feldherrngenies ein starker norddeutscher Bundesstaat geschaffen sein würde, der sich nach kurzer Frist zum Deutschen Reich erweitern sollte?

Am Schluß der Frankfurter Tagung wurde noch kurz ein Antrag der Bremer Handelskammer, dem Meier nicht fern stand, erörtert. Er zielte hin auf die Errichtung einer deutschen Gesellschaft zur Besichtigung und Klassifikation von Schiffen, durch die man sich von dem eine Monopolstellung einnehmenden Bureau Veritas freizumachen gedachte.

Daß Meier sich mit dieser Frage eingehend beschäftigt hat, zeigt ein ausführlicher eigenhändiger Entwurf eines Statuts für eine „Gesellschaft zur Erreichung richtiger Schiffsklassen und zur Herausgabe eines Schiffsregisters", der sich in seinem Nachlaß befindet. Der Handelstag erklärte sich für diese Frage nicht für zuständig und überließ die Entscheidung den Seestädten, die dann 1867 in Hamburg den „Germanischen Lloyd" ins Leben riefen.

Seine Wiederwahl in den bleibenden Ausschuß lehnte Meier aus persönlichen Gründen ab und schied so mit dem Ende der Frankfurter Tagung aus dem Deutschen Handelstag aus.

Als dessen Vorsitzender ist Meier zuerst an die Spitze einer ganz Deutschland umfassenden Organisation getreten. Immer mehr wuchs seit den 60er Jahren seine Tätigkeit über Bremens Grenzen hinaus, immer mehr richtete sich sein Blick auf die gesamtdeutschen Interessen.

* * *

So hat er auch jahrelang mit Eifer die Gründung einer d e u t s c h e n K r i e g s m a r i n e betrieben. Die Begeisterung für eine deutsche Flotte lag ihm seit den Tagen der Paulskirche im Blut. Als er im Hause Seefahrt die altberühmte Schaffermahlzeit zu leiten hatte, brachte er einen Trinkspruch auf die deutsche Kriegsmarine aus, in dem es hieß:

„Wie mancher ist nicht unter uns, der die Schmach der vollkommenen Schutzlosigkeit des Deutschen in der Fremde jenseits des Ozeans empfunden, der mit Röte in den Wangen die deutschen Flaggen der Willkür eines jeden kleinen Staats preisgegeben gesehen hat. . . . Die Notwendigkeit gebietet eine deutsche Marine, damit nicht wieder das kleine Sardinien die Häfen des mächtigen Österreich, nicht Dänemark die des starken Preußen mit Erfolg schließe. Eine österreichische oder preußische kann sie nicht ersetzen. Mag man es versuchen, in der Ostsee oder in der Adria eine Marine zu gründen, man wird doch zur Überzeugung gelangen, daß ohne die Nordsee und ohne ihre tüchtige Seebevölkerung deutsche Flotten eine Unmöglichkeit sind. Jene Binnenmeere, die nicht mal Ebbe und Flut kennen, bilden nicht deutsche Matrosen wie die unseren. Möchte diese Wahrheit den bestimmenden Staatsmännern der beiden deutschen Großmächte klar werden; dann könnten immerhin der Großherzog von Limburg, der Herzog von Holstein und Lauenburg ihr Veto dagegen beim Bundestag abgeben lassen[1]). Wir werden dann doch eine deutsche Flotte haben, das schwarz-rot-goldene Banner wird schützend in fernen Ozeanen über unseren Schiffen wehen."

So warm das Herz der Patrioten seit 1848 für die Flotte schlug, so tief war die Enttäuschung, als sie aufgelöst wurde. Um so schmerzlicher empfand man diese Tatsache, als das gesamte politische Verhältnis zu dem Staat, den zu bekämpfen sie einst bestimmt war, andauerte. Als Ende der fünfziger Jahre die Beziehungen zu Dänemark sich von neuem verschlechterten, stellte Preußen beim Frankfurter Bundestag Anträge auf Küstenbefestigung, Bau strategischer Bahnen und Schaffung einer Flottille von Kanonenbooten. Doch die von Anbeginn falsch gebaute und immer mehr einrostende Maschine des hohen Bundestags versagte auch diesen berechtigten Forderungen gegenüber völlig. Nur hohe Aktenstöße, keine Taten

---

[1]) Gemeint sind die Könige der Niederlande und von Dänemark, die durch ihr Veto eine Änderung der Bundeskriegsverfassung hindern konnten

waren das Ergebnis langer Verhandlungen. In weiten Teilen des deutschen Volks aber und besonders in den Kreisen des Nationalvereins wurde das Feuer der Flottenbegeisterung von neuem geschürt, so daß im Jahre 1861 die Flamme weithin leuchtete.

Anfang Februar 1861 erhielt H. H. Meier einen Brief von Adolf Godeffroy aus Hamburg, in dem die Flottenfrage angeschnitten wurde. Er schlug darin vor, im stillen alles vorzubereiten, um im Fall eines deutsch-dänischen Krieges die großen transatlantischen Dampfer Hamburgs und Bremens mit etwa zwei gezogenen Kanonen der größten Art zu bewaffnen, deren Tragweite den Schiffen gestatten sollte, sich selbst aus dem Bereich der dänischen Kanonen zu halten, und deren Besatzung aus Matrosen und Militär bestehen sollte. Mit diesen Hilfskreuzern gedachte er der dänischen Blockade von vornherein auf das kräftigste entgegenzutreten. Für die Kosten, Ersatz verlorener Schiffe und Invalidenpensionen hätte der Deutsche Bund aufzukommen oder eventuell Preußen.

In seiner Antwort legte Meier dar, daß zur Küstenverteidigung Dampfkanonenboote am zweckmäßigsten seien, und überzeugte damit Godeffroy, der nun am 8. Mai in der Hamburger Bürgerschaft den Antrag stellte, den Bau dreier Kanonenboote als vorläufiges Kontingent Hamburgs zu einer deutschen Flottille sofort in Angriff zu nehmen. In denselben Tagen wurde Meier von vielen Seiten gedrängt, er solle einen ähnlichen Antrag in der Bremer Bürgerschaft stellen. Er hatte sich längst darauf vorbereitet, viel Material gesammelt und eine Denkschrift verfaßt, die in dem Antrag gipfelte, die Bürgerschaft solle den Senat ersuchen, daß er bei den drohenden politischen Verwicklungen mit allen Mitteln beim Bundestag dahin wirke, daß zum Schutze der Küsten der beantragte Bau einer Dampfkanonenbootflottille in zwei Divisionen von 50 Booten, je eine für die Nordsee und für die Ostsee, sofort in Angriff genommen werde.

Im Januar 1860 hatten bereits Verhandlungen zwischen Preußen und den Küstenstaaten mit Ausnahme Hannovers, das sich ganz ablehnend verhielt, in Berlin unter Moltkes Vorsitz stattgefunden, die aber beim Bundestag auf große Schwierigkeiten stießen, besonders in betreff der gewünschten Küstenbefestigungen und Eisenbahnbauten parallel der Küste.

So war Meier überzeugt, infolge dieser Umstände wohl nur die Schaffung einer Kanonenbootflottille erreichen zu können, und zog bei englischen Sachverständigen genaue Erkundigungen über Bauzeit, Preis und Leistungsfähigkeit solcher Boote ein. Mit Roon, der seit Januar 1861 auch die Geschäfte eines Marineministers übernommen hatte, verhandelte er auf eigene Faust darüber und auch über die finanzielle Seite der Sache. Selbst wenn Preußen die Hälfte der Boote stellte, so hätten die anderen Staaten für 50 Boote noch etwa 2½ Millionen Baukosten und dazu die jährlichen Unterhaltungskosten aufbringen müssen. Das waren unerschwinglich hohe Summen, und darum verfiel Meier auf den Gedanken, durch Matrikularbeiträge aller Bundesstaaten die Baukosten aufzubringen, während die Küstenstaaten für Besatzung und Unterhaltung der Schiffe aufzukommen hätten und diese Leistungen als Erfüllung ihrer Kontingentspflichten zum Bundesheer ansehen dürften.

Eine weitere Schwierigkeit für die Verwirklichung des Flottenplans sah Meier in dem Umstand, daß Generale an der Spitze des preußischen Marinewesens standen. Hierzu äußert er sich mit folgenden Worten:

„Es ist selbst in größeren Staaten, die bedeutende Flotten haben, eine alte Erfahrung, daß Militärs mit einer gewissen Geringschätzung auf die Marine herabsehen. Der Seemann zahlt es, und zwar in gründlicher Verachtung der Landratten, zurück. Demungeachtet leidet doch manchmal die Marine darunter. In wie weit höherem Grade dieses nun in einem reinen Militärstaat wie Preußen der Fall sein muß, ist klar. Wir sehen daher auch, wie wenig Gewicht Militärs, die nun als Techniker gelten, auf die Herstellung einer Marine legen. Wir sehen von neuem, daß die preußische Marine dem Kriegsminister übergeben, daß Generäle die Leitung derselben haben sollen. Welch Vertrauen, welche Hoffnung kann man daran knüpfen! Wie kann man hoffen, daß daraus sich eine lebensfähige Organisation entwickele!"

Als Meier den erwähnten, für die Bürgerschaft bestimmten

Antrag ausgearbeitet hatte, teilte er ihn zunächst Godeffroy mit, um ihn zu veranlassen, den gleichen Antrag auch in Hamburg zu stellen in der Hoffnung, daß dann auch Oldenburg und Lübeck für den Plan zu gewinnen wären. Die Antwort Godeffroys war, wenn auch anerkennend, so doch ablehnend; denn „wo fände man noch einen Gläubigen, der seine Hoffnungen auf den Bundestag setze?" — Godeffroy bat dagegen, einen Antrag, dem seinigen ähnlich, in der Bremer Bürgerschaft zu stellen, was auch durch Dr. Pfeiffer geschah und der mit großer Mehrheit angenommen wurde. Meier hatte auf Einbringung des seinigen verzichtet und war in längerer Rede für den anderen eingetreten. Denn eine unerwartete Aussicht hatte sich eröffnet, die das notwendige Übel einer Hineinziehung des Bundestages überflüssig machte und zu den kühnsten Hoffnungen berechtigte.

Der preußische Minister des Auswärtigen v. Schleinitz [1]) bezeichnete die beim Bund schwebenden Verhandlungen über Küstenschutz als unabsehbar und beauftragte, durch die in den Hansestädten hervorgetretene Bewegung veranlaßt, den preußischen Gesandten bei den Hansestädten, Freiherrn v. Richthofen, vertrauliche Verhandlungen wegen Errichtung einer Küstenflottille in Hamburg und Bremen zu eröffnen. Preußens Absicht war, die Kleinstaaten zu veranlassen, sich unter den Schutz des preußischen Aars zu stellen. In ähnlicher Weise, wie einst der Zollverein ohne Zwang Preußens zum Nutzen der Gesamtheit entstanden war, so sollten jetzt die kleineren Küstenstaaten durch Geld und Mannschaften die preußische Marine zu einem Schutz für alle deutschen Küsten ausgestalten.

Man trieb in Berlin rein preußische Großmachtspolitik, die sich der Kleinen gern bedienen wollte, aber auch ohne sie auskommen konnte. Von deutschnationaler Auffassung war man fern. Wenn der Dirigent der Marineverwaltung, General von Rieben, nur von Deutschtum oder von der schwarz-rot-goldenen Flagge etwas hörte, so zitterte er gleich am ganzen Leibe. Unter solchen Umständen

---

[1]) von Schleinitz, Alexander Graf, 1807—1885, preußischer Staatsmann, zweimal Minister des Auswärtigen, 1861 Minister des königlichen Hauses.

war an ein gutes Ende der Verhandlungen kaum zu denken, zumal Preußen an die finanzielle Leistungsfähigkeit der Hansestädte viel zu große Ansprüche stellte. An sich fand Richthofen in Bremen mehr Entgegenkommen als in Hamburg, v. Roon kam selbst nach Bremen und ließ in Ratskellergesprächen durchblicken, daß Preußen sehr daran liege, etwas zustande zu bringen, was ihm die Stellung eines maritimen Protektors der Nordseestaaten auch formell und völkerrechtlich verliehe. Wenige Tage danach machte dann eine preußische Note das Anerbieten, Preußen wolle 20 Kanonenboote erster Klasse stellen, wenn Hamburg und Bremen je 10 Boote zweiter Klasse hinzufügten.

Jetzt befand sich Bremen in einer peinlichen Lage. Einerseits waren die Kosten für 10 Boote völlig unerschwinglich, anderseits durfte man Preußen nicht abblitzen lassen und ihm vor dem beiseite geschobenen Bundestage eine moralische Niederlage bereiten, die es nie vergessen würde. Bremens Gesandter in Frankfurt, Senator Dr. Albers[1]), schrieb warnend, die Ehre erfordere es, nicht den Versuch zu machen, den Kopf aus der Schlinge zu ziehen, nachdem nun einmal der Senat seine Bereitwilligkeit zu Verhandlungen zugesagt habe und nachdem H. H. Meier sich mit Roon persönlich besprochen und mit Richthofens Sendung sein Eintreten für den Pfeifferschen Antrag vor der Bürgerschaft begründet habe. In einer Abweisung Preußens sah Albers geradezu eine Gefahr für Bremen; er schrieb: „Es gehört nicht zu den kleinsten Verdiensten des seligen Smidt, den Vorwurf der krämerhaften Politik, der unausgesetzt uns, namentlich von süddeutscher Seite, gemacht wurde, zum Schweigen gebracht zu haben. Wenn der Glaube an unsere deutsche Gesinnung sich verliert, so verliert sich auch das Interesse für unsere Erhaltung."

Der Senat beantwortete nun die preußische Note dahin, daß man zu Leistungen zwar bereit sei, daß aber die vorgeschlagene Stellung von Kanonenbooten jedenfalls unerschwinglich sei. Preußen solle unter seiner Führung einen Marineverband auf Grund-

[1]) Albers, Georg Wilhelm, 1800—1876, bremischer Senator, nach Smidts Tode Bremens Vertreter beim Deutschen Bundestage.

lage gleicher Leistungen und gleicher Anrechte aller Genossen gründen. Auf einer solchen Grundlage werde Bremen weiter verhandeln. Ein Vertrauensausschuß der Bürgerschaft, zu dem auch Meier gehörte, billigte den Gedanken einer bremisch-preußischen Flottenkonvention, und Bremens Haltung befriedigte in Berlin um so mehr, als in Hamburg ein ganz anderer Wind wehte. Dort wollte man sich einer Flotte als Bundessache allenfalls anschließen, aber nimmermehr Kontributionen zahlen, um die preußische Flotte zu vergrößern. Denn es herrschte ein tief eingewurzeltes Mißtrauen gegen Preußen und seine Fähigkeit, eine Kriegsflotte zu schaffen. Aber wenn man auch in Preußen über Bremens Stellungnahme zu der Sache erfreut war und die Senatoren Duckwitz und Gildemeister nach Berlin gesandt wurden und auch der hanseatische Ministerresident Geffcken[1]) wohl auf einen Wink Roons sich an H. H. Meier wendete, um hinter den Kulissen für preußische Wünsche zu wirken, so blieben die Verhandlungen doch ohne Erfolg, weil die Parteien von zu verschiedenartigen Grundanschauungen ausgingen.

Bremen wollte zunächst einen deutschen Flottenbund auf dem Papier begründen und dann als erster Kleinstaat in dies Haus aus Pappe und Papier eintreten in Form einer Marinekonvention, durch die es sich zur Zahlung von 50 000 Talern verpflichtete. Die Preußen fanden diese Gegenleistung für die Übernahme des Schutzes der bremischen Handelsmarine einfach lächerlich und stellten die Gegenforderung auf, der Maßstab der Leistungen sei nach dem Tonnengehalt der zu schützenden Handelsflotte zu nehmen. Da die bremische Flotte mit ihren 85 000 Last genau halb so groß sei wie die preußische, so müsse dies die Grundlage des Teilungsverhältnisses sein. Man begreift, daß den Preußen die 50 000 Taler als eine lächerliche Summe erschienen, aber noch viel lächerlicher mußte der preußische Vorschlag erscheinen, der ja völlig außer acht

[1]) Geffcken, Friedrich Heinrich, 1830—1896, hanseatischer Ministerresident in Berlin und in London bis 1868, Senatssyndikus in Hamburg, 1872 Professor der Staatswissenschaft in Straßburg, zu den vertrauten Freunden Kaiser Friedrichs gehörend.

ließ, daß Bremens Handel doch nicht nur den 100 000 Bremern, sondern ganz Deutschland und darunter auch einem guten Teil der 18 Millionen Preußen zugute kam, ganz zu schweigen von der maßlosen Überschätzung der bremischen Staatsfinanzen.

Einen sofortigen Abbruch der Verhandlungen suchte Preußen zu vermeiden, und man führte sie schriftlich noch einige Zeit fort, bis Bremen ihnen im Mai 1862 ein Ende machte und diesen Schritt damit begründete, daß man sich völlig mißverstanden habe.

Alle Flottenpläne Meiers und seiner Freunde waren aus dem Gedanken erwachsen, wie man sich am besten der Dänen erwehren könne. Dies Problem trat von neuem in den Vordergrund, als am 16. November 1863, gleichzeitig mit der Thronbesteigung Christians IX., der Erbprinz Friedrich von Augustenburg den Anspruch auf die Herzogswürde in Schleswig-Holstein erhob. Mit einem Schlag stand er im Brennpunkt des politischen Interesses; er schien die Befreiung der Herzogtümer endlich herbeizuführen und wurde daher der Abgott aller stürmischen Patrioten.

Die vom Nationalverein geschürte Begeisterung für ihn blieb auch auf Meier nicht ohne Eindruck. Auch er stellte sich in den Dienst der Sache des Herzogs, der, um seinen Thron besteigen zu können, vor allem reicher Geldmittel bedurfte. Er trat im Dezember 1863 in lebhaften Briefwechsel mit dem Geheimen Staatsrat Francke[1]), dem Finanzminister des noch landlosen Herzogs, und unterbreitete ihm den ausführlichen Plan einer Prämienanleihe. Francke fand den „mit so tiefeingehender Sachkunde entwickelten Gedanken" vortrefflich. Er hatte sich bisher mit einer freiwilligen Anleihe in Abschnitten von 5, 10 und 50 Talern begnügen müssen und sah nun im Geiste schon 15 Millionen auf Grund des Meierschen Plans in seine noch fast leeren Kassen strömen. „Seine Hoheit der Herzog" geruhte Francke zu beauftragen, Meier seinen Dank auszusprechen für die freundliche Bereitwilligkeit, mit der er seine Sachkunde und so rühmlich bekannte Einsicht dargeboten habe, und er wünschte

[1]) Francke, Karl Philipp, 1805—1870 Staatsrat, Mitglied der provisorischen Regierung von Schleswig-Holstein und Vertrauter des Herzogs Friedrich. Später Mitglied des preußischen Abgeordnetenhauses.

angelegentlich, daß Herr Meier fortfahren möge, mit seinem gewichtigen Rate ihm zur Seite zu stehen. Francke wiegte sich Ende Dezember 1863 in dem Glauben, die Proklamation des Herzogs sei unzweifelhaft und es stehe in nicht ferner Aussicht, daß mit Zustimmung der schleswig-holsteinischen Stände die Anleihe aufgelegt werden könne.

Derweil aber trieben die Ereignisse dem Krieg mit Dänemark zu, und die Hoffnungen des Augustenburgers zerrannen. Damit waren denn auch bald die Anleihepläne erledigt.

Der Ausbruch dieses lange befürchteten und lange ersehnten Krieges belebte Meiers Flottenpläne. Wieder einmal bestand die Möglichkeit, daß Dänemark die Elbe- und Wesermündung blockierte und die drittgrößte Handelsmarine der Welt lahmlegte. Alle Anstrengungen des Jahres 1861 waren ja vergeblich gewesen, und ohne handgreiflichen Erfolg waren auch alle weiteren Verhandlungen geblieben, die Moltke in Hamburg mit deutschen bundesstaatlichen Vertretern geführt hatte.

Unter dem Druck der Not hoffte Meier jetzt endlich zu Taten fortschreiten zu können. Wieder verhandelte er mit Roon, ohne daß volle Klarheit über seine Pläne zu erlangen wäre. Nur soviel ist zu erkennen, daß er amerikanische Schiffe, die infolge des Bürgerkriegs verkäuflich gewesen zu sein scheinen, für eine deutsche oder für die preußische Flotte zu erwerben gedachte. Er hoffte von Roon den Auftrag zu erhalten, mit einflußreichen, gerade in Europa weilenden Männern der nördlichen Union und der südlichen konföderierten Staaten, mit denen er bekannt war, über Ankäufe zu verhandeln; denn kein Kommissar der Regierung hätte zu diesen Herren solche Beziehungen gehabt, wie Meier sie besaß. Aber zu seinem Bedauern wurde ihm der Auftrag nicht erteilt. Eine persönliche Verstimmung Roons gegen Meier hat jedenfalls n i c h t bestanden. Eine solche war vielmehr gegenüber dem Bremer Senat vorhanden und ging so weit, daß Roon im Spätherbst 1864 sich weigerte, wieder in Marineverhandlungen mit Bremen einzutreten. Bismarck hatte diesen Gedanken mit Feuer aufgenommen und Roon gegenüber erklärt, verdrießlich sein helfe nicht, er möge sich doch die Sache überlegen. Aber, soweit bekannt, ist nichts erfolgt.

Daß Meier 1864 Pläne für eine deutsche Flotte entworfen hatte, geht auch aus Briefen Godeffroys hervor. Leider sind aber keine genaueren Nachrichten auf uns gekommen.

Im Februar 1864 stand er im Briefwechsel mit einem bedeutenden Schiffsbautechniker namens Bayley in London, der ihm fünf Schiffe namhaft machte, die den Marinezwecken entsprechen würden und käuflich seien. Da er Roon hiervon in Kenntnis setzen ließ, so handelte er möglicherweise, was diese Sache betrifft, im Einverständnis mit ihm. Auch wurden ihm durch einen Roon nahestehenden Freund die Fragen vorgelegt, was die Bremer Werften für den Bau neuer Kriegsschiffe leisten könnten, welche schnellen Handelsdampfer sich zur Bewaffnung eignen würden und zu heuern oder zu kaufen seien, und endlich, wie ein Marinepersonal für solche Schiffe beschafft werden könne. Aus der Antwort, die Meier erteilte, sei nur hervorgehoben, daß er die transatlantischen Lloyddampfer nicht für kriegsverwendungsfähig hielt, da ihr Umbau zu teuer und zu zeitraubend sein würde; wohl aber ließen die in der Fahrt nach England stehenden Schiffe sich panzern und als Kanonenboote verwenden. Vor allem sollte der Lloydschlepper „Simson" mit zwei 24-Pfündern bestückt werden, die das preußische Marineministerium dem Bremer Staat überlassen hatte.

Vielleicht bezieht sich auf diesen letzteren Punkt die Nachricht, die Meier am 2. März aus dem Senat zuging, daß dieser auf seinen Vorschlag eingehe, zugleich aber bemerke, der Krieg mit Dänemark werde nach wenigen Monaten entweder beendet sein oder aber eine solche Ausdehnung angenommen haben, daß der Senat sich von einem Kriegsschiff keinen Nutzen mehr versprechen könne und daher nur auf ein Schiff reflektiere, welches in kurzer Zeit fertig zu liefern wäre.

Aus dieser kurzen Nachricht geht hervor, daß der Senat durch Meier eine Art Bremer Kriegsmarine ins Leben rufen oder doch ihre Gründung begünstigen wollte.

Die Sachlage wird noch eigenartiger durch den Umstand, daß Meier sich nach Triest mit der Bitte wandte, österreichisches Flottenpersonal nach Bremen zu beurlauben, was doch nur verständlich ist, wenn man annimmt, daß Preußen sich hierzu nicht bereit erklärt hatte. Von einem Herrn des k. k. Hafen-Admiralats in Triest erhielt Meier eine Liste von geeigneten Persönlichkeiten zugesandt, um deren Beurlaubung er telegraphisch den österreichischen Marineminister ersuchen sollte.

Ist dies geschehen oder nicht? Hat man in Wien das Gesuch abgelehnt oder nie erhalten? Hat Meier zwei Eisen im Feuer gehabt? Hat er mit dem Bremer Senat und dem preußischen Marineminister zugleich verhandelt, um dieses Mal auf jeden Fall etwas zustande zu bringen und eine Blockierung der Weser unmöglich zu machen? Auf solche Fragen fehlt leider jede Antwort. So viel aber fühlt man heraus, daß auch 1864 wieder H. H. Meier als deutscher Patriot und als Fachmann des Seewesens am Werke war, um die Ehre Deutschlands und den Handel Bremens zu schützen. Er hat eine nicht unwichtige Rolle in der leider so enttäuschungsreichen Vorgeschichte der deutschen Kriegsmarine gespielt.

* * *

Der Wirkungskreis H. H. Meiers hat sich auf der Höhe seines Lebens immer mehr erweitert. Kaum ein Jahr verging, ohne daß neue bedeutende Aufgaben ihm gestellt und von ihm gelöst worden wären. Auch an ihm erfüllte sich das Wort, daß dem, der da hat, gegeben wird, damit er die Fülle habe. In demselben Jahr 1865, in dem er als Präsident des Handelstages an der Spitze der gesamten deutschen Kaufmannschaft stehen durfte, wurde er zum Vorsitzenden eines großzügig geplanten nationalen Werks berufen, der „Deutschen Gesellschaft zur Rettung Schiffbrüchiger".

Bis an sein Lebensende hat er den Vorsitz behalten, und vielleicht ist ihm keine seiner großen Schöpfungen so sehr ans Herz gewachsen, wie diese Arbeit im Dienst edler Menschlichkeit, die sich den „Kampf ums Dasein der anderen" zum hohen Ziel gesetzt hatte, bei der alle kaufmännischen Gewinninteressen völlig fortfielen. Um so eigenartiger berührt es, daß gerade dieses Werk nicht von ihm geplant und ins Leben gerufen worden, ja in seinen ersten Anfängen nicht einmal von ihm unterstützt worden ist. Und dennoch hat keins seinen Namen in so weite Kreise des deutschen Volks getragen, ihm so wenig Sorgen und so viel reine Freude ins Leben gebracht, wie das Rettungswerk.

Es ist eine merkwürdige Tatsache, daß die deutsche Handelsflotte die drittgrößte der Welt war, als man zuerst sich anschickte, auch an den deutschen Küsten auf die Rettung strandender Seeleute Bedacht zu nehmen, es nicht dem Zufall zu überlassen, wenn einmal einem strandenden Schiff von mitleidigen Küstenbewohnern Hilfe gebracht wurde, sondern Einrichtungen zu treffen, die dem gefährdeten Schiff die Gewißheit gaben, daß seine Not am Lande bemerkt und dort alles aufgeboten werden würde, um Hilfe zu bringen. „Gott segne den Strand!" hieß es naiv im Kirchengebet auf ostfriesischen Kanzeln, denn manche Küstenbewohner lebten vom Erlös des Strandguts, und die Obrigkeit sorgte für seine gerechte Verteilung. Als am 10. September 1860 die hannoversche Brigg „Alliance" vor Borkum strandete, erklärte ein Kapitän, er habe als Augenzeuge die Rettung der Besatzung für möglich gehalten und glaube, daß man um des Strandrechts willen die Pflicht der Menschlichkeit versäumt habe. Von 1854 bis 1861 waren an der ostfriesischen Küste 134 Menschenleben verloren gegangen, von denen 122 mit guten Apparaten hätten gerettet werden können. Unter solchen Umständen wurde es zu einer Ehrensache für alle, die die Not kannten, zu helfen und zu retten. England war 1823 mit der Gründung eines Rettungsvereins vorangegangen und besaß seit 1850 die „National life-boat-institution". Dänemark war 1851 gefolgt. Da entstanden 1861 endlich auch auf deutschem Boden Vereine zur Rettung Schiffbrüchiger, und zwar in Emden und Hamburg. 1863 kam ein bremischer Verein als dritter hinzu, dessen Schriftführer bald die treibende Kraft für eine ganz Deutschland umspannende Organisation des Rettungswesens wurde. Es war Dr. jur. Arwed Emminghaus [1]), der damalige Leiter des „Bremer

[1]) Emminghaus, Arwed, 1831—1916, Nationalökonom, 1861 in Bremen Redakteur des „Bremer Handelsblattes", Gründer der Deutschen Gesellschaft zur Rettung Schiffbrüchiger, 1866 Professor am Polytechnikum in Karlsruhe und 1873 in Gotha Direktor der Lebensversicherungsgesellschaft für Deutschland. Verfasser vieler gemeinnütziger Schriften.

Handelsblatts", der spätere Direktor der Gothaer Lebensversicherungsbank. Er ist als der Gründer der Deutschen Gesellschaft zur Rettung Schiffbrüchiger anzusehen. Ein doppeltes Ziel hatte der damals 32jährige Mann sich gesteckt; er wünschte die Vereine von Emden, Hamburg und Bremen zu verschmelzen und das gesamte deutsche Volk für das Rettungswerk zu interessieren. Als der erstgenannte Plan am Widerspruch Emdens und Hamburgs zunächst scheiterte, begann er durch die deutsche Presse dem Volk die hohe Bedeutung des Rettungswesens vor Augen zu führen. Auf diesem Wege fand er einen dem gleichen Ziel zustrebenden Gefährten in Reinhold Werner, der als Korvettenkapitän der preußischen Marine ein begeisterter Vorkämpfer des Rettungswesens war. Als warme Teilnahme für die Not der Schiffbrüchigen in vielen Küstenplätzen und tief im Binnenland geweckt worden war, trat im Frühling 1865 Emminghaus mit einem sorgsam ausgearbeiteten Gründungsplan vor die Öffentlichkeit. Er veranlaßte den Vorstand des Bremer Rettungsvereins, eine Versammlung deutscher Männer auf den 29. Mai nach Kiel zu berufen, um dort eine Deutsche Gesellschaft zur Rettung Schiffbrüchiger zu gründen. Wer aber sollte der Leiter des großen nationalen Vereins sein? Dazu bedurfte man eines Namens von gutem Klang, eines Mannes, der weithin durch Deutschland Vertrauen zur neuen Gründung erwecken und reiche Geldmittel flüssig machen konnte. H. H. Meier war dieser Mann, ihn galt es zu gewinnen. Hören wir, was Emminghaus selber von dem Ergebnis seiner Bemühungen erzählt[1]): „Als ich ihm auseinanderzusetzen versuchte, daß es uns darauf ankomme, eine möglichst volkstümliche Anstalt, einen Verein mit möglichst vielen, wenn auch einzeln vielleicht wenig zahlenden Mitgliedern zu gründen, winkte er ab; die Sache sei nur mit großen Mitteln und in ganz großem Zuge zu schaffen; Tausende von Mitgliedern seien nur Ballast; volkstümlich könne man die Sache nicht anders wie durch ihre Leistungen, nicht aber durch die Menge ihrer Träger gestalten; übrigens prophezeie er mir im Hinblick auf gemachte traurige Er-

[1]) „Deutsche Warte" 1915.

fahrungen völliges Mißglücken meiner auf die Massen gerichteten Bestrebungen."

Obwohl Emminghaus diese glatte Absage erhielt, blieb er bei seiner Überzeugung, daß Meier der gegebene Mann sei, an die Spitze des Rettungswerks zu treten. Daß er ein warmes Herz und eine offene Hand für die gute Sache haben würde, war nicht zu bezweifeln; aber er war zu vorsichtig, um sich für eine ihm noch unsicher erscheinende Gründung einzusetzen, er mochte auch nicht als Bettler vor fremden Türen erscheinen, geschweige denn sich als Vorspann oder zugkräftige Persönlichkeit von anderen Leuten benutzen lassen. Die Stimmung Meiers kennzeichnet Emminghaus vortrefflich in einer plattdeutsch geschriebenen „Urgeschicht' von't dütsche Seereddungswark"[1]), wo er den selbstbewußten Bremer Kaufherrn sagen läßt: „Wat ick nich sülwst maken kunn, dat möt nabliewen."

Trotz allem sandte Emminghaus ihm einige Tage vor dem Zusammentreten der Kieler Versammlung ein Schreiben, in dem er ihn dringend bat, nach Kiel zu kommen. In dem Falle würde es unschwer zu erreichen sein, daß Bremen zum Vorort und Sitz des Vereins ausersehen würde. Diese Wendung war geschickt, denn bei seinem Bremer Stolz mußte man Meier packen und ihm die Gründung als Ehrensache Bremens erscheinen lassen. Und nicht minder geschickt war es, daß Emminghaus ihm versicherte, auch wenn er nicht nach Kiel komme, würde in der Versammlung dennoch seine Wahl zum Präsidenten des deutschen Vereins von verschiedenen Seiten beantragt werden. Er wollte also Meier zu der Erkenntnis bringen, daß ohne ihn eine für Bremens und Deutschlands Ehre wichtige Gründung nicht zustande kommen könne.

Aber Meier blieb in Bremen, als 120 deutsche Männer nach Kiel eilten, um ein nationales Werk zu gründen; ja, soweit wir sehen, hat er nicht einmal Klarheit darüber gegeben, ob er eine etwaige Wahl zum Präsidenten annehmen würde oder nicht. Er stand dem seines Erfolges gewissen Emminghaus wie ein Thomas gegenüber, der nicht eher glauben wollte, als bis er gesehen hatte.

[1]) In „Nordwest", 13. Jahrgang, 1890.

Da geschah es nun, daß die Kieler Versammlung einen glänzenden Verlauf nahm. Aus den Küstenstädten von Memel bis Emden, aber auch aus binnenländischen Orten waren die Geladenen erschienen. Die von Emminghaus im Namen des Bremer Vereins vorgelegten Satzungen wurden von der Versammlung, die unter dem Vorsitz des Geheimen Staatsrats Francke, des Ministers des Augustenburger Herzogs, tagte, fast einstimmig angenommen. Nur die Vereine von Emden und Hamburg wollten ihre Selbständigkeit damals noch nicht aufgeben.

So war denn ein groß angelegtes Werk in offenbar lebensfähiger Weise ins Dasein getreten. Man hatte auf guten Fundamenten einen Rohbau errichtet und unter Dach gebracht, der sich sehen lassen konnte. Ob er auch vor Meiers strenger Kritik bestehen könnte, ob gerade dieser Mann sich der Aufgabe unterziehen würde, die innere Vollendung des Werks durchzuführen und es auch für die Zukunft finanziell sicherzustellen, das waren die Fragen, die noch der Entscheidung bedurften, bevor die Kieler Versammlung auseinanderging. Emminghaus kannte H. H. Meier gut genug, um zu wissen, daß alle seine Bedenken verfliegen würden, sobald er sehe, daß es sich um einen großen Wurf, ein nationales Werk, eine Ehrensache Bremens handele. So veranlaßte er den Vorsitzenden, den Geheimen Staatsrat Francke, Meier zum Präsidenten des neuen Vereins vorzuschlagen. Nach einstimmig erfolgter Wahl erwies es sich, daß Emminghaus sich nicht verrechnet hatte. Auf die telegraphische Anfrage in Bremen, ob er die Wahl annehme, antwortete Meier mit einem vollen, freudigen Ja. Damit übernahm er eine neue große Arbeitslast und hat sie 33 Jahre bis an seinen Tod mit Freuden getragen. Es war zugleich ein maritimes, ein nationales und soziales Werk, an dessen Spitze er trat. Es diente den Interessen der Seefahrer, es schlang ein neues Band um die noch getrennten deutschen Stämme im Norden und Süden, und es weckte als ein Vorläufer der sozialen Epoche dem ganzen Volk das Gewissen, daß durch organisierte Wohlfahrtspflege der Not der Mitmenschen gesteuert werden müsse.

Freilich lag es nicht in Meiers Art, durch die organisierte Masse

Wirkungen zu erzielen; er handelte vielmehr im Geiste des individualistischen Liberalismus. Nicht auf ihn, sondern auf Emminghaus geht es zurück, wenn in ganz Deutschland fortan kleine und kleinste Beträge für das Rettungswesen gesammelt wurden. Meier zog es vor, die kleine Schar derer zu gewinnen, die tausend Taler geben konnten. Denn die Beschaffung eines Kapitals war die erste und wichtigste Aufgabe. In dem kurz nach der Gründungsversammlung erlassenen Aufruf an das deutsche Volk wurde dargelegt, daß die Kosten der Errichtung von etwa 50 Rettungsstationen sich auf rund 100 000, und die jährlichen Unterhaltungskosten dieser Stationen auf etwa 12—15 000 Taler sich belaufen würden. Da der geringste Jahresbeitrag der Mitglieder einen halben Taler betrug, so war es Meier nicht zu verdenken, daß er von dem Appell an die Massen des Volks allein sich keine hinreichende Wirkung versprach. Er bemühte sich, große einmalige Beiträge zu sammeln. Im Juli 1865 hatte sich ein Bremer Kaufmann verpflichtet, 1000 Taler zu schenken, wenn neun andere dasselbe täten. Auf diese Weise waren Anfang 1867 die ersten 10 000 Taler Gold beisammen. Meier aber bezeichnete inzwischen ein Kapital von 100 000 Talern als notwendig und warb unermüdlich weiter. Wieviel sein Einfluß und seine Verbindungen vermochten, zeigt ein Brief eines Freundes und Verwandten: „Lieber Hermann, Ich habe es eigentlich verschworen, auf die Autorität anderer zu handeln, will bei Dir aber eine Ausnahme machen, falls die Sache wirklich großartig angefaßt werden kann, und bin bereit, die gewünschten 1000 Taler beizutragen, sobald das von Dir als notwendig bezeichnete Kapital von 100 000 Taler disponibel ist.“

Man fühlt heraus, wie schwer es für Meier gewesen sein muß, das nötige Kapital flüssig zu machen. Das damalige Deutschland war noch nicht reich und vermochte nicht die Summen für das Rettungswesen aufzubringen, die in England und Frankreich den Rettungsgesellschaften zuflossen. Während die deutsche Gesellschaft im ersten Jahr ihres Bestehens 14 000 Mark Jahresbeiträge erhielt, die sich freilich im folgenden auf über 40 000 Mark steigerten, hatte gleichzeitig die National life-boat-institution über 34 000 Pfund

Sterling Einnahmen, und die 1865 gegründete französische Gesellschaft erzielte im ersten Jahr ihres Bestehens eine Summe von 222 000 Francs, wozu noch eine bedeutende Subvention der Regierung kam. Die kaiserliche Familie stellte sich mit 30 000 Francs an die Spitze der Zeichner. Das mag ein Wink für Meier gewesen sein, auch das Haupt des Norddeutschen Bundes für das Rettungswerk zu interessieren. Ende Dezember 1866 richtete er eine Immediateingabe an König Wilhelm, in der er ihm das Protektorat zu übernehmen bat. Daß dieser Bitte willfahrtet wurde, hat sicherlich dazu beigetragen, das Ansehen der deutschen Rettungsgesellschaft noch mehr zu heben.

Es ist hier nicht der Platz, die Weiterentwicklung der Gesellschaft, die unter Meiers Leitung schließlich alle lokalen Vereine an sich zog und zusammenfaßte, im einzelnen zu verfolgen. Ihre Bedeutung steigerte sich von Jahrzehnt zu Jahrzehnt, und je mehr im neuen Deutschland die Seeinteressen in den Vordergrund traten, um so reicher flossen ihr die Mittel zu. Nach 15 Jahren waren es zwei Millionen, nach 50 Jahren zwölf Millionen Mark geworden. Mehr als 4100 Menschen wurden im ersten halben Jahrhundert des Bestehens der Gesellschaft aus den Fluten gerettet.

Nur auf einen Punkt sei noch besonders hingewiesen. Hoher Idealismus und reine Menschenliebe hatten bei der Entstehung der Gesellschaft Pate gestanden. Daß er von beiden Eigenschaften ein volles Maß besaß, hat Meier wahrlich bewiesen; aber er war daneben zu sehr Verstandesmensch, um auch von den ihr Leben wagenden Rettungsmannschaften nichts als Idealismus zu erwarten. Sie mußten die Gewißheit haben, daß für ihre Witwen und Waisen gesorgt werden würde, nur dann konnte man erwarten, daß sie freudig ihren schweren Beruf erfüllten. So schuf Meier die Lebensversicherung der Rettungsmannschaften und beschritt damit den Weg sozialer Fürsorge, der dem Versorgten das Gefühl eines Rechtsanspruchs gibt uud ihm die Qual des Almosenempfangs erspart. Damit nahm Meier, wenn auch auf begrenztem Gebiet, den Grundgedanken der Bismarckischen Sozialpolitik vorweg. Der alte Wahlspruch „Gott segne das Rettungswerk!“ ist reich erfüllt worden, und für alle Zeit ist mit der segensvollen Entwicklung der Gesellschaft der Name H. H. Meiers eng verknüpft und ist aus ihr so wenig hinwegzudenken wie aus der Geschichte des Norddeutschen Lloyd.

---

6. Abschnitt.

Zur Zeit des Norddeutschen Bundes.

1. Sendung nach Berlin.

Das bedeutungsvolle Jahr 1866 fand H. H. Meier, der nun im 57. Jahre stand, auf der Höhe des Lebens, auf der Höhe seiner Schaffenskraft, seiner Stellung und seines Einflusses. So war es denn natürlich, daß in den aufgeregten Junitagen jenes Jahres die politischen Wogen und Wellen mächtig an sein Haus brandeten. Vielleicht war er einer der Ersten in Bremen, der von der Kriegserklärung Preußens an Hannover erfuhr. Dessen Gesandter am hannoverschen Hofe suchte ihn am Nachmittage des 17. Juni auf und teilte ihm mit, daß er seine Pässe gefordert habe und nicht wieder nach Hannover zurückkehre. Aber auch mit der Gegenseite stand Meier gut; denn man nahm seine Vermittlung in Anspruch, um heimlich durch den Lloyd die hannoverschen Staatsgelder nach England zu schaffen, die später durch Vertrag wieder an Preußen kamen und dann als Welfenfonds noch eine große Rolle spielten.

Bald loderte der Krieg überall auf, und die Ereignisse überstürzten sich. — Nach der Schlacht von Königgrätz sandte der Bremer Senat schon am 11. Juli einen Spezialbevollmächtigten nach Berlin, um verschiedene dringliche Angelegenheiten des Eisenbahn-, Post- und Telegraphenverkehrs usw. zu besprechen, und zwar wählte er kein Mitglied aus dem Senat, in dessen Mitte Männer wie Duckwitz, Donandt und Gildemeister saßen, sondern H. H. Meier für diese Sendung. Dieser hatte schon in den Vorbesprechungen auf rasches Handeln gedrängt, weil man jetzt von Preußen leichter Zugeständnisse erhalten werde als später, wenn alle Staaten gleichzeitig ihre Wünsche vorbrächten. — In Voraussetzung des Fortbestehens des Königreichs Hannover wünschte man vor allem, daß unter Preußens Einfluß Verkehrserleichterungen zwischen den beiden Nachbarländern geschaffen würden, da die kleinliche und nur zu oft schikanöse Verkehrspolitik Hannovers seit langem Bremen zu gerechten Klagen Anlaß gegeben hatte. Hauptbeschwerdepunkte, die besonders Bremerhaven betrafen, und deren Abstellung Bremen jetzt verlangte, waren, daß nach den Verträgen Hannover sich die Militärhoheit über Bremerhaven vorbehalten und Fort Wilhelm, die Reichsbatterie und die Turmfortbatterie in so bedenklicher Lage für Stadt und Häfen angelegt hatte, daß diese bei Beschießung der Befestigungen als Kugelfang dienen mußten, ferner daß Hannover aus militärischen Gründen die Verbindung der Hafenbecken ablehnte und sich manche Hoheitsrechte angemaßt hatte. Dann verweigerte es dort eine Zollvereins-Abfertigungsstelle, die dem Bremer Hauptzollamte unterstehen sollte. Außerdem hatte es den Personenbahnhof in Geestemünde zu weit entfernt von Bremerhaven angelegt; auch durften Extrazüge wohl für Auswanderer, nicht aber in umgekehrter Richtung für Einwanderer eingestellt werden. Endlich bestand der seltsame Zustand, wonach Telegramme von Bremerhaven und Vegesack nur bis Bremen, nicht aber nach weiteren Stationen befördert werden durften — lauter Dinge, die uns heute als Nichtigkeiten erscheinen, im damaligen Verkehr aber als höchst lästig empfunden wurden. Insonderheit sollte Meier aber darauf dringeu, daß die schon damals geplante Paris-Hamburger Bahn über Bremen und nicht, wie zwischen Preußen und Hannover vereinbart, an Bremen vorbei über Sebaldsbrück geführt würde.

Mitte Juli berichtete Meier an den Senat, daß er in Berlin eine sehr entgegenkommende Aufnahme gefunden und die feste Überzeugung gewonnen habe, daß die Paris-Hamburger Bahn direkt über Bremen gebaut werden solle. Die Meinung über Fortführung des Krieges sei geteilt, man neige zum Abschluß baldigen Friedens, zweifle aber in diplomatischen Kreisen, daß das ursprünglich geplante Programm durchzuführen sei. Da dieses Napoleon nie zugeben werde, so werde man sich nötigenfalls auf Norddeutschland beschränken und die Süddeutschen laufen lassen. Nachdem die Nachricht vom Waffenstillstand eingetroffen, hörte Meier sehr bald vertraulich, daß nach den Friedenspräliminarien ganz Hannover an Preußen kommen solle. Meier, überrascht, aber gleich im Bilde, ging sofort selbständig vor und versuchte im Auswärtigen Amte Stimmung dafür zu machen, daß unter diesen veränderten Zukunftsaussichten Geestemünde an Bremerhaven überwiesen werde, da es als Kriegshafen für Preußen nicht ernstlich in Betracht kommen könne. Beim Senat trat er zunächst für Erlangung der völligen Staatshoheit über Bremerhaven[1]) ein mit einer gewissen Abrundung dortigen Geländes und für Jurisdiktion über die Ufer der Geeste und Weser, glaubte dann aber mit der weiteren Forderung mehr Erfolg zu haben, daß Geestemünde mit gewissen Beschränkungen an Bremen ganz abgetreten würde, wofür er in Berlin kommerzielle und Schiffahrtsinteressen geltend machen wolle. Die Frage sei, ob Bremen dafür 2 Millionen Taler in 4½ prozentigen Staatspapieren geben würde?

Diese Ideen fanden im Senat keine unbedingte Zustimmung. Selbst ohne Entgelt würde Geestemünde zu viel kosten, da die Erwerbung nur der Zukunft nach Jahrzehnten zugute käme, der Gegenwart aber zu große Opfer auferlege und außerdem Preußen schwerlich in die Abtretung willigen würde. Möglich sei, Preußen zu bewegen, daß für alle kommerziellen Zwecke Bremerhaven und Geestemünde ein einziges großes Dock-Etablissement der bremischen Reederei bildeten und unter Vorbehalt des preußischen Eigentums die Verwaltung auch des Geestemünder Hafens Bremen anvertraut werde. Darauf sei hinzuwirken. Am 7. August hatte Meier eine kurze Audienz bei Herrn v. Bismarck, in der er sein Promemoria in betreff Geestemündes überreichte. Der Ministerpräsident wiederholte Preußens freundliche Gesinnungen gegen Bremen und versprach tunliche Berücksichtigung seiner Wünsche. Nach diesen Vorverhandlungen sandte Meier seinen Schlußbericht vom 9. August

[1]) Die bisher in militärischer Hinsicht und in betreff des Weserufers beschränkt war.

ein; derselbe war nur kurz, enthielt aber gegen das Ende eine wichtige Anregung, die Meiers Weitblick zeigt und Erwähnung verdient: In betreff der Eisenbahnfrage meint er, ob Bremen den Mut haben würde, etwas Großes und Entscheidendes für seinen Verkehr, für seine handelspolitische Machtstellung zu tun, indem es versuche, sämtliche Bremen berührende Bahnen, ausgenommen die nach Oldenburg, in seinen Besitz zu bringen, wofür nach seiner Berechnung eine Anleihe von 19 Millionen Taler erforderlich sei. Bei Preußens Abneigung gegen Staatsbahnen würde dort anscheinend kein Bedenken bestehen, gegen eine feste jährliche Rente den hannoverschen Anteil an der Wunstorf-Geestebahn abzutreten. Den Bau der Osnabrück-Hamburger Bahn würde man eventuell bereit sein, Bremen-Hamburg zu überlassen, und für die Bahn Langwedel-Uelzen müsse eine Konzession erteilt werden. Meier zweifelt nicht daran, daß in ruhigen politischen Zeiten und bei gewöhnlichem Geldmarkte die obigen Mittel zu beschaffen seien, sei es im Wege einer Aktiengesellschaft, sei es durch den Staat.

Daran erinnernd, daß Bremen im Jahre 1803 die gebotene Gelegenheit, sein Gebiet durch Landstrecken an der Lesum und Unterweser zu vergrößern, versäumt habe, ruft er dann aus: „Diese Eisenbahnen sind aber ein viel fruchtbareres Gebiet, welches jetzt erreichbar ist und welches viel nachhaltiger und dauernder die Entwicklung und Blüte Bremens sichern wird, als etwas Zuwachs an Land. Dem „Bremen wes bedächtig" setze ich das fortuna juvabit fortem entgegen; es gehört Mut, ich gestehe, viel Mut dazu, in jetzigen schweren Zeiten ein solches Unternehmen anzufassen. Es mag auch ohne dies kommen; aber haben wir es in Bremen in der Hand, so haben wir die Zukunft Bremens sichergestellt!"

Wie günstig hätte sich die Lage Bremens nach diesem großartigen Plane Meiers gestalten können! Bei späterem Verkauf dieser Eisenbahnen hätte Bremen spielend die Kosten für Weserkorrektion und Hafenerweiterung aufbringen können. Doch es hat nicht sollen sein! Dieser Plan muß nach kurzen Beratungen in den Akten begraben sein, da nichts weiteres darüber festzustellen ist. Meier selbst muß ihn aber noch weiter verfolgt haben, denn in seinem

Nachlaß befindet sich ein umfangreiches Schriftstück: „Statut der Niedersächsischen Eisenbahngesellschaft", ein in 64 Paragraphen sehr sorgfältig ausgearbeiteter Entwurf für eine Aktiengesellschaft, worin sämtliche Punkte, Übernahme, Konzession und Bau der betreffenden Eisenbahnen, behandelt werden.

Meier schloß seinen Bericht mit der Annahme, daß er den für ihn so ehrenvollen Auftrag wohl als erledigt ansehen dürfe, und dankte für das ihm geschenkte Vertrauen. Auf Wunsch des Senats ging er dann im September noch einmal nach Berlin und nahm seine Familie mit, um die Einzugsfeierlichkeiten der Truppen mitzumachen. Wohl keiner, der diese Stunden miterlebte, wird deren erhebenden Eindruck vergessen, hervorgegangen aus der Zusammengehörigkeit zwischen Herrscher und Volk, und diesen von Herzen kommenden Jubel, womit der geliebte König und seine großen Paladine umringt wurden.

Und auch aus H. H. Meier, dem einst begeisterten Republikaner, war ein warmer Anhänger der preußischen Monarchie, ein glühender Verehrer von König Wilhelm und von Bismarck geworden.

Wenn Meier am Schluß seines Schreibens vom 9. August auch nicht mit dem Erfolg seiner Berliner Sendung zufrieden war, so muß der Senat diesen doch höher eingeschätzt haben. Das beweist am besten die Verleihung der Goldenen Ehrenmedaille, des höchsten Zeichens äußerer Anerkennung in Bremen, die der Senat seinem verdienten Mitbürger im Herbst 1866 mit einem äußerst ehrenvollen Schreiben überreichen ließ. Die Medaille trägt auf der Widmungsseite im Eichenkranz die Inschrift:

Bremens hochverdientem Bürger Herm. Henr. Meier.
Der Senat 1866.

Sie ist jetzt eine Zierde des Focke-Museums in Bremen.

2. Im Norddeutschen Reichstage und im Zollparlament.

Die Verhandlungen der norddeutschen Regierungen hatten den Norddeutschen Bund ergeben, und zum Februar 1867 sollte der konstituierende Reichstag einberufen werden. Die Wahlen dafür wurden auf den 12. Februar angesetzt. Anfang Januar hatten sich in Bremen eine Anzahl Männer verschiedenster Berufskreise und verschiedenster Anschauungen für die Kandidatur H. H. Meiers erklärt, während aus einem Kreise Gewerbetreibender Wilhelm Brandt aufgestellt war, ein alter Achtundvierziger, der in der Bürgerschaft von 1848 bis 1852 zur äußersten Linken gehört hatte und auch jetzt noch unter den neuen Verhältnissen alte Ideale verwirklichen wollte.

Auf Wunsch seines Komitees legte Meier in einem längeren Schreiben seine Ansichten über die bei der Neugestaltung Deutschlands in Frage kommenden Punkte nieder, woraus folgende Sätze erwähnt sein mögen. Nach der anfänglichen Erklärung, daß er sich nie im voraus verpflichten, sondern sich bei allem stets die freie Entschließung vorbehalten werde, sagt er: „Von Bremens Unabhängigkeit wünsche ich so viel zu erhalten, wie es mit den Interessen des Gesamtvaterlandes vereinbar ist; widerstreiten dieselben sich, so muß Bremen bereit sein, die erforderlichen Opfer zu bringen; denn ich bin überzeugt, in der Blüte und im Gedeihen des Ganzen wird der einzelne Teil mit der Zeit reichlichen Ersatz für etwaige Opfer finden. Nach wie vor werde ich mit allen Kräften das Wohl und Gedeihen meiner Vaterstadt zu fördern suchen, aber nie auf Kosten, wie ich jetzt mit freudiger Hoffnung sage, meines Vaterlandes. Nach meiner festen Überzeugung ist es auf das allerentschiedenste im Interesse Bremens, in seiner jetzigen Freihafenstellung zu verbleiben; ich erachte es aber ebenso im Interesse von ganz Deutschland, die Hansestädte in ihrer Freihafenstellung zu erhalten. — Was das allgemeine Stimmrecht anbetrifft, so halte ich dasjenige Stimmrecht für das richtige, welches die beste Vertretung der Gesamtinteressen des Vaterlandes und des Volkes im vernünftigen freiheitlichen Sinne sichert, und wenn ich zum Reichstage gewählt werde, werde ich für den vorgeschlagenen Verfassungsentwurf stimmen, der lautet: Der Reichstag geht aus allgemeinen und direkten Wahlen hervor. — Der allgemeinen Wehrpflicht, sowohl zu Lande als zur See, werden wir uns nicht entziehen können, und ich meine, auch nicht entziehen wollen; denn in der Tat, sie ist eines großen freien Volks, welches bereit ist,' für da Vaterland

Gut und Blut einzusetzen, allein würdig. — Ein Budgetrecht erachte ich für den Reichstag durchaus erforderlich, so daß die konstitutionelle Regierung eine Wahrheit werde." Im Schlußsatz sagt Meier: „Von allem diesem ausgehend, hoffe ich auf dem Reichstage nützen zu können; denn ich darf wohl voraussetzen, daß meine langjährigen und vielseitigen praktischen Erfahrungen in den verschiedensten Zweigen des Verkehrslebens und die daraus gewonnenen Kenntnisse nicht so häufig vertreten sein werden, wie es im allgemeinen gewiß wünschenswert wäre."

Diesem Programm folgte ein Aufruf des Wahlkomitees, einem Manne wie H. H. Meier die Stimme zu geben, dessen energische und erfolgreiche Wirksamkeit auf dem Gebiete des Handels und Verkehrs in Bremen allgemein bekannt sei und dessen Name durch die Beratungen des Deutschen Handelstages und durch vielfache andere Verhandlungen im ganzen Vaterlande ehrenvoll genannt werde. — Bei dem sehr lebhaften Wahlkampfe nahm in der Lokalpresse die „Morgenpost" leidenschaftlich Partei für H. H. Meier, der „Courier" für Wilhelm Brandt, während die „Weser-Zeitung" sich mehr zurückhielt. Die „Bremer Nachrichten" waren damals nur Anzeigenblatt.

Nur in einer großen Versammlung, wenige Tage vor der Wahl, sprach Meier und betonte, daß es ihm nicht leicht geworden sei, in all diesen Wochen ruhig zu bleiben; „denn wer mich kennt, der weiß, daß in meiner Natur etwas mehr vom Kampfhahn ist als vom Haushahn". Dann wandte er sich infolge diesbezüglicher Angriffe besonders an die Arbeiter und sagte, daß ihm bei all seinen Unternehmungen nichts mehr Freude gemacht habe, als das Bewußtsein, dadurch Hunderten und Tausenden eine gesicherte Existenz geschaffen zu haben. Die Interessen von Arbeiter und Arbeitgeber seien eng verbunden, und je mehr Arbeit da sei, je unabhängiger stände der Arbeiter. Des weiteren erörterte er die Punkte seines Programms.

Der 12. Februar brachte H. H. Meier einen großen Sieg, während sein Gegner etwa ein Drittel der Stimmen erhielt.

Am Wahltage ging es hoch her vor seinem Hause; schon am

Vorabend mußte ein Parterrezimmer unangenehme Bekanntschaft mit einem Backstein machen, infolgedessen das liebe Töchterchen im oberen Stock nach der Rückseite umquartiert wurde. Von Mittag an sammelte sich die Menge gewaltig auf der Stintbrücke und stärkte sich zu gründlichem Ausharren in den benachbarten Schenken. Als dann nach dem Bekanntwerden des Wahlresultats der Tumult eine gefährliche Höhe erreichte, beschloß Meier, um den Menschenstrom von seinem Hause abzulenken, nach dem Herrenklub „Museum" zu gehen und trat in die tobende Masse hinaus, allerdings einen kleinen life preserver im Ärmel. Ein ihm wohlgesinnter baumlanger Küper bahnte ihm den Weg zum Domshof, wo er jubelnd empfangen wurde und von wo er auch später unbehelligt wieder heimgelangte, während ein paar angesehene Mitbürger für ihn hatten bluten müssen.

Als dann im August desselben Jahres nach dem konstituierenden für den nächsten ordentlichen Reichstag neu gewählt wurde, vollzog sich Meiers Wiederwahl in weit ruhigerer Weise und unter sehr viel geringerer Beteiligung der Wähler.

Als erklärter Liberaler trat H. H. Meier im Reichstage in die neu gebildete nationalliberale Partei ein; aber abhold allem Doktrinären und das Auge stets aufs Praktische gerichtet, war er kein eigentlicher Parteimann. Seiner überaus selbständigen Persönlichkeit widerstrebte es, sich jederzeit der Parteizucht zu fügen, und bei einer sachlichen Differenz im Jahre 1868 schied er aus der nationalliberalen Fraktion aus, erkannte aber bald, daß er als „Wilder" seinen Einfluß verloren hatte und trat in der nächsten Session wieder ein. Als politischer Führer mit Männern zu wetteifern, die durch ihre in den Volksvertretungen Preußens und der Mittelstaaten erworbene parlamentarische Schulung und Erfahrung hervorragende Stellungen einnahmen, war nicht der Ehrgeiz des Achtundfünfzigjährigen und hätte auch wohl nicht seinen Fähigkeiten entsprochen. Meier war kein glänzender Redner, und seine Worte hatten nur da eine packende, überzeugende Wirkung, wo ihm der Gegenstand besonders am Herzen lag, wie die Interessen seiner Vaterstadt sowie die des Großhandels und der Reederei. Durch seine

Unabhängigkeit und durch seine gerade, aufrechte Art hatte sich Meier Vertrauen auf allen Seiten des Hauses erworben; er hatte auch mit zahlreichen Parlamentariern, besonders nationalliberalen gern und freundschaftlich Verkehr gepflogen, ohne aber daß er zu irgendeinem von ihnen in ein näheres Verhältnis getreten wäre. Er liebte auch manche Gewohnheiten seiner Kollegen nicht, wie das abendliche Zubiergehen und das Kneipen in die Nacht hinein, wenn er auch gern die größere Berliner Geselligkeit mitmachte. Trotz seiner gesunden Natur bedurfte er einer gewissen Regelmäßigkeit im Leben, und er versuchte den durch die vielen Nachtreisen zwischen Berlin, Harzburg und Bremen versäumten Schlaf immer wieder einzuholen. Ja, er rühmte sich im Alter mal, nur zweimal im Leben kein Auge in der Nacht zu getan zu haben, einmal während der Handelskrise von 1857 und das zweite Mal zur Zeit des Norddeutschen Bundes, wo Bismarck ihm gesagt, daß er ihn für einen höheren Posten in Berlin in Vorschlag bringen möchte, — eine Sache, die sich dann aber anders entwickelte und darum für ihn im Sande verlief.

Ursprünglich plante er, daß seine Familie ihn nach Berlin begleiten sollte; aber die Verhältnisse gestalteten sich dafür ungünstig, so daß später Frau und Tochter nur zu vorübergehendem Besuch hinkamen. Meier hatte sein ständiges Absteigequartier im alten Hotel du Nord Unter den Linden, das Ende der achtziger Jahre zum Neubau der Diskonto-Gesellschaft hinzugezogen wurde.

Im konstituierenden Reichstage belegte er seinen Platz in der Mitte des Saales und fand bei Eröffnung als Nachbarn den Schriftsteller Gustav Freytag und den Bankier Karl Mayr v. Rothschild aus Frankfurt a. M. Scherzweise hieß es dann: Meier sitze zwischen „Soll und Haben".

Im einzelnen möge folgendes aus den Reichstagsverhandlungen, an denen Meier sich rednerisch beteiligte, erwähnt sein:

Seine Jungfernrede hielt H. H. Meier bei der Beratung des Verfassungsentwurfs, der die Bundesbeaufsichtigung über Flößerei und Schiffahrtsbetrieb sowie über Fluß- und Wasserzölle auf den mehreren Staaten gemeinsamen Wasserstraßen forderte und zu welchem der Antrag vorlag, auch die Anstalten der Seeschiffahrt (Häfen, Seetonnen, Leuchttürme) sowie das Lootsenwesen der Bundesgesetzgebung zu unterstellen. Meier pflichtete seinem Hamburger Kollegen bei, der sich vom Standpunkte der Seestädte entschieden gegen den Zusatzantrag erklärt hatte, und machte geltend, daß bei Annahme desselben alle Steuerzahler gleiches Recht an diesen Einrichtungen hätten, was doch nicht beabsichtigt sein könne. Auch wies er auf England hin, wo alle Docks und Schiffahrtsanstalten Privatunternehmungen seien. Der Antrag wurde abgelehnt. In einer späteren Session dagegen, wo es sich um die Beleuchtung und Seezeichen an offener See handelte, trat Meier dafür ein, sie unter Bundesaufsicht zu stellen, denn es wäre gewissermaßen Pflicht einer großen Nation, daß sie ihre Küsten am offenen Meere in einem für alle gleichmäßig fahrbaren Zustande herstelle.

Im April 1867 stand der Art. 31 in der Fassung der Regierungsvorlage zur Abstimmung, lautend: „Die Hansestädte Lübeck, Bremen und Hamburg mit einem dem Zweck entsprechenden Bezirke ihres oder des umliegenden Gebietes bleiben als Freihäfen außerhalb der gemeinschaftlichen Zollgrenze, bis sie ihren Einschluß in dieselbe beantragen". Nachdem erst Grumbrecht-Harburg[1]) und andere für die Annahme gesprochen und Moritz Wiggers[2]) eine längere Rede dagegen gehalten hatte, wandte sich Meier zunächst gegen diesen, der gesagt, es wäre eine Unmöglichkeit, ein Entrepot in den Hansestädten für die zollvereinsländischen Waren einzuführen, mit der Feststellung, in Bremen bestände ein solches seit zwölf Jahren. Alles, was er, Meier, jetzt gegen die Freihafenstellung gelesen und gehört, erinnere ihn an das, was vor zwölf Jahren in Berlin beim Zollanschluß Hannovers und Oldenburgs von Bremen gesagt wäre: es würde sein Ruin sein. Gegen unvorhergesehene große Verluste „haben wir eine Vermögenssteuer, die wir gelegentlich zahlen, wenn wir Geld nötig haben. So war im

[1]) Grumbrecht, Friedrich Wilhelm August, 1811—1833, Oberbürgermeister von Harburg, nationalliberaler Abgeordneter.

[2]) Wiggers, Moritz, 1816—1894, Rostock, mecklenburgischer Reichstagsabgeordneter.

Jahre 1854 nach einer Selbstschätzung das Vermögen Bremens 80 Millionen Taler, im Jahre 1863 127 Millionen. Das war der Ruin, der uns vorausgesagt war (Heiterkeit). Die freie Entwicklung des Handels tut uns not, und es ist nicht der Fall, daß die deutsche Industrie dadurch leiden wird. Das kleine Bremen, das vom geehrten Mitgliede für Harburg so nebenher behandelt wurde, ist der größte Weltmarkt für Tabak! Vor dreißig Jahren war es London; da waren die großen Entrepots, da waren Handel und Schiffahrt, da waren die großen Kapitalien. Wie kommt es, daß nun das kleine Bremen mit den damaligen wenigen und kleinen Kapitalien sich zu dieser Höhe emporgeschwungen hat? Es ist gekommen durch die Freiheit der Bewegung, durch die Arbeit, durch den Fleiß, den wir darauf verwandt haben, und daß wir unbeengt und unbeschränkt waren, alles so einzurichten, wie der Konsument es haben will. Wir sind bei einer anderen Sache auf demselben Wege: das kleine Bremen hat im vorigen Jahre 30 Millionen Pfund Reis nach Amerika exportiert, von wo vor dreißig Jahren aller Reis herkam. Jetzt kommt der Reis von Ostindien, wird in Bremen geschält und verbreitet sich von dort über die ganze Welt. Das ist ein ebensolches Faktum, das wir nicht erreicht haben würden, wenn wir nicht freie Bahn hätten. Lassen Sie uns die freie Bewegung. Sie werden sehen, daß wir in ihren Diensten gute Dienste leisten; Sie werden finden, daß es Ihr Interesse ist, uns diese freie Bewegung zu erhalten." (Allseitig Bravo.) Dann wurde Schluß beantragt und die Regierungsvorlage über die Freihafenstellung der Hansestädte mit großer Majorität angenommen.

Am nächstfolgenden Tage entspann sich eine lange Debatte über die Ausgestaltung der Kriegsmarine. Als Erster sprach Meier. Wenn auch Laie in dieser Sache, so fühle er sich doch dazu berechtigt, weil ihm als Reeder eine langjährige Erfahrung zur Seite stehe. Er habe aber speziell das Wort ergriffen, weil gesagt würde, daß gewissermaßen vom hanseatischen Standpunkte man vor der Errichtung einer Marine warnte, weil es eine zu kostspielige Spielerei sein würde. Dies wäre sie aber nur, wenn sie zu schwach hergestellt würde. Nach seiner Überzeugung wäre eine nachhaltige tüchtige

Marine ein unbedingtes Erfordernis der Großmachtstellung eines jeden Staats, wichtiger noch in dieser Beziehung als zum Schutz von Handel und Schiffahrt. Unbedingten Schutz im Kriege gäbe auch eine Kriegsmarine nie, sondern nur eine Änderung des Seerechts in betreff der Unverletzlichkeit des Privateigentums zur See. Aber um dies Ziel zu erreichen, sei eine mächtige deutsche Flotte sehr wirksam. Er sprach sich entschieden für Schaffung derselben aus, auch begründend, daß daraus eine große Zahl von tüchtigen Seeoffizieren und eine wachsende Seebevölkerung hervorgehen werde. Die Marine müsse aber jedenfalls so ausgestaltet werden, daß sie als dritte der Welt dastehe. Zum Schluß begrüßte er mit Freuden die deutsche Flagge, die vereinigten Farben Preußens und der alten Hansa. Kriegsminister von Roon kam in seiner Rede u. a. auch auf Meiers Wort zurück, ob die Kriegsmarine für die Handelsmarine da sei oder umgekehrt diese für jene, und nannte dies unerheblich, stellte dann fest, daß eigentlich nur der Abgeordnete für Bremen für den Regierungsentwurf, die Abgeordneten für Hamburg und Altona aber dagegen gesprochen hätten. — Vincke-Olbendorf [1]) betonte dann noch, daß er sich gefreut, von dem Vertreter Bremens abermals bestätigt zu finden, daß gerade in dieser Stadt die größten staatsmännischen Ansichten unter den Hansestädten lebten. In späteren Verhandlungen sprach Meier für die Ausbildung der preußischen Marineanlagen am Jadebusen, sowie zum Gesetz über die Nationalität der Kauffahrteischiffe. Er befürwortete die Einführung des gemischten Systems der Konsulate, weil dabei auch kaufmännische Kenntnisse und Erfahrungen zur Geltung kämen. Auch unterstützte er den Antrag wegen erneuter Verhandlungen über die Unverletzlichkeit des Privateigentums zur See in Kriegszeiten und verlangte beim Marineetat 1869, der Marine entweder viel zu bewilligen oder gar nichts, d. h. sie aufzugeben. Bei der Beratung des Münzsystems bezeichnete er die Einführung der Goldwährung wenn auch für sehr wünschenswert, so

---

[1]) von Vincke-Olbendorf, Karl Friedrich Ludwig, 1800—1869, preußischer Politiker gemäßigter Richtung, Offizier bis 1843, dann sein Gut bewirtschaftend.

doch wegen ihrer Kostspieligkeit für nicht sofort durchführbar; doch könne vermittelst eines Übergangs zur Doppelwährung unter günstigen Umständen das Endziel, die Goldwährung, ohne allzu große Opfer erreicht werden.

* * *

Um dem Auslande gegenüber einen einheitlichen deutschen Zolltarif zu schaffen, war die Bildung eines Zollparlaments beschlossen worden, das aus den Mitgliedern des Reichstags und aus süddeutschen Abgeordneten bestehen sollte. Seine Eröffnung fand statt am 27. April 1868; es folgte, wie auch in den nächsten beiden Jahren, eine Frühjahrstagung von mehreren Wochen.

Hier traf der Bremer seinen alten Schulkameraden vom Stuttgarter Gymnasium wieder, Freiherrn von Varnbüler[1]), nunmehr württembergischer Staatsminister und Minister der auswärtigen Angelegenheiten. Aber das Leben hatte die beiden Männer zu weit auseinandergeführt, die politischen Anschauungen von Nord und Süd gingen zu sehr auseinander, als daß die alten Freunde wieder neue Beziehungen und nähere Anknüpfungspunkte gefunden hätten; aber in Erinnerung an frühere Zeiten blieb unter ihnen die trauliche Anrede des „Du".

Im Zollparlament lag Meiers Hauptarbeit in den Kommissionen, und nur selten hat er im Plenum das Wort ergriffen. Er tat es zustimmend bei den Handelsverträgen mit Spanien und mit Mexiko und dann bei der Position Baumwolleinfuhr, bedauernd, daß man die schwer kämpfende Baumwollindustrie nicht in Ruhe gelassen habe, da die hier geforderte Ermäßigung von wenig Bedeutung sei. Bei der Beratung über Eisenzölle beantragte er für Roheisen aller Art, sowie altes Brucheisen eine allmähliche Herabsetzung des Tarifs, so daß darnach Roheisen am 1. Januar 1875 ganz zollfrei

[1]) von Varnbüler, Friedrich Gottlob Karl, 1809—1889, württembergischer Staatsmann, hatte in der Kammer bedeutendes Ansehen auf wirtschaftlichem Gebiet, 1864 zum Minister ernannt, war 1866 preußenfeindlich, 1870 entlassen. Als Mitglied des Reichstags, nunmehr reichstreu, dabei sehr schutzzöllnerisch.

wurde, ein Antrag, der im Hause mit Majorität angenommen wurde. Am lebhaftesten aber beteiligte er sich an der Debatte über Erhöhung der Tabaksteuer, wobei es sich um ein Hauptinteresse seiner Vaterstadt handelte. Mit Erfolg trat er im Mai 1868 in längerer Rede für den Antrag Twesten ein, der den Zoll auf Tabak entgegen der von der Regierung beantragten Erhöhung auf 6 R.-Thlr. in bisheriger Höhe von 4 R.-Thlr. für den Zentner bestehen lassen wollte, bei gleichzeitiger Verminderung der Inlandsteuer auf die Hälfte gegenüber der Regierungsvorlage. Hauptgrund für ihn war hierbei, daß die letztere nach seiner Auffassung das Verhältnis von Zoll und Steuer zu sehr zugunsten des inländischen Tabakbaus verschob. — Ein späterer Antrag von ihm auf Herabsetzung des bisherigen Zolls auf Zigarren, um der Abwanderung der Zigarrenhersteller aus den Zollausschlüssen in den Zollverein und damit einer weiteren Verminderung der Einnahmen aus dieser Position entgegenzuwirken, wurde abgelehnt. Bei seiner Begründung wahrte Meier in treffenden Worten das von einem Abgeordneten bezweifelte Recht der Vertreter der Hansestädte, im Zollparlamente solche Anträge zu stellen, da sie nicht zum Zollverein gehörten. Mit berechtigtem Stolz wies er dabei auf die hohen wirtschaftlichen Aufgaben hin, denen die Hansestädte im allgemeinen deutschen Interesse nachzugehen hätten, Pflege der Ausfuhr und namentlich der Reederei. Er verteidigte sie wirksam gegen den Vorwurf, daß sie mit einem Fuß in England ständen, und hob mit Recht als Beweis für den derzeitigen hohen Stand der hanseatischen Reederei den Umstand hervor, daß sogar die englische Regierung den Postbetrieb zwischen England und Amerika deutschen Schiffen übergeben hätte.

Nach Schluß seiner Reichstagstätigkeit wurde Meier in einer Dankadresse, die von Tausenden seiner Bremer Wähler unterzeichnet war, deren volles Einverständnis mit seinem ganzen Verhalten rückhaltlos zu erkennen gegeben.

Als der Reichstag im Mai 1870 geschlossen wurde, war man zu der Annahme berechtigt, daß er sich in dieser Zusammensetzung nicht wieder versammeln würde; aber: der Mensch denkt, Gott lenkt!

7. Abschnitt.

Im eigenen Heim und hoher Besuch.

H. H. Meier hatte sein Haus auf der Stintbrücke in der innern Stadt, die sich mehr und mehr zum reinen Geschäftsviertel entwickelt hatte, an die Bremer Bank verkauft, und das alte, liebe Heim wurde im Juni 1868 von seinen Bewohnern verlassen, um es im Herbst mit einem größeren, in schöner Lage an der Contrescarpe zu vertauschen. Gewissermaßen einen Markstein zwischen diesen beiden Wohnstätten bildete am 15. August das Silberfest des Paares, das ohne alle Feierlichkeiten im engsten Familienkreise zu Dresden im reizvollen Hotel Bellevue froh und glücklich begangen wurde. Der Sohn hatte kurz vorher seinen juristischen Doktor gemacht. Nach einem kleinen Ausflug in die Sächsische Schweiz kehrten Meiers nach Harzburg zurück, wo sie mit Ehrenpforten und Ansprachen empfangen wurden, dem sich abends ein Lampionfackelzug der Berg- und Hüttenleute mit Musik, Liedern und Reden anschloß. Alles in einfacher, zu Herzen gehender Weise gehalten. Am 11. November wurde das neue Haus bezogen. Es lag an der Ecke Contrescarpe—Schillerstraße und war von Architekt Heinrich Müller umgebaut und vergrößert worden. Vom Eingang mit Unterfahrt, in der Schillerstraße gelegen, gelangte man in eine hell gehaltene Rotunde und von dort in ein stattliches Treppenhaus mit weißer Marmortreppe und gelben Stukkolustrowänden. Im untern Stock lagen um eine Halle Wohn- und Eßzimmer, Bibliothek und Tanzsaal sowie zwei kleinere Zimmer, im oberen die Schlafräume und ein gemütliches Wohnzimmer mit Erker und hübschem Blick auf die Wallanlagen, das schließlich der tägliche Aufenthalt der Familie wurde. In der Schillerstraße schlossen sich an das Wohnhaus Stallung und Gewächshäuser; der Garten reichte bis zum Rövekamp, der rückwärts gelegenen kleinen Straße.

Eine festliche Weihe bekam das Haus im nächsten Jahre, als ihm die Ehre zuteil wurde, den Grafen Bismarck als Gast in seinen Mauern zu sehen. Der Bundeskanzler begleitete König Wilhelm auf dessen erstem Besuch in Bremen am 15. Juni 1869 und hatte Meiers Einladung, bei ihm zu wohnen, angenommen. Freilich war der Aufenthalt Bismarcks im Hause während des Tages nur auf kurze Augenblicke bemessen und er entschuldigte sich auch bei der Hausfrau, daß er ein so ungastlicher Gast sei.

Das Festprogramm war sehr reichhaltig; zuerst fand Empfang und Vorstellung des Senats beim Könige statt, der bei Bürgermeister Meier, H. H. Meiers ältestem Bruder, abgestiegen war. Darauf erfolgte die Fahrt nach Bremerhaven, wo auf dem Dampfer „Deutschland" vom Lloyd ein Frühstück angeboten wurde. Meier als Präsident des Lloyd machte die Honneurs. Als der König das Schiff betrat, bat Meier zunächst Se. Majestät um die Erlaubnis, die königliche Standarte hissen zu dürfen, die Vizeadmiral Jachmann gesandt hatte und die nun zum ersten Male auf einem Lloydschiffe hochging. Darnach wurden die Schiffe der von Petermann [1]) unternommenen und abenteuerlich, aber glücklich verlaufenen zweiten deutschen Nordpolexpedition besichtigt. Die beiden Fahrzeuge, die „Germania" unter Kapitän Koldeweys Führung und das Begleitschiff, die „Hansa", lagen zur Abfahrt bereit.

Nach Rückkehr nach Bremen machte der König noch eine Fahrt durch die Stadt, an der sich Bismarck aber nicht beteiligte. Dann fand ein Senatsessen in der oberen Rathaushalle statt, und abends gab die Kaufmannschaft im großen Börsensaal ein Fest, welches mit Ansprache, mit Musik und Gesang, Gedicht und Überreichung eines Lorbeerkranzes an den König begann. Hieran schloß sich eine große Polonaise, in welcher der König Frau Bürgermeister Duckwitz führte und Bismarck seine Wirtin; man sagte, daß der Kanzler, und Meiers Gattin mit ihrer eleganten Haltung in auserlesener Toilette à la Watteau, bunt geblümter weißer Damassee über spitzenbesetztem grünem Unterkleide das stattlichste Paar im Saale

[1]) Petermann, August, 1822—1898, verdienstvoller Kartograph. Nach fachwissenschaftlichen Arbeiten im Auslande, 1854 Vorstand des geographischen Instituts von Justus Perthes in Gotha. Förderer aller afrikanischen Forschungsreisen. Am meisten bekannt durch die von ihm ins Werk gesetzte Nordpolexpedition.

gewesen wäre. Den Schluß dieses interessanten Tages bildete für das Meiersche Haus ein kleines intimes Abendessen, an dem außer der Familie nur noch Legationsrat von Keudell[1]), der Begleiter des Kanzlers, sowie Oberpräsident Graf Otto Stolberg[2]) und Ministerresident Dr. Krüger[3]) teilnahmen. Bismarck bestritt dabei im reizendsten Plauderton eigentlich allein die Kosten der Unterhaltung. Er erzählte zunächst von seinem Auftreten im Landtage: „Ich kam dahin mit ziemlich liberalen Ansichten; da hörte ich denn, wie von einem Redner behauptet wurde, daß man nicht in die Befreiungskriege gezogen sei, um einen fremden Herrscher fortzujagen, sondern wegen der Verfassung. Sieht man aber die Karikatur seiner Partei, so fällt man am leichtesten von ihr ab, und so erwachte denn in mir der Widerspruchsgeist und ich wurde von nun an konservativ. Ich glaubte, es würde sofort jemand den Redner widerlegen; da das aber niemand tat, bestieg ich die Tribüne; mich kannte damals noch kein Mensch. So sagte ich denn meine Meinung und glaubte großen Applaus zu ernten. Statt dessen aber erhob sich lautes Murren, und die Bauern aus allen Gegenden, die oben auf dem Resonanzboden im Weißen Saale saßen, trampelten mit den Füßen; die höflichsten Ausrufe, die man von dort hörte, waren: Schmeißt ihn 'naus! Gegen den Lärm konnte ich natürlich nicht ansprechen, und deshalb nahm ich eine Zeitung heraus und fing an zu lesen, bis daß sie sich wieder beruhigt hatten; dann beendete ich meine Rede. — Nachher begegnete ich meinem Vetter von Bismarck, der auch die Befreiungskriege mitgemacht hatte,

---

[1]) von Keudell, Robert, 1824—1903, namhafter Staatsmann, von Bismarck 1863 als Hilfsarbeiter ins Auswärtige Amt berufen, 1871 deutscher Gesandter in Konstantinopel und von 1873—1887 am italienischen Hofe.

[2]) Otto, Fürst zu Stolberg-Wernigerode, 1837—1896. 1867 Oberpräsident in Hannover, 1876 deutscher Botschafter in Wien, 1878—81 Stellvertreter des Reichskanzlers und Vizepräsident des preußischen Staatsministeriums.

[3]) Krüger, Daniel Christian Friedrich, 1819—1896, Dr. jur., Rechtsanwalt in Lübeck, nahm Anteil an allen deutschen Bestrebungen, in den fünfziger Jahren Ministerresident in Kopenhagen, Herbst 1866 hanseatischer Gesandter in Berlin.

und fragte ihn: Sag mal, Du bist doch auch mit in den Befreiungskriegen gewesen; ich habe aber gar nicht gewußt, daß Du für die Verfassung gekämpft hast, worauf dieser mir erwiderte: „Schweig doch nur still von der Sache, Du hast Dich da ja schrecklich blamiert. Wenn es auch so ist, wie Du ausgeführt, das sagt man doch nicht so. Nun, ich will den Fluch nicht wiederholen, den ich da ausstieß." — Später kam die Unterhaltung auf Heinrich von Gagern, den Bismarck ziemlich heruntermachte, namentlich weil er später so österreichisch geworden sei und seine Kinder zum Katholizismus habe übertreten lassen. Meier suchte seinen alten Freund zu verteidigen, die ablehnende Haltung Preußens habe ihn so gekränkt; seit er österreichisch geworden, sei er mit sich selbst in Widerspruch geraten. Aber Bismarck behauptete, Gagern hätte nichts von Politik verstanden, und erzählte folgendes: „Der König wollte eine Verständigung durch mich mit Gagern herbeiführen, und so lud Manteuffel uns zum Essen ein. Nach Tisch verließ er uns und ich versuchte mich mit Gagern zu einigen. Ich konnte aber nichts ausrichten; er sprach zu mir mit donnernder Stimme und mit rollenden Augen, wie er es oft in großen Versammlungen zu tun pflegte, und als dann Manteuffel nach zwei Stunden wieder zu uns kam, fand er uns in einer Wetterkonversation, die ich in Verzweiflung zuletzt angefangen hatte." Als man auf die Fahrt nach Bremerhaven und auf die Nordpolexpedition zu sprechen kam, meinte Bismarck: „Ich wäre sehr gern mitgefahren, um zehn Eisbären zu schießen, und wenn ich dann nach zwei Jahren als Walfischjäger zurückgekommen wäre, würde ich in der ersten Zeitung, die mir in die Hand fiele, gelesen haben, daß die deutschen Angelegenheiten geordnet seien. Ja, lieber auf zwei Jahre nach dem Nordpol, als zwei Jahre Ministerpräsident in Preußen!" Er habe überhaupt die seemännischen Gesichter so gerne. Als er sich die Mannschaften recht genau angesehen, hätten sie gemeint, daß er besondere Wünsche hätte, und ihn darnach gefragt. Er habe aber nur erwidert, sein einziger Wunsch sei, sich deutsche Seeleute in der Nähe genau zu betrachten. — Auf Meiers Befragen hatte Bismarck schließlich noch gesagt, daß er aus Bequemlichkeit immer Uniform trage, und über die Bundeskanzleruniform spöttelnd bemerkt: das sei die reine Affenjacke, blauer Sammet mit Goldstickerei; alles sei auf Pappe genäht, das biege nicht, das breche nur! — Erst nachts um 1/2 2 Uhr trennte man sich.

Am nächsten Morgen fuhren die Herrschaften nach Oldenburg und am folgenden nach Heppens zur Taufe des neuen Bundeskriegshafens, der den Namen Wilhelmshaven erhielt. Bei dieser Feier, zu der auch Meier geladen war, sagte ihm Bismarck, daß ihm eine hohe Auszeichnung zugedacht sei. Am 20. Juni verlieh der König ihm den Roten Adlerorden zweiter Klasse mit dem Stern.

Noch einmal in demselben Jahre sah das Meiersche Haus hohen Besuch. Am 12. Juli abends wurde Meier plötzlich nach Hillmanns Hotel zum Kronprinzen Friedrich Wilhelm beschieden, der mit Familie in Norderney weilte, von dort mit der Dampfjacht „Grille" nach Bremerhaven gefahren und um 1/2 9 Uhr abends in Bremen eingetroffen war. Nach seiner späten Rückkehr vom Hotel bereitete Meier seiner Gattin keinen kleinen Schrecken durch die Nachricht, daß sich der Kronprinz für 11 Uhr am nächsten Morgen zum Frühstück bei ihm angesagt hätte. Der vorsorgliche Hausherr hatte aber das Essen bereits bei dem Hillmannschen Koch bestellt. Wenn das Haus auch schon für Sommerferien vorbereitet war, da man nächster Tage nach Harzburg fahren wollte, so gelang es doch, alles empfangsmäßig herzurichten bis auf den Tanzsaal, der nicht mehr von seinen Hüllen befreit werden konnte. Als aber der Gast auch diesen zu sehen wünschte, sagte er galant zur Hausfrau: „Gerade wie bei uns." Zu dem Frühstück waren noch gebeten die beiden Bürgermeister Duckwitz und Meier, Oberst von Buddenbrock und der preußische Generalkonsul Delius sowie die zwei Herren des Gefolges, Hofmarschall Graf August Eulenburg und Hauptmann von Jasmund. Die Bremer waren nicht wenig entzückt von der Natürlichkeit und Liebenswürdigkeit des prinzlichen Gastes, der aber schon um 12 1/4 Uhr nach Oldenburg weiterfuhr.

Bei dieser Anwesenheit in Bremen hatte der Kronprinz die Antiquitätensammlung des Dr. v. Eelking besucht und dort eine alte Rüstung mit brandenburgischem Wappen entdeckt, die dem Markgrafen Albrecht Alcibiades von Brandenburg gehört hatte und die einzige war, welche dem Kronprinzen in seiner Sammlung von Familienrüstungen fehlte. Ein Ankauf kam damals nicht zustande. Im Herbst 1870 tauchte jedoch der Gedanke auf, die Rüstung dem Kronprinzen als Geschenk einiger Herren anzubieten, woran Meier sich gern beteiligte. Die Sache war aber in entstellter Weise ins kronprinzliche Hauptquartier gedrungen und von dort entschieden abgelehnt worden. Inzwischen hatte Meier die Rüstung erworben und fragte beim Hofmarschall Grafen Eulenburg an, ob unter diesen veränderten Umständen der Kronprinz zur Annahme geneigt sein werde. Graf Eulenburg antwortete in verbindlicher Weise bejahend, daß der Kronprinz nunmehr gern zur Annahme bereit sei, da er auf dieses Stück Familiengeschichte besonderen Wert lege. Schon Anfang Februar ging die Rüstung nach Berlin ab, damit der Kronprinz sie bei seiner Rückkehr aus dem Felde, die am 19. März 1871 stattfand, in seinem Palais vorfände. Die eigenhändig geschriebene Antwort des Kronprinzen lautet wie folgt:

„Berlin 29. April 1871.

„Bei meiner Rückkehr aus dem Feldzuge gegen Frankreich „fand ich in meinem Hause die Rüstung eines meiner Ahnherren „vor, und kündigte mir Ihr freundlicher Brief gleichzeitig an, „daß ich Ihrer Güte seinen werthvollen Besitz zu verdanken habe.

„Sie können sich schwerlich vorstellen, welche Freude Sie „mir durch dieses Geschenk gemacht haben!

„Seit meinem Aufenthalt in Bremen war mir jene Rüstung „bekannt, und will ich nicht leugnen, daß oftmals in mir der Wunsch „nach Erlangung derselben rege geworden war. Meine Familie „besitzt leider verhältnißmäßig wenige Erinnerungs-Stücke und „Waffen, die unseren Vorfahren aus früheren Jahrhunderten an„gehörten; mithin ist jeder Gegenstand solcher Art von großem „Werth und von Bedeutung für mich und die Meinigen.

„Von ganzem Herzen danke ich Ihnen daher für Ihre liebens„würdige Aufmerksamkeit, die mich um so mehr rührte, als Sie „mir jene werthvolle Gabe im Augenblicke der Beendigung des

Stintbrücke 5

Schillerstraße 34

„denkwürdigen Feldzuges überreichen, in welchem das geeinigte „deutsche Volk in Waffen nach heldenmüthigem Kampfe gegen „einen übermüthigen Nachbarn, das deutsche Reich wieder er„stehen ließ.

„Jene Rüstung wird fortan eine Zierde meines Hauses sein, „und immer werde ich beim Anblick derselben mich des freund„lichen Gebers erinnern.

„Gestatten Sie mir aber auch meinerseits einen Beitrag zur Aus„stattung Ihres geschmackvollen Hauses Ihnen zu senden, indem „ich Sie bitte, die beifolgende Marmorbüste als ein Andenken „an mich anzunehmen in der Hoffnung, daß Sie mit der Aehn„lichkeit zufrieden sein werden.

„Meinen aufrichtigen Dank wiederholend, verbleibe ich

Ihr wohlgeneigter

Friedrich Wilhelm Krprz."

Diese Marmorbüste, ein Werk des Berliner Bildhauers Alexander Tondeur, wurde in der H. H. Meierschen Familie sehr hochgehalten und 1909 nach dem Tode der Witwe und nach Auflösung des Haushalts von den Erben dem Senate zur Ausschmückung des neuen Rathauses geschenkt, wo sie im Treppenhause Aufstellung gefunden hat.

---

8. Abschnitt.

Mancherlei Wirken und Schaffen.

In den heitern Sommerfrieden des Jahres 1870 hinein krähte plötzlich der gallische Kampfhahn, und die Kriegsfurie hetzte in Paris gegen den deutschen Nachbar.

Nachdem am 15. Juli im Corps législatif der Krieg an Preußen erklärt war, wurde der Reichstag noch einmal zum 19. Juli einberufen. Die Sitzung währte nur drei Tage und verlief in würdigster und patriotisch begeisterter Stimmung; die geforderten 120 Millionen Taler für Heer und Marine wurden vom ganzen Hause angenommen; dagegen stimmten nur Liebknecht und Bebel.

Bei der Rückkehr vom Reichstage fuhr H. H. Meier über Harzburg, um seine schon dahin übergesiedelte Familie wieder nach Bremen heimzuholen. Er betrachtete die Zukunft seiner teuern Vaterstadt als sehr ernst und bedroht, da die deutschen Küsten der französischen Flotte gegenüber schutzlos dalagen. Für den Kaufmann und Reeder gab es Sorgen genug, und erleichtert wurde aufgeatmet, als alle auf See befindlichen Schiffe des Lloyd und der Firma einen sichern Hafen erreicht hatten.

Mit dem General Vogel von Falckenstein [1]), dem der Schutz der Küsten anvertraut war, dessen Hauptquartier in Hannover, war Meier vom Reichstage her bekannt und hatte die Freude, ihn mit seinem Sohne, seinem Adjutanten, Anfang August zum Abendessen und zur Nacht in seinem Hause zu sehen. Er stand mit ihm in mehrfachem Briefwechsel und hatte dadurch frühzeitig Kenntnis von allem, was an den Flußmündungen vorging. — Nachdem die französische Flotte ohne Sang und Klang Mitte September die Nordsee verlassen hatte, wagte daraufhin der Lloyd schon Anfang Oktober seine New Yorker Linie wieder zu eröffnen; doch mußten die Schiffe ihren Kurs nördlich um Schottland herum nehmen.

Im November ward der Reichstag nochmals zu einer außerordentlichen Sitzungsperiode einberufen, der man mit großen Erwartungen entgegensah. „Hoffentlich wird die deutsche Einheit fertiggebracht, das Band, welches die Krieger vereinigt, zu einer schönen Schleife geschlungen!“ so schrieb ein höherer Offizier an Meier. Die Hoffnung wurde nicht getäuscht. Nachdem der König von Bayern dem König Wilhelm die deutsche Kaiserkrone angeboten hatte, beschloß der Reichstag eine Adresse an den obersten Kriegs-

[1]) Vogel von Falckenstein, Eduard, 1797—1885, preußischer General, seit 1813 Inhaber des Eisernen Kreuzes, 1864 Gouverneur von Jütland, 1866 nach Besitzergreifung von Hannover, Führer der Mainarmee und Generalgouverneur der deutschen Küstenprovinzen.

herrn, die von dreißig durch das Los gewählten Abgeordneten im Hauptquartier von Versailles überreicht werden sollte. Wie gern hätte Meier dieser Deputation angehört, um eine historisch denkwürdige Stunde mitzuerleben; aber leider traf nicht ihn die Glücksnummer, sondern seinen früheren Nachbar Rothschild. — In dieser Tagung ergriff Meier nur einmal das Wort, und zwar bei einer Petition, die im künftigen Friedensvertrage Erwerbung und Errichtung einer deutschen Marinestation zu Saigon in Kochinchina empfahl. Meier begründete zunächst, weshalb seine Firma die Petition, welche die meisten größeren Handelsfirmen unterschrieben hätten, nicht mitunterzeichnet habe, weil nach seinem Dafürhalten, wenn ihr Folge gegeben werde, dadurch in der Frage der Kolonialpolitik, in der Frage der Flottenstation eine Entscheidung abgegeben werde. Er knüpfte daran die auffallende Bemerkung, daß er die Kolonialpolitik als einen überwundenen Standpunkt betrachte, und sei der Ansicht, daß z. B. England, wenn es jetzt seine Kolonien aufgeben solle, wahrscheinlich keine sehr großen Opfer dafür bringen werde, um sie zu behalten, denn durch den freien Verkehr sei der Handel mit den Kolonien eigentlich allen Völkern freigegeben und dann habe das sogenannte Kolonialsystem aufgehört — nach unsern heutigen Begriffen und den Erfahrungen der letzten dreißig Jahre und besonders nach dem Weltkriege 1914/18 eine uns ganz unverständliche Anschauung und wohl nur daraus erklärlich, daß die Anhänger von Freihandel und Kolonialpolitik stets Antipoden waren.

Am 10. Dezember wurde der Norddeutsche Reichstag endgültig geschlossen und der erste Deutsche Reichstag zum März 1871 einberufen. Meier lehnte aber ein neues Mandat ab, weil er die Pflichten des Abgeordneten und den damit verbundenen monatelangen Aufenthalt in Berlin auf die Dauer mit seiner anderweitigen öffentlichen und geschäftlichen Wirksamkeit und seinem Familienleben nicht glaubte vereinigen zu können. A. G. Mosle[1]) trat für Bremen an seine Stelle. —

[1]) Mosle, Alexander Georg, 1827—1882, Kaufmann in Rio de Janeiro und in Bremen, 1871—1878 Reichstagsabgeordneter, ging nachher wieder nach Südamerika.

Nachdem im Oktober 1871 Bürgermeister Dr. John Meier gestorben war und der Plan auftauchte, an seine Stelle seinen jüngeren Bruder in den Senat zu wählen, lehnte H. H. Meier nach kurzem Besinnen den Gedanken ab und bat, ihn nicht weiter zu verfolgen; denn er fühlte, daß seine unabhängige und an selbständiges Handeln gewohnte Natur sich nie in die Zusammenarbeit eines Kollegiums finden würde.

* * *

Durch Siemens[1]) vielfache großartige Erfindungen und Entdeckungen auf dem Gebiete der elektrischen Telegraphie, wie besonders die der Isolierung der Kupferdrähte durch Guttapercha, die die Legung unterirdischer Telegraphenleitungen und submariner Kabel ermöglichte, breitete sich das Telegraphennetz über den Erdball gewaltig aus. Deutschem Erfindungsgeist war es vergönnt, das erste Kabel von England durch das europäische Festland nach Indien herzustellen[2]). Bei Errichtung dieser Linie wandte sich Dr. Werner Siemens im Januar 1868 an H. H. Meier, dessen guter Name in der Kaufmannswelt auch in Berlin bekannt geworden war, und ersuchte ihn um seinen Beitritt zu einer neu zu gründenden Gesellschaft, der Indo-European Telegraph Company. Siemens setzte in seinem Briefe auseinander, daß seinem Hause, Siemens & Halske, die Konzession zu einer direkten Privattelegraphenlinie: London—Teheran resp. Indien, die über Emden, Berlin, Odessa, Tiflis führen sollte, seitens Preußens, Rußlands und Persiens zugesprochen sei. Die Schwierigkeit liege aber bei England wegen seines Mißtrauens gegen Preußen und Rußland; deshalb müsse eine wesentlich englische Gesellschaft mit Sitz in London gebildet werden. Es sei nun beabsichtigt, daß die Gesellschaft, was Kapital und Direktion — unserm Aufsichtsrat entsprechend — an-

[1]) von Siemens, Werner 1816—1892, Physiker und Ingenieur, bis 1838 Artillerieoffizier, leistete Hervorragendes auf dem Gebiet der Elektrizität, 1847 Gründer der Firma Siemens und Halske.

[2]) Siehe Weser-Zeitung 5. April 1919: „Fünfzig Jahre deutsches Telegraphenkabel".

beträfe, zu zwei Dritteln englisch und zu einem Drittel deutsch würde. Aus nationalen und politischen Interessen sei dringend das Gewicht bedeutender deutscher Namen erwünscht. In Hamburg wäre J. H. Goßler in Firma Joh. Berenberg, Goßler & Co. gewonnen worden. Es folgte eine lebhafte Korrespondenz mit der Londoner Firma Siemens Brothers, an deren Spitze Dr. Werners Bruder, der später geadelte Sir William Siemens[1]), stand. Die Direktion wurde aus zwölf Mitgliedern, unter denen auch die beiden offiziellen Vertreter Norddeutschlands und Rußlands waren, gebildet und das Aktienkapital auf £ 450 000 festgesetzt.

In einer Sitzung in Berlin Anfang Juni wurde H. H. Meier zum Vorsitzenden der Kontinental-Direktion gewählt, welche die Generalversammlungen für die kontinentalen Aktionäre zu leiten hatte. Die erste große Generalversammlung in London fand im Juli 1868 statt und die Linie wurde im Januar 1869 dem Verkehr übergeben. Die erste deutsche Generalversammlung war erst im Januar 1871 in Berlin. Das Unternehmen, das anfangs mit großen Widerwärtigkeiten und elementaren Ereignissen, wie Erdbeben im Schwarzen Meer und in Persien zu kämpfen hatte, entwickelte sich allmählich zu einer brillanten Kapitalanlage, und Meier behielt seinen Posten in der englischen Direktion bis zu seinem Tode bei.

Durch die Beziehungen zu dem durch Kaiser Friedrich geadelten Dr. Werner von Siemens, aus denen sich in späteren Jahren, nachdem auch dieser sich in Harzburg angekauft hatte, ein sehr freundschaftlicher Verkehr entwickelte, hatte Meier Interesse für überseeische Kabellegungen gewonnen und beteiligte sich lebhaft an der Gründung der „Vereinigten Deutschen Telegraphen-Gesellschaft", zu deren leitendem Direktor Dr. Adolf Lasard berufen wurde.

Aber besonders bei allen Angelegenheiten, die den Verkehr seiner Vaterstadt fördern sollten, hatte Meier Eisen im Feuer. Als es sich um den Bau der Eisenbahnstrecke Langwedel—Uelzen handelte,

[1]) Siemens, Sir William, 1823—1883, Ingenieur, setzte 1858 ein Zweiggeschäft der Berliner Firma in London auf, gründete Stahlwerke in England, machte Erfindungen auf dem Gebiete der Dampfverwendung, Verfasser technischer Schriften.

wofür schon ein Jahr vor dem Kriege in Bremen ein Vertrauensausschuß gewählt war, gehörte er auch diesem an. Er wäre gern in dieser Sache in Berlin energischer vorgegangen, aber Senator Duckwitz rief ihm in einem Briefe „pas trop de zèle“ zu, worauf Meier von Berlin antwortete, ihm schiene in Bremen zu wenig trop de zèle zu sein, doch würde er sich selbstverständlich zurückhalten. Es gelang ihm dann als Unterhändler, für die Magdeburg-Halberstädter Eisenbahn-Gesellschaft die Betriebsübernahme zu erwirken, während er für die Berliner Diskonto-Gesellschaft, an deren Spitze damals Adolf von Hansemann[1]) und Miquel[2]) standen, weniger glücklich war. Diese bemühte sich sehr um die Konzession für den Bahnbau und hatte große Vorarbeiten gemacht, wurde aber schließlich durch ein niedrigeres Angebot der Deutschen Unionbank geschlagen.

Um so mehr Erfolg hatte im nächsten Jahre das Zusammenarbeiten der Diskonto-Gesellschaft mit der Bremer Bank, als es sich um Ausgabe einer Bremischen Staatsanleihe von sechs Millionen Talern handelte. Bremen wollte diese Summe anleihen, um die Kosten verschiedener Eisenbahn-, Hafen- und sonstigen Verkehrsanlagen zu decken und um eine 1866 aufgenommene fünfprozentige Anleihe von 1 500 000 Talern Gold zurückzuzahlen. Die Verhandlungen zwischen den beiden Bankinstituten, wie auch vorher wegen des Eisenbahnbaues, wurden meist in Privatkorrespondenz zwischen Miquel und Meier geführt, und je nach dem Stande der Verhandlungen war dieser für den klugen Herrn der Diskonto-Gesellschaft der „geehrte“, der „verehrte“ oder der „liebe Freund“!

[1]) von Hansemann, Adolf 1826—1903, Sohn von David H. Bedeutender Finanzmann. Als Mitinhaber der von seinem Vater gegründeten Diskonto-Gesellschaft sehr verdient um ihre große Entwicklung.

[2]) von Miquel, Johannes 1828—1901, Staatsmann und Politiker, Mitbegründer des Nationalvereins und hervoragendes Mitglied der nationalliberalen Partei, Anwalt in Göttingen, 1865 Bürgermeister in Osnabrück, 1870 in der Direktion der Berliner Diskonto-Gesellschaft, 1876 wieder Oberbürgermeister in Osnabrück, 1879 Oberbürgermeister in Frankfurt a. M., 1890—1901 preußischer Finanzminister, führte die große Steuerreform durch, 1897 Vizepräsident des preußischen Staatsministeriums.

Am 2. September nahm die Finanzdeputation die Offerte der Diskonto-Gesellschaft und der Bremer Bank an und machte davon H. H. Meier Mitteilung. Die Bremer Bank erhielt anderthalb Milionen, auf die Diskonto-Gesellschaft entfielen viereinhalb Millionen Taler.

* * *

Ein großer Tag für Bremen war der 21. Mai 1873; die Stadt durfte Bundesrat und Reichstag auf ihrer Fahrt nach Wilhelmshaven bei sich begrüßen. Um Mittag langte der Berliner Zug mit etwa dreihundert Teilnehmern an, der Bundesrat unter Führung des Staatsministers Delbrück[1]), der Reichstag unter der seines ersten Vizepräsidenten, des Fürsten Chlodwig von Hohenlohe-Schillingsfürst[2]). Beim Empfang am Bahnhof sprach H. H. Meier als Präsident des Bremer Festkomitees einige Begrüßungsworte. Die Gäste verteilten sich dann in der Stadt in bereitgehaltene Hotel- und Privatquartiere. Das Meiersche Haus ging diesmal leer aus, da man sehr auf Bismarcks Besuch und Teilnahme an der Fahrt gehofft hatte; doch kurz vorher sagte der Kanzler ab.

Nach dem Festessen im großen Börsensaal war abends Empfang in den Häusern von Mosle und Meier. Bei letzterem war lebhaftes Kommen und Gehen; man zählte etwa zweihundert Personen,

---

1) Delbrück, Ludwig, 1817—1903 preußischer Staatsmann, im Finanz- und im Handelsministerium tätig, verdienstvoll bei Erweiterung des Zollvereins und Abschluß von Handelsverträgen. Bei Schaffung der neuen deutschen Verhältnisse Bismarcks rechte Hand als Präsident des Bundeskanzler- später als der des Reichskanzleramts, 1876 aus dem Staatsdienst ausgeschieden wegen seiner freihändlerischen Gesinnung im Gegensatz zu Bismarcks Schutzzollpolitik.

2) Chlodwig, Fürst zu Hohenlohe-Schillingsfürst, 1819—1901. 1866 bis 1870 bayerischer Ministerpräsident, erster Vizepräsident im Deutschen Reichstag, 1874 Botschafter in Paris, 1885 Statthalter von Elsaß-Lothringen, von 1894—1900 Reichskanzler und Präsident des preußischen Staatsministeriums, allgemein geschätzt wegen seiner vornehmen und versöhnlichen Haltung.

und zu den interessantesten Gästen gehörten Moltke und Windthorst[1]), Delbrück und Hohenlohe.

Kurz zuvor trug sich ein komisches Zwischenspiel im Meierschen Hause zu; der japanische Vize-Marineminister Kawamura kam mit zwei Herren angefahren und ließ durch den Diener heraufsagen, Konsul Meier habe sie zum Logieren eingeladen. Die Hausfrau, nicht wenig bestürzt, konnte zunächst nur ein Fremdenzimmer zur Verfügung stellen; aber bald kam der Gatte heim und klärte durch den Dolmetscher das Mißverständnis auf, daß es sich nur um eine Abendeinladung gehandelt habe. Die Herren, die gerade angefangen hatten Toilette zu machen, empfahlen sich wieder, erschienen dann später in der Gesellschaft, und der galante Minister schickte nachher zum Dank ein paar hübsche japanische Bronzevasen! —

Am nächsten Morgen begab sich die Gesellschaft nach Bremerhaven, von wo die Fahrt nach dem Jadebusen auf dem neuen Lloyddampfer „Mosel" angetreten werden sollte. Auf der „Mosel" machte Meier wieder den Wirt; bei einem Frühstück gab er seinen Gefühlen für deutsche Seemacht beredtesten Ausdruck, und sein Hoch klang aus in dem Wort: Hoch Deutschland auf dem Meere! Marineminister von Stosch[2]) antwortete und schloß: Unser H. H. Meier lebe hoch!

Die „Mosel", die von lauten Hurrahrufen vom Ufer her und von zahlreichen kleinen Fahrzeugen umgeben stromabwärts gefahren war, wurde schon bei der Schlüsseltonne der Weser von deutschen Kriegsschiffen begrüßt, die sie dann zum Jadebusen begleiteten. Dort beim Eingang fanden interessante Marinemanöver statt, und erst auf der Reede von Wilhelmshaven entließ der Lloyddampfer seine hohen Gäste. Nach einem Rundgang durch den Ort schloß der Tag und die Feier mit einem Festmahl auf dem größten Panzerschiff: „König Wilhelm".

---

[1]) Windthorst, Ludwig, 1812—1891, hannoverscher Justizminister; nach der Annexion preußischer Landtags- und Reichstagsabgeordneter für Meppen, einflußreicher ultramontaner Parteiführer, Mitbegründer des Zentrums.

[2]) von Stosch, Albrecht, 1818—1896, preußischer General, von 1892 bis 1883 Chef der deutschen Admiralität sowie Mitglied des Bundesrats.

Die erste Sitzungsperiode des Deutschen Reichstags ging mit dem Jahre 1873 zu Ende, und Anfang 1874 mußte neu gewählt werden. Meier hatte sich auf Drängen seiner Anhänger bedingt zu einer Wiederwahl bereit erklärt; dadurch spitzte sich aber der Wahlkampf in Bremen diesmal nicht zu einer Parteifrage, sondern leider zu einer Personenfrage zwischen Meier und Mosle zu. Der Zwiespalt, der ursprünglich vielleicht nur auf einem Mißverständnisse beruhte, führte schließlich zu lebhaften Agitationen, und der 10. Januar entschied zu Mosles Gunsten. Dieser erhielt weit über 8000 Stimmen, Meier reichlich 5000 und der Sozialdemokrat etwas mehr als 3000. Beim Eingang der Ergebnisse aus den verschiedenen Wahlbezirken wurde die Stimmung im erwartungsvollen Meierschen Hause immer flauer und stiller, während es draußen um die Wohnung herum immer unruhiger wurde. Die Menge auf der Straße wuchs in bedrohlicher Weise, tobte und pfiff und trieb allen erdenklichen Unfug. Als der Menschenauflauf immer größer wurde und die Polizei sich diesen aufgeregten Massen gegenüber machtlos sah, ließ sie schließlich die Feuerwehr kommen. Ein kalter Wasserstrahl genügte, die radaulustige Gesellschaft auseinanderzutreiben.

Schon wenige Tage nachher erhielt Meier aus Hannover die Anfrage, ob er geneigt sei, im 18. hannoverschen Wahlkreise, wo Bennigsen [1]) gewählt sei und abgelehnt habe, da er im 19. Wahlkreise angenommen hätte, als nationalliberaler Kandidat sich aufstellen zu lassen. Meier glaubte aber nicht, sich hierauf einlassen zu sollen.

Die Bremer Wahlniederlage kränkte ihn doch sehr tief, weil er sie, wohl mit Unrecht, als ein Mißtrauensvotum seiner Mit-

---

[1]) von Benningsen, Rudolf, 1842—1902, deutscher Staatsmann, Mitbegründer und Vorsitzender des Deutschen Nationalvereins. Als Hannoveraner bekämpfte er die österreichische Politik König Georgs. Im preußischen Abgeordnetenhause und im Reichstage wegen seiner vornehmen Gesinnung hochgeachtet und angesehenster Führer der Nationalliberalen, 1888—97 Oberpräsident von Hannover.

bürger ansah. Das war es nicht, sondern eher wohl das Gefühl der Wählerschaft, daß es richtiger sei, an Mosle, ihrem bisherigen Vertreter festzuhalten. Meier faßte infolge dieses Wahlergebnisses sehr bald den Entschluß, von seinem öffentlichen Wirken in der Bürgerschaft und in der Handelskammer sich zurückzuziehen. Er zeigte Ende Juni den Präsidenten dieser Körperschaften seinen Austritt an.

Die Internationale Landwirtschaftliche Ausstellung Juni 1874.

Vorher aber wollte er sein ganzes Können an das Gelingen der Internationalen Landwirtschaftlichen Ausstellung setzen, und wie ihm das geglückt, das zeigte am besten ihr glänzender Verlauf und ihr gutes finanzielles Ergebnis. Schon im Herbst 1872 hatte der Vorstand des Bremer Landwirtschaftsvereins Meier seinen Plan mitgeteilt, zur Feier des 25jährigen Bestehens seines Vereins eine größere landwirtschaftliche Ausstellung zu veranstalten und ihn gebeten, sich an die Spitze des Unternehmens zu stellen. Meier sagte nach einiger Überlegung zu und begann damit, die Sache von Anfang an auf großzügiger internationaler Basis aufzubauen und sie auf eine gesicherte finanzielle Grundlage zu stellen. Die Ausstellung sollte im Juni 1874 stattfinden, und als Ausstellungsplatz war das Gelände im Bürgerpark hinter dem Parkhause gewählt, wo um eine große Arena herum die Unterkunftsräume für Tiere, Maschinen und Produkte aufgeführt wurden. Dahinter anschließend hatte der Bremer Reitklub eine neue Rennbahn anlegen lassen, da an den beiden letzten Tagen große Rennen geplant waren. Meier war Vorsitzer des Exekutivkomitees, dem weitere zwölf Bremer Herren angehörten, die mit zwölf auswärtigen Herren das Hauptkomitee bildeten. Meier hatte es sich angelegen sein lassen, dafür aus allen deutschen Gauen in ihrem Fach und auch sonst bekannte Namen zu gewinnen, während als Präsidenten an der Spitze standen: Fürst Chlodwig zu Hohenlohe-Schillingsfürst, der spätere Reichskanzler, v. Wedell-Malchow, bekannter Rittergutsbesitzer aus der Mark, und H. H. Meier selbst. Der Hauptreiz des Ganzen bestand aber darin, daß Meier den deutschen Kronprinzen als Protektor gewonnen und dieser sein persönliches Erscheinen zugesagt hatte.

In dem Prospekt war gesagt worden, daß Bremen sich durch seine ausgedehnten Verbindungen vermittelst seiner Dampfschiffahrt mit Amerika und England vorzugsweise zu einer internationalen Ausstellung eigne, indem namentlich aus den Vereinigten Staaten viele Ackergerätschaften und Maschinen für Landwirtschaft zum großen Nutzen für Deutschlands Ackerbau bei dem immer fühlbarer werdenden Mangel an Arbeitskräften herangezogen werden könnten. Ferner wäre es höchst wichtig für Bremen, richtiges Verständnis für die Landwirtschaft zu zeigen, wie diese mit Handel und Schiffahrt in engem Zusammenhange stehe und beide ihr Gedeihen gegenseitig fördern könnten. Meier wurde nicht müde, sich nach allen Seiten zu wenden, nach London und Paris, nach Japan und Kolumbien, und nach den verschiedensten andern Ländern, um Interessenten für die Ausstellung zu gewinnen, und als der 13. Juni 1874 herankam, lag eine gewaltige Jahresarbeit hinter ihm, für ihn wie für alle Herren des Bremer Exekutiv-Komitees.

Auch an sämtliche deutsche Fürsten waren Einladungen gesandt worden, und der König von Sachsen, der Großherzog von Oldenburg und die Herrscher einiger Kleinstaaten leisteten ihr Folge. Kaiser und Kaiserin und andere hohe Herrschaften hatten schöne Ehrenpreise gestiftet, der Bremer Senat aus seinem Ratskeller eine Weinspende im Werte von 3000 Mark.

Jeden Morgen fanden in der Arena große Vorführungen von Tieren statt und die Preisrichter hatten bei der Fülle des Materials lebhaft zu tun. Besonders schön war die Pferdeausstellung, um die sich v. Simpson-Georgenburg als Abteilungschef große Verdienste erworben hatte und die stets eine Menge Zuschauer herbeilockte. Überhaupt war Bremen in jener Woche die reine Fremdenstadt geworden, und der Verkehr erreichte seinen Höhepunkt, als am Freitag, den 19. Juni, der Kronprinz eintraf und bei Meier Quartier nahm. Ihm wurde so ziemlich das ganze Haus zur Verfügung gestellt, die untern Zimmer als Empfangsräume, im Obergeschoß die Flucht nach vorn als Frühstückszimmer, Schlaf-, Ankleide- und Kammerdienerstube. Von seinem Gefolge wohnten Graf Eulenburg und Flügeladjutant Oberst Mischke daselbst. Für den Leibjäger und die Diener der beiden Herren war Wohnung im Gärtnerhause geschaffen. — Kammerherr v. Normann war Gast von Generalkonsul Delius.

Leider lag ein Schleier über diesem ganzen Besuch, da Meiers Gattin leidend war und sich außerstande fühlte, den hohen Gast zu empfangen und dies Sohn und Tochter und Schwiegertochter überlassen mußte. Früh morgens kam der Kronprinz an, von Meier selbstverständlich am Bahnhof empfangen. Mit großer Leutseligkeit begrüßte er die Familie, nannte sich Stammgast im Hause, erkannte die Zimmer von seinem 1869er Besuch wieder und machte eine komische Bewegung beim Erblicken seiner Büste. Bald hernach zog er sich in seine oberen Gemächer zurück und fuhr nach dem Frühstück zu Bürgermeister Gildemeister, für Stunden zur Ausstellung und nachmittags zum Empfang des Königs Albert von Sachsen zum Bahnhof. Um 5 Uhr folgte Herrenessen im Meierschen Hause und abends offizieller Empfang des Senats im großen Saal und später zwangloses Erscheinen der Komiteemitglieder und Preisrichter. Der Tag schloß mit einem Ständchen der vereinigten Liedertafeln, zu denen der Kronprinz in den Garten hinunterging und beim Gaudeamus einem Sänger mit ins Buch sah, wohl um mitzusingen. Am andern Morgen wieder Ausstellung und dann kleines Gabelfrühstück bei Meier, an dem die Familie teilnahm, die nachher in hellster Begeisterung über die Liebenswürdigkeit des Kronprinzen war. Nur einmal war die Unterhaltung auf Politik gekommen, und zwar auf die 48er Zeit. Der Kronprinz sagte, er habe Ernst Moritz Arndt noch gut gekannt und die ganze Zeit, wo er eben erwachsen gewesen, habe ihn äußerst lebhaft interessiert. Mit seinem Vetter Adalbert habe er sich noch während des Feldzuges in Versailles jener Tage erinnert, wo man das Wort „Deutschland“ nicht habe nennen dürfen. Er gedachte dann jener Soiree 1849 im Schloß, an der die Kaiserdeputation teilgenommen habe, und rief dann sehr offen aus: „Weiß Gott, was der hochselige König da im Kopfe gehabt hat; meine Eltern bemühten sich nachher, um das Geschehene wieder gut zu machen und seine Worte abzuschwächen."

Nach dem Frühstück fuhren alle zum Rennen, die leider bei recht kaltem, unfreundlichem Wetter, aber doch sehr interessant verliefen. Der Kronprinz behauptete freilich, es gäbe nichts Langweiligeres als Pferderennen, er begriffe nicht, wie man dafür Feuer und Flamme sein könne.

Der Senat gab dann ein großes Mittagessen im Rathause, und hinterher besuchte der Kronprinz mit Gildemeister und Meier unangemeldet den Ratskeller, was größten Jubel auslöste. Am Schluß des Abends blieb er noch ein Stündchen in der Meierschen Familie, den Töchtern zum Andenken Broschen mit kronprinzlichem Wappen und Krone überreichend und dem Hausherrn für seine Gattin ein sehr schönes Armband, zu dem die Kronprinzessin selbst die Zeichnung gemacht hatte: zwischen Edelsteinen ein kleines Kronprinzenrelief in Gold auf schwarzer Emaille. Dabei war aber das wertvollste am Geschenk, daß innen das Datum des Besuchs eingraviert war. Am Sonntagmorgen nach einem Gottesdienst im Dom verabschiedete sich der Kronprinz wieder in reizendster Weise, und am nächsten Tage fand auch die Ausstellung ihren Abschluß. Ihr Ergebnis war in jeder Weise ein glänzendes; die Eintrittsgelder hatten rund 360 000 Mark gebracht, die Verlosung, deren Hauptgewinn ein Rappen-Viererzug im Werte von 24 000 Mark war, durch 39 000 Lose über 100 000 Mark, so daß sich ein Überschuß von mehr als 50 000 Mark ergab, der nach Abzug von kleinen Gaben zur Hälfte dem Bürgerpark und zur Hälfte dem Bremer Landwirtschaftsverein überwiesen wurde.

Als bestes Lob dieser Ausstellung mögen die Worte dienen, die einer der Preisrichter nachher an Meier schrieb: „Von all dem Schönen, was man in Bremen zu bewundern hatte, war das opferfreudige Tun der Männer von Bremen doch das Schönste — und das zum Nachstreben am lebendigsten Anregende."

Bei den vielen Auszeichnungen, die infolge der Ausstellung verteilt wurden, verliehen der König von Sachsen und der Großherzog von Oldenburg H. H. Meier hohe Orden[1]), während der Bremer Landwirtschaftsverein ihm im Spätherbst als Zeichen seiner Dankbarkeit einen silbernen Pokal überreichte, geschmückt mit Widmung, Namenszug und landwirtschaftlichen Emblemen.

Kurz nach der Landwirtschaftlichen Ausstellung hatte Meier noch mal die Freude und Ehre, mit dem Kronprinzen zusammen zu sein. Anfang Juli ging die kronprinzliche Familie mit dem Lloyddampfer „Hohenzollern" nach der Insel Wight, und Meier begleitete sie als eine Art Reisemarschall auf dieser Fahrt, von der er sehr befriedigt zurückkehrte.

Nach all den vielen Erregungen und Anstrengungen war in diesem Jahre die Erholungszeit in Harzburg doppelt wohltuend. Dort übte das Ehepaar immer herzliche Gastfreundschaft aus; alt und jung waren willkommen und Verwandte sowie Freunde der Kinder als Hausbesuch gern gesehen. Wenn sich der Hausherr der Jugend auch nicht viel widmete, so gewann er doch ihre Herzen durch seine sich stets gleichbleibende große Freundlichkeit, und die Gattin wurde in Harzburg mit der jungen Welt immer wieder von neuem jung. — In Bremen war von dieser leichten Geselligkeit leider wenig zu spüren; die Hausfrau nahm dort alles schwieriger, und Meier war viel zu viel durch Reisen, Arbeit und Sitzungen in Anspruch genommen, so daß beide nicht viel Interesse für Gesellschaften hatten. Als dann beide Kinder verheiratet waren, beschränkte sich der Verkehr hauptsächlich auf den engeren Kreis. Jeden zweiten Sonntag fanden Familientage statt, die in den drei Häusern umwechselten, wozu häufig nähere Freunde geladen wurden. Am Mittwoch gingen die beiden Paare zum Essen zu den Eltern, und Sohn und Tochter suchten außerdem die Mutter fast täglich auf, bis Krankheit und Tod dem nahen Familienleben ein schmerzliches Ende bereiteten.

---

[1]) Den Kronenorden erster Klasse erhielt Meier im Jahre 1888 vom jungen Kaiser.

9. Abschnitt.

Wieder im Reichstage 1878—1887.

Das Jahr 1878 brachte in Deutschland auf wirtschaftlichem und sozialpolitischem Gebiete große Veränderungen durch Bismarcks Schwenkung zur Schutzzollpolitik und durch Annahme des Sozialistengesetzes.

Infolge von Hödels Attentat auf Kaiser Wilhelm am 11. Mai war von der Regierung ein Ausnahmegesetz gegen die Sozialdemokraten im Reichstage eingebracht und von diesem abgelehnt worden. Als dann aber Nobiling am 2. Juni den gleichen Mordversuch auf den geliebten Herrscher beging und ihn so schwer verwundete, daß der Kronprinz zur Regentschaft berufen wurde, da war der erste Regierungsakt, daß der Reichstag aufgelöst und Neuwahlen für Ende Juli angesetzt wurden, die unter der Nachwirkung der Empörung über das abscheuliche Attentat sehr viel mehr zugunsten der Rechten ausfielen.

H. H. Meier hatte den lebhaften Wunsch, wieder in den Reichstag einzutreten; denn trotz des herannahenden siebzigsten Lebensjahres fühlte er sich frisch und leistungsfähig. Sein Wirkungskreis war in den letzten Jahren kleiner geworden. Wenn auch seine Betätigung beim Norddeutschen Lloyd und bei der Bremer Bank stets die gleiche blieb und er regelmäßig jeden Morgen ihre Bureaus aufsuchte, so war doch bei H. H. Meier & Co. durch die Rückkehr des Sohnes von Amerika 1872 und dessen Eintritt in die Firma der Vater sehr entlastet. Die Mathildenhütte am Harz war verkauft worden, und die Tätigkeit in der Handelskammer und Bürgerschaft hatte seit 1874 aufgehört. So wünschte Meier seine Kräfte wieder dem weiteren Vaterlande zu widmen. Schon für die vorige Reichstagswahl waren vertrauliche Vorverhandlungen für den Braunschweiger Kreis Wolfenbüttel-Helmstedt, zu dem er durch Harzburg Beziehungen hatte, geführt worden; als sich dort aber ein Einheimischer als Kandidat aufstellen ließ, zog er sich sofort zurück in dem wohl richtigen Gefühle, daß solch ein Bewerber mehr Aussicht haben würde als er. Zu einer Bremer Wahl 1878 verhielt sich Meier ganz ablehnend, für welch patriotischen Entschluß ihm sogar in einem offiziellen Schreiben vom Vorstande des Reichsvereins gedankt wurde, da sonst vielleicht eine Spaltung in den bürgerlichen Parteien eingetreten wäre. Dafür ließ er sich aber in dem frei gewordenen nationalliberalen Wahlkreis in Schaumburg-Lippe aufstellen und wurde dort, nachdem er in Bückeburg und Stadthagen gesprochen, dank eifriger Tätigkeit von Parteigenossen mit guter Majorität gegen einen Konservativen gewählt. In seiner Wahlrede hatte er sich als zum rechten Flügel der nationalliberalen Partei gehörend bekannt und sich sehr scharf gegen die Sozialdemokraten ausgesprochen, deren Bekämpfung er für die Pflicht eines jeden Deutschen ansähe. Auf wirtschaftlichem Gebiete hatte er erklärt, daß er das Prinzip des Freihandels für das richtige halte, aber als praktischer Mensch jeden Einzelfall erwäge und sich nicht von Theorien und Doktrinen leiten lasse. — Im Reichstage verkörperte er immer noch den Begriff Bremen, so daß er in der Debatte von seinen Kollegen ebenso oft Meier-Bremen wie der Abgeordnete für Schaumburg-Lippe genannt wurde.

Bei der nächsten Wahl 1881 kehrte H. H. Meier in seinen alten Wahlkreis zurück und wurde in Bremen noch dreimal als Reichstagskandidat aufgestellt. Zweimal ging er als Sieger daraus hervor, einmal unterlag er in der Stichwahl.

Die Wiederwahl im Oktober 1881 gestaltete sich sehr ruhmvoll. Die liberalen Wähler waren mit ihrem bisherigen Abgeordneten sehr unzufrieden, zum Teil geradezu empört über Mosle, der, als Freihändler gewählt, mit fliegenden Fahnen zur Schutzzollpolitik übergegangen war, wie es hieß infolge eines Bismarckschen Händedrucks, d. h. infolge der persönlichen Überredungskunst des Kanzlers. Darum holten sich die Bremer ihren alten H. H. Meier wieder, in der festen Überzeugung, daß die Interessen ihrer Vaterstadt im Reichstage keinem besseren Mann anvertraut werden könnten. Heinrich Claussen[1]), der Vorsitzende des Reichsvereins, sagte zwar, wenn Meier auch nicht genau auf dem politischen Standpunkte des Vereins stehe, sich also nicht den Sezessionisten angeschlossen habe, so wüßten sie doch, daß er auf liberalem Standpunkte bleiben werde und bei allgemeinen politisch-wirtschaftlichen Fragen, auf die es jetzt besonders ankomme, auf gleichem Boden stände wie sie, eine Überzeugung, die Meier bis zum Schluß seiner Reichstagstätigkeit gerechtfertigt hat. Als Gegenkandidat trat außer einem Sozialdemokraten ein konservativer Nichtbremer auf, Geh. Legationsrat v. Kusserow[2]), vortragender Rat über Handelssachen im Auswärtigen Amt, der ganz auf Bismarcks Wirtschaftspolitik eingeschworen war. Er wurde von einem provisorischen Wahlkomitee, hinter dem besonders Gewerbetreibende standen, aufgestellt, das aber bis zum Schluß namenlos blieb, während das Meiersche von zweihundert Namen unterzeichnet war. Eine heftige Wahlagitation setzte ein und kam in vielen Versammlungen zum Ausdruck. Meier sprach vor der verschiedenartigsten Zuhörerschaft, im Kasino, im Gewerbehause, in Oberneuland, in Vegesack und Bremerhaven. In seiner Kasinorede erörterte er Bremens Stellung zum Zollgebiet und sagte, daß er seit Frühjahr 1880 die Überzeugung gewonnen habe, daß der Zollanschluß kommen werde. Er habe daraufhin im Sommer die Bedingungen studiert, unter denen das Bremer Geschäft in der Übergangszeit ohne zu großen Schaden weitergeführt werden könne und dann seine Ausarbeitungen maßgebenden Persönlichkeiten vorgelegt. Diese seien aber der Ansicht gewesen, daß Bremen ohne Hamburg nichts tun dürfe, während er den Standpunkt vertreten habe, es wäre für Bremen viel günstiger, nicht zu warten und allein vorzugehen. Wie hat leider der Ver-

---

1) Claussen, Heinrich, 1825—1908, Kaufmann in Bremen, langjähriger Präsident der Bürgerschaft, Mitbegründer des 1877 gebildeten Reichsvereins für den Wahlkreis Bremen, ausgezeichnet durch seine patriotisch liberale Gesinnung und seine Hingabe ans Gemeinwohl.

2) von Kusserow, Heinrich, 1836—1900, im diplomatischen Dienst tätig, 1885—1890 preußischer Gesandter bei den Hansestädten, eifriger Vertreter kolonialer und überseeischer Interessen.

lauf der Dinge Meier recht gegeben; wie viel bessere Anschluß-bedingungen vom Reich erlangte Hamburg durch sein Vorangehen als das nachhinkende Bremen!

Das Wahlresultat am 27. Oktober war glänzend; Meier vereinigte auf sich weit mehr als 13000 Stimmen, Kusserow erhielt keine 1800 und die sozialdemokratischen waren gegen die letzte Wahl um 1500 zurückgegangen.

Nach Bekanntwerden des Ergebnisses füllte sich das Meiersche Haus mit Gratulanten; Reden wurden gehalten, und die vereinigten Liedertafeln brachten durch Gesänge ihre Huldigungen dar, wohl ein Dank, daß Meier im Sommer ihr Norddeutsches Sängerfest als Ehrenpräsident geleitet hatte. Dann ging es in einem wahren Triumphzuge, von dicht gedrängter Menge umgeben und von unablässigen Hochrufen begleitet, zum Künstlerverein, wo Meier mit lautem Jubel empfangen und sein Wahlsieg dann in fröhlichster, herzlichster Weise gefeiert wurde. Claussen brachte sein Wohl aus, daß Bremen die Schmach erspart sei, einen „Reaktionsrat" gewählt zu sehen, und Architekt Heinrich Müller, Präsident des Künstlervereins, ließ Claussen leben, den unermüdlichen Vorsitzenden des Wahlkomitees, das wie die Pferde gearbeitet und es möglich gemacht habe, daß dem ersten Gentleman Bremens der ihm von Rechts wegen gehörige Posten zugeteilt wurde! — Wahrlich, die Scharte von 1874 war mehr als ausgewetzt!

Im Oktober 1884 vollzog sich die Bremer Wahl unter ganz anderen Gesichtspunkten als drei Jahre vorher. Diesmal stand H. H. Meier der bedeutendste Redner der Fortschrittspartei, Eugen Richter[1]), gegenüber.

Als die nationalliberale Partei auseinanderfiel und der linke Flügel unter Führung von Stauffenberg[2]), Bamberger[3]) und

---

[1]) Richter, Eugen, 1838—1906, erst im Staatsdienst bis zur Nichtbestätigung seiner Wahl zum Bürgermeister in Neuwied, darnach in Berlin journalistisch tätig. Im Reichstag Hauptvertreter des radikalen Fortschritts und in steter persönlicher Opposition zum Fürsten Bismarck.

[2]) Schenck von Stauffenberg, Franz August, Freiherr, 1834—1901, deutscher Politiker, Jurist, süddeutscher Gutsbesitzer, liberaler bayerischer

Rickert [1]) als Sezessionisten austrat, der sich dann im Frühjahr 1884 mit der Fortschrittspartei unter dem Namen Deutschfreisinnige Partei vereinigte, hatte ein großer Teil der Bremer und ihre Presse diese Linksschwenkung mitgemacht. Auch der Bremer Reichsverein huldigte dieser freisinnigen Richtung, war aber trotzdem für die Kandidatur Meiers eingetreten, welcher der nationalliberalen Partei treu geblieben war. Sein Vorsitzer erklärte, daß es für Bremen darauf ankomme, einen Mann zu wählen, der die Fragen des großen Handels und Verkehrs aus eigener Erfahrung zu beurteilen verstehe, und der nicht nur in Bremen, sondern auch in den Kreisen des Reichstags und der Reichsregierung als eine Autorität in diesen Dingen gelte. Ja, das deutsche Volk habe sogar ein Recht, von Bremen einen solchen Abgeordneten zu erwarten, zumal gerade jetzt, wo die Luft voll sei von Projekten über transozeanische Schiffahrt, Kolonisation, Weservertiefung und Kanalanlagen. In den Wahlverhandlungen sagte Meier, daß er den Kampf zwischen Nationalliberalen und Freisinnigen für ein Unglück halte, auf beiden Seiten sei zu viel phantasiert worden. Dann erklärte er sich für einen schlechten Parteimann, so daß er als solcher nicht viel Einfluß habe, man aber doch in manchen Dingen Wert auf seine Meinung lege. Seine Fraktion lasse in wirtschaftlichen Fragen ihren Mitgliedern freie Hand, und so sei er oft von Parteibeschlüssen abgewichen; er glaube aber, durch sein Verbleiben nütze er und stärke die Partei gegen weitere Rückschritte zum Schutzzoll. Als Beispiel seiner Unabhängigkeit führte er an, daß beim Antrag der Fortschrittler, Arbeitgeber für Unfälle verantwortlich zu machen, nur er und ein Konservativer dafür gewesen wären, und sagte: „Ich sitze ge-

Abgeordneter, zeitweise Präsident des bayerischen Landtags und erster Vizepräsident des Reichstags.

[3]) Bamberger, Ludwig, 1823—1899, Nationalökonom, nach der Flucht aus Deutschland wegen Beteiligung an der Erhebung in der Pfalz kaufmännisch tätig im Auslande, 1853 Leiter des Pariser Bankhauses Bischoffsheim und Goldschmidt bis 1861. Im Deutschen Reichstage gewandter Redner der liberalen, freihändlerischen Richtung.

[1]) Rickert, Heinrich, 1833—1902, Journalist, liberaler Abgeordneter für Danzig, Autorität in Finanzfragen.

rade sehr allein im Reichstage, und wie nun meine lange Figur für den Antrag aufstand, da guckten alle verwundert auf, daß ich mit dem Fortschritt stimmte."

Am Tage vor der Wahl schrieb die freisinnige „Weser-Zeitung": „Wenn auch Richters Schneidigkeit in hohem Grade die Gefühle unserer Mitbürger gewonnen hat, so verkennen dieselben doch nicht, daß wir ihretwegen nicht auf die Vertretung durch einen Mann verzichten können, der genauer als Richter weiß, wo uns der Schuh drückt." Diese Auffassung teilten auch die meisten Wähler, und H. H. Meier ging als Sieger aus der Wahl hervor, wobei die absolute Majorität allerdings nur 56 Stimmen war. Man war überrascht, daß über 5000 Stimmen auf Eugen Richter gefallen waren, ein Zeichen, wie die oppositionelle Stimmung in Bremen um sich gegriffen hatte.

Wie diese in den nächsten beiden Jahren bedeutend zunahm zeigte sich bei der Wahl im Februar 1887. Im Januar dieses Jahres löste Bismarck durch Allerhöchste Botschaft den Reichstag auf, weil dieser die große Militärvorlage nicht in ihrem vollen Umfange angenommen hatte. Er hatte die geforderte Friedenspräsenzstärke des Heeres von 468 409 Mann auf Antrag Stauffenbergs nur für drei Jahre bewilligt und nicht das von der Regierung verlangte Septennat, wofür die beiden konservativen Parteien und die Nationalliberalen geschlossen gestimmt, aber in der Minorität geblieben waren. Ein heißer Wahlkampf mit der Losung für oder wider Septennat setzte in ganz Deutschland ein und tobte bis zum Tage der Neuwahl. Auch Bremen blieb nicht verschont. Die Deutschfreisinnigen hatten diesmal einen Einheimischen aufgestellt, Professor Konstantin Bulle[1]), Direktor des Gymnasiums, und um seine Wahl zu unterstützen, eilten Theodor Barth[2]) und Rickert aus Berlin

[1]) Bulle, Konstantin, 1844—1905, Geschichtschreiber und Politiker.

[2]) Barth, Theodor, Dr. jur., 1849—1909, von 1876—1883 Syndikus der Bremer Handelskammer und gleichzeitig Generalsekretär der Deutschen Gesellschaft zur Rettung Schiffbrüchiger. Später in Berlin wohnhaft, Gründer der Wochenschrift „Nation", mehrfach Reichstagsabgeordneter von linksradikaler Gesinnung und scharfer Bekämpfer von Bismarcks Schutzzollpolitik.

herbei. Ziemlich vollzählig blieb sein altes Wahlkomitee H. H. Meier treu, und er wurde seinen Mitbürgern in bekannter Weise als geeignetster Vertreter Bremens empfohlen. Er trat in seiner Wahlrede für bedingungslose Annahme des Septennats ein und sagte am Schluß: „Dem Fürsten Bismarck werde so viel vorgeworfen, aber als seine Überzeugung könne er nur aussprechen: die Nachwelt wird die großen Verdienste dieses Mannes, alles, was er für Deutschland getan hat, würdigen. Er mag vielleicht in wirtschaftlichen Fragen irren, wir sind alle Menschen. Nehmen Sie aber allein nur seine Bemühungen, Deutschland den Frieden zu erhalten — sollen wir nicht schon allein dafür ihn auf Händen tragen?"

Der 21. Februar brachte leider keine absolute Majorität; wenn Meier auch bei der Hauptwahl die meisten Stimmen erhielt, so konnte doch kein Zweifel darüber bestehen, daß bei der Stichwahl die Sozialdemokratie zum Freisinn übergehen und dadurch Bulle das künftige Reichstagsmandat zufallen würde. Dies war auch der Fall, trotzdem Meier, dank der unermüdlichen Tätigkeit seines Wahlkomitees, im März noch etwa tausend Stimmen mehr bekam als im Monat vorher. Bremen hatte in diesem Wahlkampfe aber eine große Ausnahme gemacht; fast im ganzen Reich war der Freisinn zurückgegangen und die Anhänger des Septennats Sieger geblieben.

Zurückblickend auf diese letzten neun Jahre im Reichstage 1878—87 lag H. H. Meiers Wirksamkeit und auch Bedeutung wieder auf handelspolitischem Gebiet. Als nationalliberaler Politiker trat er wenig hervor, wenn er auch bei wichtigen Abstimmungen der Partei nicht fehlte. Seine Kollegen schätzten sein Urteil in allen Handels- und Schiffahrtsfragen, das Wort des erfahrenen, weitblickenden Kaufmanns, das im Reichstage so wenig vertreten war. Freilich mußte er sich 1879 von Bamberger die eigenartige Charakteristik gefallen lassen, daß er ein schon in hohen Jahren befindlicher niedersächsischer Deutscher von phlegmatischer Gelassenheit sei, was er damit begründete, daß Meier in der Eisenenquete-Kommission den freihändlerischen Standpunkt nicht genügend vertreten habe gegenüber Stumm[1]) und dessen Beredsamkeit, die der Schrecken aller Stenographen sei. Meier antwortete darauf: „Mein Alter kann ich natürlich nicht leugnen, aber ich gestehe, daß ich es leicht trage. Was das Phlegma anbetrifft, so wollte ich, daß es wahr wäre; denn den größten Kummer und Verdruß, den ich in meinem Leben gehabt habe, macht mir mein ungeduldiges, nicht immer gezügeltes Temperament."

Seit seinem Wiedereintritt im Jahre 1878 befand sich Meier in einer ganz neuen Lage der Regierung gegenüber. Im Norddeutschen Reichstage war er für die meisten Regierungsvorlagen mit großer Wärme eingetreten; jetzt sah er sich durch die veränderte Wirtschaftspolitik auf die Seite der Opposition gedrängt; denn er hätte seinem ureigensten Ich untreu werden müssen, wenn er den Umschwung in der Steuerpolitik hätte mitmachen wollen. Sein Hauptaugenmerk wandte er zunächst der Steuer auf Tabak zu, weil er diesen Handelszweig als einen Lebensnerv seiner Vaterstadt betrachtete.

Nachdem die Kommission des Bundesrats die Erhöhung der Finanzzölle auf Petroleum, Tabak, Zucker usw. beschlossen hatte, begannen im Mai 1879 von neuem die Verhandlungen über die Tabaksteuer. H. H. Meier hatte diesen Gegenstand seit 1868 scharf im Auge behalten, war 1873 Mitglied der Bundesrats-Kommission gewesen, die den Gesetzentwurf, wie er dem Hause 1877/78 vorlag, ausgearbeitet hatte, und richtete seitdem seine ganze Aufmerksamkeit darauf, wie er das drohende Tabakmonopol, das dem Reichskanzler als erstrebenswertes Endziel vorschwebte, durch eine andere, gleich ertragsfähige Besteuerung des Tabaks abwenden könne. Denn Meier hielt die Einführung des Monopols für Deutschland politisch und wirtschaftlich als durchaus verwerflich und betrachtete es namentlich für die Entwicklung seiner Vaterstadt als ungemein schädlich. Die Einfuhr von Rohtabak hatte in den letzten fünf

[1]) von Stumm, Karl Ferdinand Freiherr, 1836—1901, Saarbrücken, Großindustrieller, Leiter des großen umfangreichen Eisenhüttenwerks in Neunkirchen mit weitgehender Fürsorge für die Arbeiter. Bekämpfer der Sozialdemokratie. Im Reichstag Mitglied der Deutschen Reichspartei.

Jahren zwischen 34—53 Millionen Kilo gewechselt und einen Wert von 47—62 Millionen Mark dargestellt; im Jahre 1878 hatte sie sogar die Höhe von beinahe 90 Millionen Kilo im Werte von etwa 63 Millionen Mark erreicht.

Daß der Tabak ein Objekt sei, das dem Reiche weit größere Einnahmen als bisher bringen müsse, davon war auch Meier überzeugt. Die Erhöhung im Jahre 1868 war, wie sich der Vorsitzende der nachherigen Tabakkommission ausdrückte, nur ein schüchterner Versuch gewesen, den Tabak finanziell zu verwerten.

Meier hatte sich dem Studium der amerikanischen Fabrikatsteuer zugewandt, hatte darüber zu seiner Belehrung private Erhebungen in den Haupttabaksplätzen Amerikas anstellen lassen und war zu der Überzeugung gekommen, daß diese Art Besteuerung auch für Deutschland die vorteilhafteste sein und die geringsten Kosten und Umwälzungen in der ganzen Industrie bringen würde, da die Steuer erst zu zahlen sei, wenn das Fabrikat in den Konsum übergehe.

Meier ließ eine Ausarbeitung „Die amerikanische Tabakssteuer auf Deutschland angewandt" anfertigen und sandte sie Anfang 1878 sämtlichen Mitgliedern des Bundesrats und des Reichstags zu. An den Reichskanzler, an die deutschen Finanzminister und an manche einflußreiche Persönlichkeiten fügte er noch persönliche Schreiben hinzu. Mit welch unermüdlichem Eifer Meier gegen das gefürchtete Monopol ankämpfte, dafür legen die zahllosen Briefe in seinem Kopierbuch jenes Winters Zeugnis ab. Die Fabrikatsteuer kam auch im Reichstage 1878 zur Verhandlung, wo sie mehrfach Anklang fand; sie stieß aber auf Widerstand im preußischen Finanzministerium. Die Regierung hatte das System geprüft, jedoch zu viele Schwierigkeiten bei seiner Durchführung gefunden und hatte es darum abgelehnt. Im selben Jahre fand auch die Gewichtssteuer im Reichstage Widerspruch, so daß die Vorlage unerledigt blieb. Aber trotzdem glaubte die Regierung nach reiflicher Prüfung sie 1879 von neuem vorlegen zu sollen, vereint mit Lizenz- und Nachsteuer.

Meier hielt am 12. Mai eine lange Rede, in der er seine Gründe für und wider die Vorlage mit einem großen Zahlenmaterial sachlich zu belegen suchte. Dann fuhr er fort: Die Hauptsache sei, daß der Tabak endlich zur Ruhe kommen müsse, lieber etwas weniger Gutes, selbst was Schlechtes annehmen, als die fortwährende Unruhe für Industrie und Handel, damit der ganze Verkehr darin bestehen bleiben könne. Alle Industrie solle heute geschützt werden; nur die arme Tabaksindustrie, die sich gewissermaßen ohne Schutz durch eigene Tüchtigkeit emporgearbeitet habe, solle gestraft werden; denn diejenigen, die das Monopol erstrebten, das nur einstweilen von der Tagesordnung abgesetzt sei, gingen auf die Beseitigung der Industrie aus. Er würde deshalb für eine Gewichtssteuer stimmen, setzte aber sehr energisch auseinander, daß der Unterschied des Zolles auf ausländischen Tabak zu der Steuer auf inländischen viel zu groß sei, und lehnte zum Schluß Lizenz- und Nachsteuer ganz ab. Durch letztere würde ein Notstand geschaffen, von dem sich die Herren keinen Begriff machen könnten, da die Spekulation sofort überall eingesetzt hätte und dies die kleinen Fabrikanten am schwersten träfe, weil sich diese weit über ihre Mittel hinaus festgelegt und nicht den Kredit wie die großen zur Verfügung hätten.

Nach langen Debatten wurde die Tabaksteuervorlage an eine Kommission von 28 Mitgliedern verwiesen, die in 22 Sitzungen bis zum 1. Juli tagte und bei deren Eröffnung 470 Petitionen eingegangen waren.

Meier war ein eifriger Mitarbeiter und vertrat alle früheren und im Plenum ausgesprochenen Anschauungen. Das Gesetz ging in veränderter Form, unter teilweiser Herabsetzung der Besteuerung und unter Ablehnung der Lizenz- und Nachsteuer aus der Kommission hervor, wurde im Reichstage angenommen und am 16. Juli veröffentlicht. Meier hätte lieber die Annahme der Regierungsvorlage gehabt, ohne Nachsteuer, aber mit sofortiger Einführung eines Sperrgesetzes, weil das Gesetz jetzt eine sehr schutzzöllnerische Tendenz erhalten hatte. Darnach war vom Jahre 1882 an die Besteuerung auf 100 Kilogramm die folgende: auf inländischen Tabak 45 Mark, auf ausländischen unbearbeitet 85 Mark (vgl. oben

S. 202), fabriziert zu Zigarren und Zigaretten 270 Mark, anderer 180 Mark. Nach ungefährer Schätzung sollte die neue Steuer 50 bis 60 Millionen Mark bringen, während der Tabak vordem rund die Summe von 14 Millionen ergeben hatte.

H. H. Meier konnte mit innerer Befriedigung auf diese Reichstagssession zurückblicken; denn er fühlte, daß auch er wesentlich dazu beigetragen hatte, daß ein den Verhältnissen Rechnung tragendes, ziemlich gutes Tabaksteuergesetz zustande gekommen war. — Wie hoch sein Wirken in dieser Sache in Bremen bewertet wurde, zeigt die „Dankadresse der Tabaksinteressenten für Abwehr des Tabaksmonopols 1879", die ihm im Herbst überreicht wurde und von 144 Firmen unterschrieben war. In dieser sprechen die Genannten dem Adressaten höchste Anerkennung und wärmsten Dank aus für sein unablässiges Ringen und Streiten gegen das Tabaksmonopol, welche drohende Gefahr er frühzeitig erkannt und in Wort und Schrift bekämpft habe, wie auch für seine unermüdliche Mitwirkung bei der endgültigen, im Ganzen befriedigenden Lösung der so hochwichtigen Tabaksfrage.

Drei Jahre später, im Mai 1882, erschien dann wirklich das Reichstabaksmonopol auf der Tagesordnung, auf dessen große Wichtigkeit schon die Thronrede hingewiesen hatte. Schon die erste Beratung entfesselte eine wahre Hochflut von Reden, sowie ein heftiges Aufeinanderplatzen der Meinungen. Gegen Schluß seiner langen Rede rief z. B. Eugen Richter aus: „An diesem Monopol muß der Wille des Reichskanzlers sich brechen!" Meier, obgleich er sich gleich am ersten Tage zum Wort gemeldet hatte, kam überhaupt nicht mehr an die Reihe und konnte sich nur in der Kommission betätigen. Von dort kam der Antrag zurück, das ganze Monopolgesetz mit all seinen 72 Paragraphen abzulehnen, aber den Antrag Ausfeld zu unterstützen, des Inhalts, daß nach der beträchtlichen Steuererhöhung vom Juli 1879 jede neue Störung der Tabakindustrie ausgeschlossen bleiben müsse. Wieder ergossen sich endlose Reden über das Haus; aber die Verteidigung der Vorlage lag regierungsseitig in den wenig geschickten Händen des Unterstaatssekretärs für Elsaß, von Mayr[1]), dem die von der Regierung geleitete Straßburger Tabaksmanufaktur unterstand. Die Zahl der Gegner nahm stetig zu, und schließlich wurde das Reichstabaksmonopol abgelehnt, mit „überwältigender Majorität", wie Bennigsen sich in seiner später nachfolgenden großen Steuerrede ausdrückte.

In Marinefragen trat H. H. Meier in einen häufigen Gegensatz zum Marineminister. Nach seiner Meinung legte Stosch, der preußische General, auch bei der seemännischen Ausbildung das Hauptgewicht auf den strammen militärischen Drill, wodurch die Nautik in der Kriegsmarine nicht die genügende Beachtung fand. Zum ersten Zusammenprall zwischen den beiden Männern kam es bei der Interpellation über den Untergang des „Großen Kurfürsten", der am 30. Mai 1878 im englischen Kanal bei klarstem Wetter und ruhigster See vom „König Wilhelm" angerannt und in kürzester Zeit gesunken war, was 270 braven Seeleuten das Leben kostete, ein Ereignis, über das sich große Erregung ganz Deutschlands bemächtigte. Bei den allseitigen Vorwürfen gegen den Minister und sein System machte Meier geltend, daß Kollisionen immer vorkämen, weil man nie so Herr des Schiffes sei, wie man es sein müsse; darum sei aber eine so enge Formation von Panzerschiffen wie hundert Meter Intervall, noch dazu in einem so belebten Fahrwasser wie der Kanal, vom seemännischen Standpunkte aus durchaus zu verwerfen. Als nach Jahresfrist derselbe Gegenstand wieder auf der Tagesordnung stand, ging Meier noch schärfer vor und sagte: „Ich schreibe es dem Mangel an tüchtiger Seemannschaft zu, daß der „Große Kurfürst" ins Geschwader eingestellt wurde, nachdem er nur etwa acht Tage zuvor in der Nordsee gefahren war, dem Mangel an tüchtiger Seemannschaft, daß, nachdem das Geschwader zwei Tage zuvor ausgegangen, diese enge Fahrtordnung befohlen wurde, dem Mangel an tüchtiger Seemannschaft, daß zu dieser Zeit unkundige Steuerer am Ruder standen, und dem Mangel an tüchtiger Seemannschaft, daß im Jahre vorher das Leuchtschiff

[1]) von Mayr, Georg, geb. 1841, Statistiker und Volkswirt. Von 1879—1887 kaiserlicher Unterstaatssekretär im elsässischen Ministerium in Straßburg.

angerannt wurde, weil der Offizier nicht wußte, wie die Strömung war." Der Minister konnte sich gegen diese und sonstige Angriffe aus dem Hause nur schwer verteidigen. Bei einer anderen Marineberatung bemängelte Meier die Anlage der zweiten Hafeneinfahrt in Wilhelmshaven; die verkehrte Anlage habe zu großen kostspieligen Baggerarbeiten geführt, und eine Einfahrt dürfe nicht wie hier dem Ebbestrom zugewandt, sondern müsse gegen den Flutstrom angelegt werden. Gegen das neue Ruderkommando, das auf der Kriegsmarine eingeführt war und das im direkten Gegensatz zu dem auf Handelsschiffen üblichen und zu dem englischen und amerikanischen stand, erhob Meier Einwendungen, weil bei Übergang von der Handels- zur Kriegsmarine und Übernahme fremder Lootsen die Gefahr der Verwechslung groß sei. Auch mußte er gegen einen Stoschschen Angriff den Lloyd verteidigen, daß dieser sein neuestes Schiff, den ersten Schnelldampfer, wieder auf englischer Werft bestellt habe. So manches Schiff sei in Deutschland in Auftrag gegeben, wobei aber nie die ausgemachte Lieferungszeit eingehalten worden sei. Hierbei heiße es: Zeit ist Geld, und Privatinstitute dürften nicht von patriotischen Gefühlen geleitet werden.

Aber bei allen Geldforderungen, zu welcher Zeit die Marineverwaltung sie auch stellte, trat Meier stets für volle Gewährung der Mittel ein. Als 1885 unter Caprivi[1]), dem damaligen Chef der kaiserlichen Admiralität, der Bau eines neuen Avisos abgelehnt wurde, warnte Meier vor falscher Sparsamkeit, es hieße immer, wir sollten nicht nach einer Marine 1. Klasse streben in der Voraussetzung, wir hätten eine 2. Klasse; aber wir wären von anderen Nationen überflügelt und faktisch auf dem Standpunkte einer Marine 3. Klasse angekommen.

Auf die mehrfach im Hause geäußerten Klagen über die Zunahme der Auswanderung entgegnete er, daß diese in den blühenden materiellen Zuständen der Vereinigten Staaten ihren Grund

[1]) von Caprivi, Georg Leo, Graf, 1831—1899, General, 1883 Leiter der Admiralität und Vizeadmiral, 1888 kommandierender General in Hannover, 1890—1894 deutscher Reichskanzler; unter ihm Erneuerung des Dreibundes und Abschluß neuer Handelsverträge.

hätte; die Verwandten in Amerika schickten ihren Angehörigen in Europa sehr viel Geld herüber, um auch auswandern zu können. Kämen aber wieder Krisen drüben, wie so oft nach Ablauf etlicher Jahre, so würde die Auswanderung naturgemäß wieder abnehmen.

Meier bekämpfte mit großer Entschiedenheit und auch Erfolg die Surtaxe d'Entrepôt, die Einführung der Flaggenzölle, also die Besteuerung des Verkehrs unter fremder Flagge zum Schutze der nationalen und der dadurch herbeigeführten Begünstigung der Einfuhr auf deutschen Schiffen, wofür ihn Bismarck in einer persönlichen Unterredung hatte gewinnen wollen. Meier nannte es ein zweischneidiges Schwert, das wohl den norddeutschen Häfen Vorteil brächte, aber eine Ungerechtigkeit gegen den Süden und Westen wäre, die ihre Waren viel billiger durch Holland und Belgien beziehen könnten. Seine vollste Überzeugung war, daß sich aller Handel möglichst frei und ungehemmt bewegen müsse, um zu gedeihen, und darum lehnte er jede regierungsseitige Bevormundung und Beeinflussung ab. Überhaupt wurde in jener Zeit vom freihändlerischen Gesichtspunkte aus auch alle staatliche Kolonialpolitik verurteilt. Diesen ablehnenden Standpunkt vertrat Meier energisch im Jahre 1880 bei dem Regierungsantrag auf Errichtung einer Seehandelsgesellschaft in Berlin, deren nächster Zweck sein sollte, die Übernahme durch das Reich von Institutionen und Besitzungen auf Samoa, welche der großen, in Schwierigkeiten geratenen Hamburger Firma von Joh. Ces. Godeffroy & Sohn gehörten, deren ferneres Ziel aber auch die Förderung des überseeischen Handels, sowie Erwerb und Betrieb von Faktoreien und Plantagen, insbesondere auf den Inseln der Südsee werden sollte. Meier hielt bei dieser Beratung wohl seine längste Reichstagsrede und hatte die Genugtuung, daß die Vorlage schon bei der zweiten Lesung in namentlicher Abstimmung abgelehnt und regierungsseitig zurückgezogen wurde. — Das Godeffroysche Unternehmen wurde später von einer Privatgesellschaft übernommen und mit geringeren Mitteln fortgeführt. — Erst als 1899 durch Vertrag Deutschland, England und Amerika die Inseln unter sich geteilt hatten, blühten die deutschen Besitzungen dort auf.

In den achtziger Jahren bemächtigte sich mancher Kreise eine große Begeisterung für deutsche Kolonien, der Meier kühl und wägend gegenüberstand. Wohl war er für verständige Unternehmungen; aber den Vorwurf seines Freundes Friedrich Kapp [1]), daß er ein Kolonialchauvinist sei, wies er weit von sich; denn die Ideen, die jetzt in vielen Köpfen spukten, würden sich nicht verwirklichen lassen und manchen ins Unglück führen. Aber jeder Unbefangene, der die Verhältnisse auswärts kenne, müsse die vorsichtige Art anerkennen, mit der der Reichskanzler im Falle Lüderitz [2]) vorgegangen sei, und darum habe er in dieser Hinsicht auch das volle Vertrauen zu ihm, wie bei allen auswärtigen Angelegenheiten.

Im März 1881 gab es bei der Position Zölle und Aversen die erste längere Aussprache über den Eintritt der Hansestädte in den Zollverein. Treitschke fragte an, ob jetzt mit Hamburg darüber Verhandlungen schwebten, und machte dann plötzlich sehr lebhafte und scharfe Ausfälle gegen die Hansestädte. Vierzehn Jahre habe man mit Lammsgeduld auf ihren Zollanschluß gewartet; denn Artikel 33 der Verfassung, daß sie selber ihren Eintritt beantragen sollten, könne unter ehrenhaften Leuten nur den Sinn haben, daß sie diese Verpflichtung auch fühlen würden. Jetzt sei die Nation handelspolitisch verstümmelt, die einzigen beiden großen Handelsplätze Deutschlands, die wirkliche Welthandelsplätze wären, die Kaufleute allergrößten Stils wie H. H. Meier hätten, seien uns handelspolitisch fremd, seien Ausland für uns. Von diesem fremdländischen Wesen müsse der deutsche Boden bis auf die letzte Scholle

---

[1]) Kapp, Friedrich, 1824—1884, Geschichtsschreiber, mußte 1849 flüchten, wurde angesehener Advokat in New York und kehrte 1870 nach Deutschland zurück. Mitglied des Reichstags und Landtags, erst nationalliberal, dann Sezessionist.

[2]) Lüderitz, Adolf, 1834—1886, Bremer Kaufmann, bekannt durch seinen Erwerb von Angra Pequena in Südafrika mit dem dahinter liegenden, „Lüderitzland" genannten Gebiet 1883, das 1884 unter deutschen Schutz gestellt und ein Jahr später an ein Konsortium abgetreten wurde. 1886 verschollen, wahrscheinlich bei einer Fahrt in kleinem Boot an der Küste verunglückt.

reingefegt werden. Nachdem Boetticher [1]) geantwortet und Bürgermeister Versmann-Hamburg [2]) energisch Verwahrung dagegen eingelegt hatte, als ob die Hansestädte es in dieser Sache an Patriotismus hätten fehlen lassen, kam nach längerer Debatte Meier zu Wort und verteidigte Hamburg und Bremen gegen Treitschkes Vorwürfe, daß sie dem Deutschen Reiche als Fremde gegenüber ständen. Sein Standpunkt sei derselbe wie 1867, er sei bereit, für Bremens Anschluß einzutreten, wenn er den Beweis erhielte, daß seine Freihafenstellung zum Nachteile des Vaterlandes sei; dieser Beweis aber fehle. Auf die Kardorffsche [3]) Drohung, daß die Hansestädte, wenn sie mit ihrem Anschluß zögerten, schlechtere Bedingungen bekommen würden, antwortete er mit folgendem: „Ich kann nur mit Dank und Anerkennung sagen, daß in einem Privatgespräch der Reichskanzler mir gegenüber das volle Recht der Hansestädte anerkannt hat, wenn er auch den dringenden Wunsch aussprach, daß wir uns anschließen sollten, und es mir gegenüber als einen Fehler bezeichnete, daß es den Städten überlassen worden sei." Meier schloß: „Wenn man uns zum Anschluß zwingen würde, müssen wir es leiden; daß das Bedürfnis jetzt dafür da sei, das sei ein Irrtum. Man solle nur glauben, wenn man uns herauslasse, so stehe Deutschland sich besser dabei; aber wenn Sie uns anschließen, dann machen Sie Bedingungen, daß die Städte ihren Handel nach wie vor fortsetzen können im Interesse des Vaterlandes!"

Solche Bedingungen hatte Hamburg wirklich erreicht; denn die Reichsregierung, in Erkenntnis der großen Bedeutung des ham-

[1]) von Boetticher, Karl Heinrich, 1833—1907, deutscher Staatsmann, erst Hilfsarbeiter im Ministerium und vortragender Rat, dann Landdrost in Hannover, Regierungspräsident in Schleswig, Oberpräsident von Schleswig-Holstein, 1888 Staatssekretär des Reichsamts des Innern, Stellvertreter des Reichskanzlers im Bundesrat und Reichstag und 1888 Vizepräsident des preußischen Staatsministeriums. Nach seiner Entlassung 1897 Oberpräsident der Provinz Sachsen.

[2]) Versmann, Johann Georg Andreas, 1820—1899, Hamburger Staatsmann, wurde 1861 Senator und bekleidete achtmal das Amt des Bürgermeisters.

[3]) von Kardorff, Wilhelm, 1828—1907, schlesischer Rittergutsbesitzer und Politiker, als Parlamentarier freikonservativ und großer Schutzzöllner.

burgischen Welthandels, war gewillt, diesem Staat die bedeutende Summe von 40 Millionen Mark als Zuschuß zu den Kosten seiner großartigen Anstalten und Anlagen zu gewähren. Im Herbst 1881 wurde der Zollanschluß Hamburgs im Reichstage beraten. Meier gab namens seiner politischen Freunde die Erklärung ab, daß sie der Vorlage wohlwollend gegenüberständen und für Überweisung an eine Kommission wären. Die Hauptsache sei, daß der deutsche Handel so leicht wie möglich über die Hansestädte — er schließe auch seine Vaterstadt ein — vermittelt werde. Bei der zweiten Beratung, wobei er seinen früheren Standpunkt zur Freihafenstellung nochmals wiederholt hatte, setzte er auseinander, daß bei erleichterten Zollmaßregeln viele Vorteile sich ergäben, wenn Hamburg angeschlossen würde. Vor allem verlange der Handel Sicherheit, um gedeihen zu können, und alle Länder, die ausgedehnten Handel hätten, freuten sich dessen, blühten und gediehen.

Der Zollanschluß Hamburgs wurde am 21. Januar 1882 vom Reichstage genehmigt. Aber erst drei Jahre später, am 3. März 1885, wurde das Gesetz über den Zollanschluß Bremens angenommen, welches Bremen im Vergleich zu Hamburg stark benachteiligte. Der Gesetzentwurf, der in einer aus Reichskommissaren und bremischen Senatsmitgliedern zusammengesetzten Kommission ausgearbeitet war und der die Bremer Senatoren Otto Gildemeister, Dr. Hermann Meier[1]), Neffe von H. H. Meier, und August Nebelthau angehörten, sah aus der Reichskasse einen Beitrag in Höhe der Hälfte der bremischerseits für den Anschluß aufzubringenden Kosten vor, jedoch höchstens in Höhe von 12 Millionen Mark. Die Vorlage kam zuerst am 5. Februar 1885 im Reichstage vor und wurde in den drei Lesungen ohne größere Debatten erledigt.

H. H. Meier hätte so gern sein ganzes Können daran gesetzt, um in dieser hochwichtigen Sache das Beste für seine Vaterstadt herauszuholen; aber da er keinen amtlichen Auftrag hatte, so waren

[1]) Meier, Hermann, Dr. jur., 1844—1889, ältester Sohn von Diedrich Meier, Syndikus der Handelskammer. Mit 31 Jahren in den Senat gewählt und stellvertretendes Mitglied im Bundesrat, machte langjähriges Leiden seiner vielversprechenden Laufbahn ein frühzeitiges Ende.

ihm die Hände gebunden und er konnte nur unter der Hand Fühlung nehmen. Er bedauerte, daß die Angelegenheit nicht rascher vorankam, und hätte eine kräftigere Initiative von seiten Bremens gewünscht. In der dafür eingesetzten Reichstagskommission, in der er eine eifrige Tätigkeit entfaltete, versuchte er noch zwei Punkte für Bremen zu gewinnen, erstens, was besonders wichtig war, daß Bremen wie Hamburg einen Freihafen für Exportindustrie erhalte, und zweitens, daß auch auf dem linken Weserufer, wo sich viele Speicherräume befanden, ein Freigebiet hergestellt werde. Der Berichterstatter sagte aber im Plenum, nach Ansicht der Kommission sei es Sache des Bremer Senats gewesen, speziell die Bremer Interessen wahrzunehmen, und es könne nicht Aufgabe des Reiches sein, solche Forderungen zu unterstützen. So mußte sich Bremen schließlich bescheiden.

Außer zu den angeführten wichtigen Gegenständen, zu denen auch die Dampfersubventionsfrage gehört, die weiter unten ihre Besprechung finden wird, hatte H. H. Meier im Laufe der Jahre noch zu manchen kleineren Vorlagen das Wort ergriffen. Seine letzte größere Rede im Reichstage hielt er im März 1886 bei einer Sache, die seiner Vaterstadt besonders am Herzen lag. Es handelte sich um die Weserkorrektion, um die Beratung über die Erhebung einer Schiffahrtsabgabe auf der Unterweser von seiten Bremens, im Fall die Hansestadt die Weserkorrektion von Bremen bis Bremerhaven so ausführte, daß sie Schiffen von fünf Metern Tiefgang die Fahrt auf dieser Strecke ermöglichte. Die erste Anregung, daß der Zustand dieses Fahrwassers untersucht werde, hatte Bremen schon 1870 gegeben und die Reichskommission hatte diesen Zustand als sehr mangelhaft erkannt. Im Juli 1881 hatte man dann in einer weiteren Kommission das Projekt auf 30 Millionen Mark veranschlagt und sechs Jahre Bauzeit berechnet. Bremen hatte sich bereit erklärt, den Korrektionsplan für eigene Rechnung auszuführen, wenn es von den Ladungen eine Transportgebühr erheben dürfe.

Meier bat, der Vorlage wohlwollende Aufnahme zu schenken; die Sache sei mit großem Risiko für Bremen verbunden; bei ihrem Gelingen werde sie aber von einer ungeheuren Tragweite nicht

H. H. Meier

1891

(Aufnahme für ein Reichstagsbild)

allein für Bremen, sondern auch für das ganze Hinterland sein, welches dadurch der See sehr viel näher gebracht werde. In Geestemünde und Bremerhaven habe sich zwar eine Opposition bemerkbar gemacht, sie sei aber nach seiner Ansicht durchaus unbegründet; der Lloyd z. B. werde mit seinen großen Schiffen immer in Bremerhaven liegen bleiben. Er habe sichere Auskunft darüber, daß die Lloydangehörigen ein Drittel der dortigen Steuern zahlten, ein Beweis, wie dieses Institut zur Hebung des Platzes beitrage. Meier setzte auseinander, daß diese Vorlage nicht in Widerspruch mit dem Gesetze stände, auf Flüssen keine Abgaben zu erheben; denn durch diese Korrektion werde die Weser schon mehr eine künstliche Wasserstraße. Auch die Ufer würden sehr dadurch gewinnen. Eine Art Präzedenzfall aus Bremens Geschichte sei die Gründung Bremerhavens. Bremen habe mit seinem Gelde alles gebaut und geschafft und kaum einen Pfennig daraus gelöst. Die erhobenen niedern Abgaben deckten nur Unterhaltung und Verwaltung und weiter nichts. Bremen habe es gewagt, dem Mutigen gehöre die Welt, und mit diesem Mute und Unternehmungsgeiste große Resultate erzielt. Wenn der Staat auch nicht einen Pfennig erhalten habe, das Vermögen der Bremer Staatsbürger habe sich dadurch vielleicht verdoppelt. Die Vorlage ging an eine Kommission, worauf nach acht Tagen die dritte Lesung und die Annahme erfolgte. Windthorst hatte Bedenken gegen eine Übereilung geäußert, denn in den kleinen Städten unterhalb Bremens habe eine lebhafte Gegenbewegung eingesetzt. Mit der Rentabilität wolle er sich nicht beschäftigen: das sei Sache der Bremer, die das Rechnen meisterhaft verständen. Er glaube auch, daß bei diesem Unternehmen sein verehrter Kollege, der Abgeordnete Meier, seine Hand in Tätigkeit habe, und er sei erstaunt über die Energie, die er in seinem Alter für diese Dinge entwickele, deren Ende nicht abzusehen sei. Aber es erfülle ihn doch mit neuer Befriedigung und Hochachtung, denn wo er solchen Unternehmungsgeist sehe, da werde er immer Sympathie haben — aus beredtem Munde ein schönes Schlußzeugnis für den im 77. Lebensjahre stehenden H. H. Meier!

---

10. Abschnitt.

Schlußtätigkeit im Norddeutschen Lloyd.

Der Lloyd hatte schwere Jahre hinter sich. Nach Beendigung des amerikanischen Bürgerkrieges setzte erst eine höchst erfreuliche Entwicklung ein, die zu einer Vermehrung der Dampfer nach New York führte und neue Linien nach Baltimore, NewOrleans und später nach Westindien entstehen ließ. In mehreren Jahren wurden hohe Dividenden, zweimal sogar 20 % gezahlt. Da griff mit rauher Hand der Deutsch-Französische Krieg ein in den blühenden Betrieb des Lloyd. Aber nach Schaffung des Deutschen Reiches hoffte man auf große Zunahme von Deutschlands Handel und Schiffahrt und für den Bremer Verkehr von seinen vermehrten Eisenbahnen, und so beantragte in einer außerordentlichen Generalversammlung im Februar 1872 der Verwaltungsrat die Erhöhung des Grundkapitals durch eine neue Prioritätsanleihe von zwei Millionen Taler Gold mit der Begründung, der zunehmenden Konkurrenz in der ganzen Welt gewachsen zu bleiben. Der Antrag wurde auch genehmigt. Aber die nächsten Jahre gestalteten sich wider Erwarten ungünstig; mehrere der neu geschaffenen Linien rentierten nicht; Fracht- und Passagierverkehr nahmen in beträchtlicher Weise ab, beeinflußt durch den allgemeinen wirtschaftlichen Rückschlag nach den auf den Krieg folgenden Gründerjahren, und mehrere Jahre konnte der Lloyd keine Dividende geben. Erst allmählich hob sich der Verkehr, und im Jahresbericht von 1878 wird von einer wesentlichen Besserung gesprochen.

Dieser Zeitpunkt fällt zusammen mit dem Eintritt Joh. G. Lohmanns in die Direktion. Seit 1868 Mitglied des Verwaltungsrats, wurde er nach dem Tode von Karl Stockmeyer, dem Nachfolger Eduard Crüsemanns, am 1. Juli 1877 Direktor des Lloyd. Mit ihm blühte ein neues Leben auf. Ja, man darf vielleicht sagen, daß die folgenden Jahre, wenn auch nicht die größten, so doch die glücklichsten für den Lloyd waren, wo an der Spitze des Instituts zwei Männer wie H. H. Meier und Joh. G. Lohmann in vollster

Harmonie zusammen schafften und wirkten, beide gleich tüchtig, energisch und zielbewußt, der Jüngere als Direktor mit stürmischem Vorwärtsdrängen, der Ältere als Vorsitzer mit reicher Erfahrung, sich gegenseitig beeinflussend und ergänzend.

Zunächst bestand der Plan, einen großen Schnelldampfer für die New Yorker Linie zu bauen; dabei gab es einen heißen Kampf im Verwaltungsrat zu bestehen. Manche Herren verlangten aus patriotischem Gefühl, das Schiff solle auf deutscher Werft gebaut werden, wo noch nie solch großer Passagierdampfer gebaut worden war, wo also jede Erfahrung fehlte. Der Vorsitzer wollte diese Verantwortung nicht auf sich nehmen, sondern vertrat den Standpunkt: „Uns ist nicht nur das Geld unserer Aktionäre anvertraut, sondern uns werden Menschenleben anvertraut, und für deren Sicherheit zu sorgen ist unsere erste Pflicht!" Schließlich drang H. H. Meier mit seiner Ansicht durch, und der neue Dampfer wurde im Jahre 1880 bei John Elder & Co. in Glasgow in Auftrag gegeben. Schon vor der kontraktlich ausbedungenen Bauzeit wurde die „Elbe", so hieß das neue Schiff, geliefert und konnte bereits im Sommer 1881 ihre erste Fahrt nach NewYork antreten. Der Erfolg war ein glänzender. Mit ihren 4500 Brutto-Tonnen stellte sie den größten Dampfer der deutschen Handelsmarine dar, konnte mit ihren 5600 Pferdekräften sechzehn Meilen fahren und wurde an Schnelligkeit von keinem Schiffe zwischen Europa und Amerika übertroffen. Ihre rascheste Reise im ersten Jahre war ausgehend von Southampton nach New York 8 Tage, 12 Stunden und 50 Minuten, rückkehrend 3½ Stunden weniger.

Die große Beliebtheit, der sich die „Elbe" erfreute, veranlaßte den Lloyd, weitere solche Schiffe bei Elder & Co. in Auftrag zu geben und als neunten die schlank gebaute „Lahn", die mit ihren 9000 Pferdekräften durchschnittlich 18 Meilen lief. Diese Schnelldampferflotte erlangte sehr bald einen Weltruf. Nicht nur wegen ihrer großen Zuverlässigkeit und Seetüchtigkeit, sondern auch wegen der reichen Eleganz und künstlerischen Ausstattung, nach Zeichnungen des feinsinnigen Architekten Joh. Poppe ausgeführt, war sie diesseits und jenseits des Meeres beliebt und bevorzugt.

Daß der Lloyd in diesen Jahren seinen Betrieb auch auf allen anderen Gebieten, wie Bauten in Bremerhaven usw., bedeutend ausdehnte, ist selbstverständlich; deren Beschreibung würde aber über den Rahmen dieser Blätter hinausgehen.

In diese aufwärtsstrebende Zeit fiel das fünfundzwanzigjährige Jubiläum, das am 20. Februar 1882 froh und würdig gefeiert wurde. Am Morgen war Empfang und Gratulation im Bremer Geschäftshause, wo Verwaltungsrat und Direktor Lohmann ihrem Vorsitzer ein Zeichen ihrer Verehrung darbrachten: seine Marmorbüste, gestiftet für den Versammlungssaal, ein wohlgelungenes Werk des Berliner Bildhauers Fr. Schaper. Bei der Rede, die der Enthüllung voranging, führte der stellvertretende Vorsitzer Friedrich Reck u. a. aus: „Wie Herr Konsul Meier auf jedem Posten, auf welchen ihn eigenes Streben und die Stimmen seiner Mitbürger berufen, mit Einsetzung seiner ganzen Persönlichkeit gewirkt hat, so hat er dieses auch an der Spitze des Norddeutschen Lloyd getan. Und dabei hat er — wie er der Mann der eigenen Kraft ist — diesen Charakter auch dem Lloyd aufzudrängen verstanden. In sich selbst sollte das Unternehmen seine Kraft finden — es hat sie gefunden und wird sie auch in Zukunft finden, wenn ihm freie Bewegung gelassen wird." In seiner Antwort dankte H. H. Meier zunächst den Herren für die große Ehrung, sagte dann, daß nur durch gleiche Hingabe von Verwaltungsrat, Direktion und Beamten die heutigen Ziele hätten erreicht werden können, und fuhr dann wörtlich fort: „Hierbei muß ich aber vor allem eines Mannes gedenken, der, als ich noch mit den einleitenden Schritten zur Verwirklichung meiner Pläne für die Errichtung des „Norddeutschen Lloyd" beschäftigt war, mir in uneigennütziger Weise seine Hilfe dabei anbot, die ich gern, aber ohne Verbindlichkeit annahm, und die mir von großem Nutzen war, der, als ihm dann nach der Konstituierung der Gesellschaft die Leitung derselben als Direktor übertragen wurde, die Geschäfte mit großer Umsicht und Energie, verbunden mit bedeutendem Organisationstalent und tüchtigen Geschäftskenntnissen geführt und wesentlich zur glücklichen Entwicklung des „Norddeutschen Lloyd" beigetragen hat: es war mein lieber, verehrter

Freund Eduard Crüsemann, den wir leider nur zu früh verloren haben."

Der morgendlichen Feier folgte in Bremenhaven ein in schönster Weise verlaufenes Festessen in der geschmückten Lloydhalle.

Eines der wichtigsten und folgenreichsten Ereignisse im Betriebe des Lloyd brachte das Jahr 1885, wo dem Lloyd vom Reichskanzler die Reichssubvention für die neuen Postdampferlinien nach Ostasien und Australien zugesprochen wurde. Im Juni 1884 hatte die Regierung im Reichstage den Gesetzentwurf eingebracht, in dem Geldmittel aus Reichsfonds zur Einrichtung und Unterhaltung von Postdampfschiffsverbindungen mit überseeischen Ländern gefordert wurden. Der Reichskanzler sollte ermächtigt werden, diese Dampferverbindung zwischen Deutschland einerseits und Ostasien und Australien andrerseits für fünfzehn Jahre an ein geeignetes Privatunternehmen zu übertragen und Beihilfe bis zu vier Millionen Mark jährlich zu bewilligen. Gesagt wurde dann in der Vorlage, daß die Reichspostverwaltung zurzeit rund 300 000 Mark für die Leistungen der deutschen Schiffsunternehmungen im überseeischen Postbeförderungsdienst jährlich ausgäbe, Großbritannien aber an Subventionen für überseeische Postverbindungen 13 Millionen, Frankreich 20, Österreich 4, Italien 7 und Belgien sogar 650 000 Mark; ferner, daß diese regelmäßige Schiffsverbindung beitragen würde zur Erweiterung des Absatzmarktes für deutsche Erzeugnisse in den betreffenden überseeischen Ländern und zum bessern und beschleunigteren Verkehr mit den in der Ferne stationierten Kriegsschiffen. — Nachdem regierungsseitig für die Vorlage, von den Freisinnigen dagegen gesprochen war, kam H. H. Meier zu Wort, der im März eine Besprechung mit Bismarck gehabt hatte, die sich wahrscheinlich auf diese Sache bezog. Zunächst erklärte er, daß er unbeeinflußt von seiner Stellung im Lloyd sei, wenn auch nach Annahme der Vorlage der Lloyd sich um diese Subvention bewerben werde. Sein Eintreten für die Vorlage stünde nicht im Widerspruch zu seinen früheren Äußerungen, in denen er Subventionen für Gesellschaften verurteilt hätte, die vielleicht schlechte Geschäfte gemacht und dann von der Regierung Hilfe erbeten hätten. Hier handle es sich um einen freien Postvertrag, bei dem die freie Konkurrenz zugelassen werde. Meier hielt die zu bewilligende Summe für angemessen, würde aber bedauern, wenn die Verwendung der Mittel im voraus festgelegt würde; man müßte der Gesellschaft z. B. freien Spielraum lassen, welche Nebenplätze sie anlaufen wollte. Ob die Sache das Opfer von vier Millionen wert wäre, möchte er bejahen. China erschlösse sich immer mehr dem europäischen Verkehr, was große Eisenbahnbauten nach sich ziehen und dazu beitragen würde, die Subvention für das Reich rentabel zu machen. Australien wäre ebenso in ungemein großer Entwicklung und würde vielleicht einen Teil der Auswanderung von Nordamerika an sich ziehen, vielleicht nicht gerade wünschenswert für Deutschland, aber so lange seine Übervölkerung vorhanden, wohl nicht abzuwenden. Daß der Verkehr nach Ostasien als unbedeutend dargestellt wäre, läge daran, daß eine ungeheure Menge Waren von und nach Deutschland über England ginge. Ohne Subvention die Sache zu unternehmen, sei unmöglich, da die Schiffe so viel tote Flächen zu durchfurchen hätten, und auch jetzt würde sich jede Gesellschaft sehr anstrengen müssen, um der Konkurrenz zu begegnen. Meier schloß in der Hoffnung, daß die Vorlage an die Budgetkommission gehen würde, was auch geschah; doch kam sie in diesem Reichstage nicht wieder zur Verhandlung.

Vor der zweiten Lesung machte der Abgeordnete für Meppen bei der Beratung des Marineetats eine kleine Abschweifung auf das Gebiet der Dampfersubvention und sagte, daß man schon jetzt die Rivalität Bremens und Hamburgs in der Kommission zu beobachten Gelegenheit hätte. „Dieser kleine Krieg von Venedig contra Triest ist da in der Tat in voller Blüte; hier heißt er Woermann[1]) contra Meier." Nachdem Woermann sich dagegen verwahrt hatte, sprach Meier in gleichem Sinne, daß sich solche Rivalität noch nicht gezeigt habe, und wenn er auch das Bestehen einer gewissen Konkurrenz zwischen Hamburg und Bremen zugeben

[1]) **Woermann, Adolf, 1847—1911, Hamburger Kaufmann, Mitbegründer der Woermann-Linie, 1884—1890 nationalliberales Reichstagsmitglied.**

wolle, so sei sie hier doch noch nicht hervorgetreten, im Gegenteil habe in den meisten Fällen einer des andern sachliche Beurteilung bestätigt.

Die zweite Beratung der Dampfersubventions-Vorlage stand erst wieder im März 1885 auf der Tagesordnung und füllte beinahe fünf Sitzungen aus. Aufs lebhafteste wurden die Meinungen für und wider vorgebracht, und der Gegenstand wurde eng mit Kolonialpolitik verquickt. Bismarck beteiligte sich mehrfach an der Debatte und setzte seine ganze Persönlichkeit für die Sache ein. Meier beschränkte sich nur auf ein paar sachliche Erörterungen. — Bei der dritten Lesung mahnte Bamberger nochmals zur Vorsicht; die beiden kompetenten Abgeordneten von der Seeküste, wo am wenigsten Begeisterung herrsche, drückten sich viel weniger schwärmerisch aus als die Herren von der Rechten, Landwirte, Verwaltungsbeamte usw. Sein verehrter Kollege Meier begeistere sich für die Sache als Reeder, ihm schwebe das Ideal vor, daß er hier ein großes Reedereiunternehmen zur Entfaltung bringen könne; der Handel resp. der Export stehe ihm erst in zweiter Linie. Bamberger bat, die australische Linie abzulehnen. Auf Antrag der Sozialdemokraten war schon in der zweiten Lesung eine Linie nach Ost- und Westafrika abgelehnt. Schließlich Annahme der Linien nach Ostasien und Australien mit schwacher Majorität, die sich aus Konservativen und Nationalliberalen zusammensetzte. Das Gesetz wurde dann am 6. April veröffentlicht, im November desselben Jahres der Vertrag mit dem Lloyd dem Reichstage vorgelegt und 4 400 000 Mark dafür in den Etat eingestellt.

Seit den ersten Verhandlungen im Reichstage hatte der Lloyd weitgehende Vorarbeiten vornehmen lassen, und als das Gesetz veröffentlicht wurde, setzte hinter den Kulissen ein heißer Wettkampf zwischen Hamburg und Bremen ein, diese Subvention für sich zu erringen. Ihr Wert wurde nicht so sehr wegen eines möglichen pekuniären Vorteils geschätzt, als daß man dadurch vor der Welt als erste deutsche Schiffahrtsgesellschaft hingestellt wurde.

Regierungsseitig nahmen als Spitzen an den Verhandlungen teil: Staatssekretär von Boetticher als Vertreter Bismarcks und

Generalpostdirektor von Stephan[1]); es hieß, dieser neige mehr zur Annahme des Hamburger Angebots, das von den drei Gesellschaften Deutsche Dampfschiffs-Reederei, A. Woermann & Co. und R. M. Sloman & Co. eingereicht war, und Bismarck neige zu dem des Lloyd. Was schließlich den ausschlaggebenden Punkt anbetrifft, daß sich die Reichsregierung für den Lloyd entschied, so ist wohl die Annahme berechtigt, daß man den Lloyd wegen seiner guten inneren Organisation und Konsolidation, wegen der gleichmäßigen Güte seines Schiffsmaterials und wegen des ausgezeichneten Stammes von Seeleuten am geeignetsten hielt, um ihn mit einem so verantwortungsreichen Unternehmen wie den Reichspostdampferlinien nach Ostasien und Australien zu betrauen[2]).

H. H. Meier war mit ganzer Energie in dieser Sache tätig und unterhandelte besonders mit Geheimrat Schröder vom Reichsamt des Innern und mit Ministerialrat Sachse vom Reichspostamt, so daß seine geschickte Verhandlungsweise vielleicht zum Siege des Lloyd mit beigetragen hat. Jeder Paragraph wurde heiß umstritten; die Regierung stellte immer wieder neue Forderungen und sehr scharfe Bedingungen; es mußte nachgegeben und mußten neue Gegengründe aufgeführt werden. Am letzten Verhandlungstage wurde von den Berliner und Bremer Herren vom Morgen bis zum späten Nachmittag ohne Unterbrechung durchgearbeitet. Manche hätten vielleicht gern eine Frühstückspause gehabt; aber da der Älteste unter ihnen keine Miene dazu machte, wagten auch die Jüngeren nicht, diesen Wunsch auszusprechen. Als dann aber der letzte Punkt auf das i gesetzt war, soll Meier ausgerufen haben: „Nun, meine Herren, ein Glas Champagner!"

Im Vertrage wurde die Errichtung von zwei Hauptlinien festgesetzt, eine nach China mit Anschlußlinie nach Japan und Korea,

---

[1]) von Stephan, Heinrich, 1831—1897, Generalpostdirektor und Staatssekretär des Deutschen Reichspostamts, erwarb sich größte Verdienste in seinem Fach, sowohl durch die Vereinheitlichung und Ausgestaltung des deutschen Postwesens, durch Hebung der Stellung seiner Beamten, als auch durch die Gründung des Weltpostvereins.

[2]) Vgl. P. Neubauer, Der Norddeutsche Lloyd, 1907, Band I, S. 67.

und eine nach dem australischen Festlande mit Anschluß nach den Samoa- und Tonga-Inseln, die jede im Jahr dreizehn Fahrten hin und her mit Mindestgeschwindigkeit von zwölf und elfeinhalb Meilen machen mußten, und eine Zweiglinie von Triest über Brindisi nach Alexandria, die zu doppelt so viel Fahrten verpflichtet war. Fünfzehn Dampfer sollten eingestellt werden, von denen sechs auf deutschen Werften neu zu bauen waren, während der Lloyd neun der besten aus seiner alten Flotte nehmen durfte, die allerdings zu diesem Zweck für die Tropen umgebaut werden mußten, wobei nur die New Yorker Schnelldampfer nicht in Betracht kamen.

In der Generalversammlung vom April 1885 war der Verwaltungsrat schon ermächtigt worden, im Fall des Zuschlags bis zu 15 Millionen Mark an Geldmitteln für das Unternehmen flüssig zu machen; im Juli wurden dann noch 5 Millionen nachgefordert und bewilligt. Der Vertrag war in Berlin am 3. Juli von Bismarck unterzeichnet, am 4. in Bremen von H. H. Meier. Dieser sagte hinterher zu seiner Gattin: „Heute am Tage der Unabhängigkeitserklärung der Vereinigten Staaten unterzeichne ich den Vertrag unserer Sklaverei.“ Und seiner Tochter, die ihm von auswärts gratuliert und geschrieben hatte: „Nur die Deinen wissen, wie Du seit Wochen und Monaten für die Sache gestrebt und gearbeitet hast“, antwortete er: „Ob mir zu gratulieren ist, ist sehr fraglich. Es ist eine große, schwere Aufgabe zu lösen; wird sie gelingen? Es ist nicht die Sache eines Augenblicks, sondern die Arbeit von Jahren, die mir wohl kaum noch dazu gewährt werden. Ich kann vielleicht nicht mehr dafür einstehen, und vielleicht am Abend meines Lebens habe ich etwas erreicht, wovon der Erfolg ein schlechter ist, was dann an meinem Namen haften bleibt.“

In Bremen wurde die errungene Subvention aber als ein großer Sieg angesehen, und Deputationen, Blumen und Morgenmusik blieben bei Meier nicht aus.

Im nächsten Jahre, am 30. Juni 1886, trat die „Oder“ als erster Dampfer die Fahrt nach Ostasien an. Seine Abfahrt gestaltete sich zu einem glänzenden Feste, zu einer patriotischen Feier, woran offizielle Vertreter des Reichs, wie Boetticher und Stephan,

Reichstagspräsident von Wedell-Piesdorf,[1]) Bundesratsmitglieder sowie Herren der verschiedensten Handels- und Industriekreise Deutschlands, auch der chinesische Gesandte aus Berlin teilnahmen.

Wenn auch der Lloyd in den ersten Jahren viel Lehrgeld geben mußte und von pekuniärem Gewinn keine Rede sein konnte, so trugen diese neuen Postdampferlinien doch bedeutend dazu bei, dem Lloyd in der ganzen Welt neuen Glanz zu verleihen. Die anfänglichen Mißerfolge des jungen Unternehmens kann man vielleicht mit Kinderkrankheiten vergleichen. Die neuen Dampfer, die bei der Werft „Vulkan" in Bredow bei Stettin in Auftrag gegeben waren, wurden nicht rechtzeitig geliefert, so daß zur Aushilfe Schiffe aus dem amerikanischen Verkehr herausgenommen werden mußten. Die Dampfer, die für die neuen Linien umgebaut wurden, zeigten manche Mängel für die langen Tropenreisen und erwiesen sich nicht als konkurrenzfähig mit den alten, hoch subventionierten anderer Nationen, zumal diese jetzt ihre besten und neuesten Dampfer in den Verkehr nach dem Osten und nach Australien einstellten. Der größte Fehler der Lloydschiffe aber bestand in ihrer zu geringen Ladefähigkeit; denn der Passagierverkehr allein ermöglichte nicht einen nutzbringenden Betrieb dieser Linien. Ferner stellte sich neben andern Mißgeschicken, wie langen Quarantänen und der Strandung der „Oder" bei Sokotra, der Mittelmeerdienst zwischen Triest und Brindisi als verfehlt und unrentabel heraus, so daß schon 1887 von der Regierung die Erlaubnis zum Anlaufen von Genua und ein paar Jahre darauf von Neapel erwirkt wurde.

Erst der späteren Ära Plate[2])-Wiegand[3]) war es vorbehalten,

---

[1]) von Wedell-Piesdorf, Wilhelm, geb. 1837, preußischer Minister, 1884 Präsident des Reichstags.

[2]) Plate, Georg 1844—1914, Kaufmann in Bombay und Bremen, hatte wesentliche Verdienste um die Förderung des Bremer Baumwollhandels und wurde Präsident der neugegründeten Bremer Baumwollbörse. Seit 1887 im Aufsichtsrat des Lloyd, April 1892 Präsident desselben.

[3]) Wiegand, Heinrich, Dr. jur., 1855—1909, Bremen. Seit 1879 als Rechtsanwalt tätig, ward er 1889 Konsulent des Nordd. Lloyd und 1892 sein Direktor. Unter ihm als Generaldirektor erlebte der Lloyd seine höchste Glanzzeit, die im fünfzigjährigen Jubiläum 1907 ihren Ausdruck

den alten Ruhm und Erfolg der transatlantischen Lloydflotte auf die inzwischen hoch vervollkommneten und schönen Reichspostdampfer der ostasiatischen und australischen Fahrt zu übertragen, so daß sogar hochgestellte englische Beamte sie vielfach den eigenen Linien vorgezogen haben.

Leider trübten sich allmählich die Beziehungen zwischen Meier und Lohmann, was psychologisch nicht schwer zu erklären ist. Der jüngere Direktor, eine ausgesprochene Herrschernatur, wollte sich nicht mehr dem älteren Vorsitzer fügen, bei dem sich das herannahende Alter durch eine gewisse Eigenwilligkeit und Weitschweifigkeit bemerkbar machte. Genug, es geschah manches hinter Meiers Rücken und anderes, was er nicht billigen konnte, und als sich das Verhältnis immer schärfer zuspitzte und Meier fühlte, daß er seine Autorität verloren hatte und mit seiner Stimme nicht mehr durchdringen konnte, faßte er den schweren Entschluß, sich zurückzuziehen. Am 25. März 1888 zeigte er seinen Austritt an. In einem längeren Schreiben an Friedrich Reck, den stellvertretenden Vorsitzer im Verwaltungsrat, legte er die Gründe dar, die ihn zu diesem Schritt bewogen hatten, zunächst, daß die gegenwärtige Direktion das alte Statut der Gesellschaft, vor Einführung des deutschen Handelsgesetzbuches geschaffen, wonach der Verwaltungsrat zugleich Vorstand und Aufsichtsrat ist, mehrfach außer acht gelassen habe, ebenso die Vorschrift, daß dem Direktor die alleinige Zeichnung der Direktion des Lloyd ohne die Kontrasignatur eines der Prokuranten nicht zustehe. Beides seien s. E. höchst wichtige Bestimmungen, die in einem so großen, ausgedehnten Betriebe für die notwendige Kontrolle unerläßlich seien. Außer dieser wichtigsten Frage seien Beschlüsse gegen seinen Willen gefaßt, die er für sehr nachteilig halte. Erstens die Ablehnung der vierzehntägigen Frachtdampferlinie nach New York, welche das Bremer Geschäft durchaus erfordere, das doch die Basis des ganzen Unternehmens bilde. In der New Yorker Fahrt sei jetzt alles auf den Passagierverkehr ge-

---

fand. Die von ihm ins Leben gerufenen großen Unternehmungen auf industriellem Gebiete, als Tochteranstalten des Lloyd, unterliegen verschiedenartiger Beurteilung.

richtet, vor der Hand vorteilhaft, aber für die spätere Zukunft vielleicht nicht. Zweitens die Überstürzung der Expedition der Schnelldampfer, die in den letzten Jahren oft nur vier Tage zum Löschen und Beladen gehabt hätten, ein Zeitraum, der unmöglich genüge zum notwendigen Nachsehen und um alles in der erforderlichen Ordnung zu beschaffen, selbst mit Zuhilfenahme der etwa doppelt so viel kostenden Nachtarbeit. Drittens der Beschluß, einen großen Dampfer für die australische Fahrt zu bauen, der nahezu 4 Millionen kosten solle und wofür noch nicht ein Pfennig disponibel wäre. Dieser Fehler sei schon einmal im Jahre 1872 begangen, und man habe schwer dafür büßen müssen, da Jahre mit großem Verlust gefolgt seien. Dieser Beschluß, dessen bedenkliche Folgen er als Mitglied des Verwaltungsrats nicht mit seinem Gewissen vereinbaren könne, sei positiver Natur und zwänge ihn, auszuscheiden. Dann schließt er:

„Wenn Sie, meine Herren, sich vergegenwärtigen wollen, wie „ich vor 32 Jahren mit meinen seit längerer Zeit gehegten Plä„nen hervortrat, ein solches Schiffahrtsinstitut zu begründen, wie „ich fortschreitend in der Ausführung jener Pläne die damaligen „Herren Kollegen aufforderte, sich mir anzuschließen, und so der „Norddeutsche Lloyd im Jahre 1857 ins Leben gerufen wurde, „wie ich einunddreißig Jahre lang mit ganzer Hingabe und voll„ster Energie an der Spitze des Lloyd alle Kräfte angestrengt „und keine Arbeit und keine Mühe gescheut habe, das Wohl und „das Gedeihen des Lloyd zu fördern, der so mit Unterstützung „der Kollegen und der Direktion durch gute und schlechte Zeiten „auf seine jetzige Höhe gelangt ist, so werden Sie mir glauben, „daß mir der Entschluß, von dem Verwaltungsrat zurückzutreten, „unendlich schwer geworden ist, aber auch, daß dieser Entschluß „nicht in einer augenblicklichen Verstimmung, sondern nach reif„licher längerer Ueberlegung gefaßt ist. — Nichts würde mich „mehr freuen, als wenn die Folgen der oben erwähnten Be„schlüsse, welche ich befürchte, nicht eintreten, und ich vielleicht „Unrecht behielte. Gern und bereitwilligst würde ich dann an„erkennen, daß ich mich geirrt hätte, wenn ich es noch erleben sollte."

Das Scheiden von seiner Lieblingsschöpfung in dieser Weise ließ eine große Bitterkeit in Meiers Herzen zurück; er zeigte seinen Rücktritt vom Lloyd u. a. auch dem Fürsten Bismarck an, der sehr verständnisvoll und anerkennend antwortete.

Lohmann starb im Februar 1892, und im Frühjahr desselben Jahres versuchten mehrere Herren vom Lloyd wieder Fühlung mit ihrem alten Präsidenten zu nehmen. Die von H. H. Meier in seinem Austrittsschreiben ausgesprochenen Befürchtungen sollten sich nur zu bald bewahrheiten. Der glänzende Augenblickserfolg war dahin, die einseitige Bevorzugung des Passagierverkehrs rächte sich; denn die New Yorker Schnelldampfer fuhren nur mit voller Besetzung gewinnbringend, da ihr Laderaum zu klein war, um in der stillen Jahreszeit Ersatz zu bieten. Dazu ließ die Auswanderung nach, und ein schwerer Tarifkampf zwischen den großen transatlantischen Linien führte zu einer Unterbietung in den Fracht- und Passagepreisen. Die Dividende, die sich zwischen 5 und 7 % bewegt hatte und 1888/89 auf 12 und $11^{1}/_{4}$ hinaufgeschnellt war, fiel 1890 wieder auf 7 %, und am Schluß des Jahres 1891 konnte überhaupt kein Pfennig an die Aktionäre verteilt werden.

Der jetzt gebildete Aufsichtsrat und Vorstand mit Georg Plate als Präsidenten und Dr. Wiegand als Generaldirektor an der Spitze fanden sehr ungünstige Verhältnisse vor und schwere Aufgaben für die Zukunft. Außer einer Reorganisation ihrer Flotte und einer Einführung des Doppelschraubensystems stand die von Einfuhr und Ausfuhr dringend verlangte Ausgestaltung der Frachtschiffahrt im Vordergrunde. Für diesen Zweck wurden die Roland-Linie nach New York ins Leben gerufen und Frachtdampfer nach Südamerika in Dienst gestellt. Da war es eine besondere Freude für Meier, als ihm im Herbst an seinem dreiundachtzigsten Geburtstage der Lloyd die Patenschaft für sein neuestes Schiff, einen in England gekauften Frachtdampfer, anbot — in den sechziger Jahren war schon einmal ein Schiff nach ihm „Hermann" genannt worden und dieses war gerade jetzt nebst einem andern alten Dampfer bei dem neuen Ankauf in Tausch gegeben worden. Am 22. Dezember 1892 fand dann ihm zu Ehren an Bord des „H. H. Meier" eine größere Einweihungsfeier statt, bei der Georg Plate in warmen Worten Meiers Wohl ausbrachte. Zunächst erklärte er, daß der Lloyd, als er glaubte, sich auf der Basis des letzten halben Jahres wieder etwas recken und strecken zu können, zum ersten Male, um rascher zum Ziele zu kommen, ein fertiges, nicht nach seinen eigenen Angaben gebautes Schiff erworben habe, den ersten Doppelschraubendampfer, wobei dem Lloyd wie eine Eingebung der Gedanke gekommen sei, ihm den Namen „H. H. Meier" zu geben. Auf dessen Verdienste wolle er nicht weiter eingehen, fuhr dann aber wörtlich fort: „Wir freuen uns, daß wir ihn als besten Freund in unserer Mitte haben, auf den wir mit Stolz blicken können und dem wir herzlich danken, daß er wieder unter uns ist. Ich habe die Erfahrung gemacht, daß ein Mann seiner Pflicht, seinem Patriotismus treu bleiben kann auch in schweren Zeiten, daß Meier zu keiner Zeit, seitdem die Verhältnisse andere geworden, etwas anderes gewesen ist als ein treuer, ehrlicher, aufopfernder Freund des Lloyd." — Tief bewegt dankte Meier: bei vielem, was gesagt sei, habe er im Innern, ehrlich gesprochen, eine große Befriedigung empfunden. „Denn, meine Herren, zu Anfang dieses Jahres hat mich der Gedanke geplagt, ob ich es mir wohl nur eingebildet hätte, daß ich den Lloyd gegründet, zweiunddreißig Jahre an seiner Spitze gestanden und ihn mit Unterstützung und treuer Hilfe meiner Herren Kollegen durch gute und schlechte Zeiten gebracht hätte." Dann streifte er die Gründe, die ihn zu seinem Austritt 1888 veranlaßt hätten. Zu seinem Bedauern sei die von ihm gefürchtete Zeit zu rasch gekommen. Jetzt, wo der neue Vorstand gebildet sei und die Herren zu ihm gekommen wären, habe er das als Zeichen genommen, daß sie mit seiner früheren Leitung wesentlich einverstanden seien und daß nach der Verwirrung vor einigen Jahren der alte solide Weg wieder mit frischer Kraft eingeschlagen werden sollte. Das habe ihn mit Freude erfüllt und er habe jetzt wieder das volle Vertrauen, daß der Lloyd noch lange Jahre hindurch seine Stellung in der Welt behaupten werde und daß unter der tüchtigen Führung seines jetzigen Vorstandes der Grund gelegt werde zu weiterer Entwicklung und Kräftigung des Lloyd. Damit werde nicht nur der Vaterstadt, sondern auch dem Vaterlande gedient; denn der Lloyd habe eine vaterländische Bedeutung!

Eine größere Freude und Genugtuung als dieses Fest konnte H. H. Meier in seinem hohen Alter kaum erleben. Und wie sich der Lloyd wieder mit seinem ersten Präsidenten innerlich vereint fühlte, zeigt auch die am 15. August 1893 zur Goldenen Hochzeit dargebrachte Adresse, unter den vielen vielleicht die schönste und künstlerisch wertvollste, in der es heißt: „Ist gleich der Norddeutsche Lloyd auf ein schwankendes Element, auf Wind und Wellen und auf das Symbol der Vergänglichkeit selbst, den Dampf, angewiesen, so bewahrt er sich doch als einen festen Anker das Gefühl der Dankbarkeit und Liebe für seinen H. H. Meier!"

---

11. Abschnitt.

Alter und Ende.

Nach einem an Glück und Erfolg reichen Leben brachte das Alter für Meier viel Schweres. Seine körperliche Elastizität verminderte sich, seine Knie versagten manchmal den Dienst und er suchte zur Stärkung seiner Gesundheit mehrfach die Bäder von Wiesbaden und Gastein auf. Ferner traten böse Veränderungen in seinen Vermögensverhältnissen ein, da er nie bei seinen Schöpfungen fürs Allgemeinwohl für die eigene Tasche gesorgt, ja die persönlichen Interessen eher vernachlässigt hatte. Seine Firma hatte ihren Höhepunkt in den siebziger Jahren; bei Beteiligung an sonstigen überseeischen und industriellen Unternehmungen war das Glück in späteren Jahren Meier nicht mehr hold. Wenn auch sein lebhafter Geist alles Neue mit großem Eifer erfaßte, so war er doch wohl zu sehr mit öffentlichen Dingen beschäftigt und durch seine Reichstagstätigkeit zu viel von Bremen abwesend, um den kleineren persönlichen Angelegenheiten die nötige Aufmerksamkeit zu widmen. Genug, viel Geld ging verloren. Goldminen in Venezuela, deren Ausbeutung Meier inszenierte, und wo sich das Furchtbare ereignete, daß der leitende deutsche Ingenieur von seinen eigenen Arbeitern ermordet wurde, mußten nach einigen Jahren mit bedeutendem Verlust wieder aufgegeben werden. Ebensowenig erfolgreich fiel eine Sache in Kolumbien aus, die H. H. Meier & Co. mit zwei andern großen Firmen eingeleitet hatte, der Bau einer Eisenbahn von Baranquilla nach Savanilla, wobei die kolumbische Regierung ihren übernommenen Verpflichtungen nicht nachkam. Der härteste Schlag aber traf ihn im Jahre 1884, als seine Neffen in London ihre Zahlungen einstellen mußten und Meier ein Kommanditkapital von rund einer Million Mark verlor. Er tat nachher den schönen Ausspruch: „Mehr als der Verlust des Geldes schmerzt mich, daß mein Vertrauen so schmählich getäuscht wurde." Das Fallissement war veranlaßt durch Überspekulation in südamerikanischer Chinarinde, worin sich die Firma ein Monopol hatte schaffen wollen, dabei aber den neueren Anbau auf Java und in Indien außer acht gelassen hatte. Um sich zu retten, hatte sie dann hinter dem Rücken des Kommanditisten zu andern gewagten Spekulationen ihre Zuflucht genommen, die auch mißglückten. H. H. Meier & Co. hatten ebenfalls viel Chinarinde in Besitz gehabt und büßten bei dem plötzlichen Preissturz große Summen ein, so daß also H. H. Meier in zweifacher Weise Leidtragender bei diesem Importartikel war.

Infolge davon verkaufte er sein großes Haus, welches er nach Verheiratung seiner Kinder mit seiner Frau allein bewohnte, und bezog ein kleineres an der Ostertorscontrescarpe Nr. 13. — Der letzte Glanztag im alten Heim war der 16. Oktober 1889, Meiers 80. Geburtstag, wo sich die mit überreichen Blumenspenden geschmückten Räume noch einmal einer großen Schar von Besuchern öffneten. An diesem Tage durfte er sich der Liebe und Verehrung seiner Mitbürger rückhaltlos erfreuen, die ihm durch Fackelzug, Adressen und ein ihm im großen Börsensaal gegebenes Festessen ihre Huldigungen darbrachten, vereint mit Glückwünschen von hohen und höchsten Persönlichkeiten, welche Beweise sich dann nochmals im August 1893 anläßlich der in Harzburg gefeierten goldenen Hochzeit in schönster Weise wiederholten. Zum 80. Geburtstage wurde ihm die Auszeichnung, daß die juristische Fakultät der Universität Heidelberg ihn zum Ehrendoktor ernannte, und am Tage der goldenen Hochzeit stiftete ihm die Bremer Handelskammer sein Reliefporträt in der Börse, dessen Ausführung in Marmor dem Bildhauer Dausch in Rom übertragen wurde.

Sonst aber ward es stiller und stiller um Meier, und jüngere Kräfte traten in der Öffentlichkeit an seine Stelle. Doch der Achtzigjährige konnte sich schwer in den natürlichen Lauf der Dinge finden; sein ganzes Leben hatte in Arbeit und Schaffen bestanden und die Tugend des Entsagens und Sichbescheidens war seiner energischen Natur nicht gegeben. So hielt er zähe bis ins vorletzte Lebensjahr an der Teilnahme an den auswärtigen Generalversammlungen der Gesellschaft zur Rettung Schiffbrüchiger fest, deren letzte sogar im fernen Breslau stattfand. Auch der offiziellen Einladung zur Einweihung des Nord-Ostseekanals im Juni 1895 war er in der Obhut seines Sohnes gefolgt, alles Reisen, zu denen ihn seine Gattin nur mit Herzklopfen ziehen ließ. Seine ganze Wesensart sträubte sich gegen das Unvermögen des Alters, und das bereitete ihm und seinen Nächsten manche trübe Stunde. Er fuhr noch täglich ans Kontor und ging an die Börse. „Ich will in meinem Kontorsessel sterben," war eine charakteristische Äußerung von ihm gewesen; doch wer den gebeugten, unsicher gehenden Greis so sah, der hätte niemals den einst so aufrecht schreitenden stattlichen Mann in ihm geahnt.

Auf solch einem Wege zog er sich bei scharfem Ostwinde eine Erkältung zu, und ein hohes Fieber brach in vierundzwanzig Stunden die an sich noch kräftige Konstitution. Am Abend des 17. Novembers 1898, nach nur zweitägigem Krankenlager, entschlummerte er schmerzlos im Kreise der Seinen, zu Beginn des neunzigsten Lebensjahres.

Wie man den Entschlafenen geliebt, wie hoch man ihn geschätzt hatte, das wurde bei seinem Tode offenbar. Die alte, meerbefahrene Brema neigte trauernd das Haupt an der Bahre eines ihrer treuesten Söhne, ihres königlichen Kaufmanns. Trauerkundgebungen kamen von nah und fern, von hoch und niedrig, vom Kaiser wie vom kleinen Mann, und der Familie gewährte es voll Wehmut innige Freude, daß in den Scheidestunden das helle frühere Bild des Verblichenen in den Herzen der Mitwelt noch einmal wieder auflebte.

Mit ihm ist ein vollwertiger Mensch dahingegangen. Von der Vorsehung mit reichen Gaben ausgestattet und durch den frühzeitigen Tod seines Vaters jung auf sich selbst gestellt, lernte er die Welt durch eigene Augen kennen und suchte seine Fähigkeiten nach allen Richtungen hin auszubilden. — Als reifer Mann widmete er sein Bestes der Allgemeinheit. Sein guter Verstand, sein unermüdlicher Fleiß und seine zielbewußte Energie sicherten seinen Unternehmungen, denen er die eigene Großzügigkeit aufzuprägen verstand, den besten Erfolg. Für die einmal als richtig erkannte Sache setzte er eigenwillig seine ganze Persönlichkeit ein, ohne nach rechts oder nach links zu blicken und mit dem Wahlspruch vor Augen: Tue recht und scheue niemand! Seine Wahrheitsliebe, seine strenge Rechtlichkeit und die Lauterkeit seines Charakters gewannen ihm das vollste Vertrauen seiner Mitbürger. Daß er seine im Dienste der Allgemeinheit erworbenen Kenntnisse niemals zu persönlichem Vorteil ausnützte, wird stets ein besonderer Ehrenschild dieses Mannes sein. — Den Irrtümern seiner Zeit konnte auch er nicht entgehen. Sie verblassen aber vor seinen bewährten Schöpfungen, so daß auch von ihm gilt: „Wer den Besten seiner Zeit genug getan, der hat gelebt für alle Zeiten."

So bleibe der Name von H. H. Meier durch seine Werke der Nachwelt noch lange erhalten!

Namenverzeichnis.

www.ingramcontent.com/pod-product-compliance
Lightning Source LLC
LaVergne TN
LVHW042234300926
849161LV00003B/353